←短线无敌 w

←黑马起飞

←黑马起飞冲战法

刘德红／主编

证券投资

教程

←短线无敌

←短线无敌

←短线无敌

←黑马起飞

←黑马起飞冲战法

经济管理出版社

ECONOMY & MANAGEMENT PUBLISHING HOUSE

图书在版编目(CIP)数据

证券投资教程/刘德红主编 . —北京:经济管理出版社,2008.11

ISBN 978－7－5096－0409－0

Ⅰ.证… Ⅱ.刘… Ⅲ.证券投资－教材
Ⅳ.F830.91

中国版本图书馆 CIP 数据核字(2008)第 166936 号

出版发行:**经济管理出版社**

北京市海淀区北蜂窝 8 号中雅大厦 11 层

电话:(010)51915602　　　邮编:100038

印刷:三河市海波印务有限公司印刷　　　经销:新华书店

组稿编辑:郝光明	责任编辑:郝光明　王　聪
技术编辑:黄　铄	责任校对:郭　佳

720mm×1000mm/16　　　23 印张　　　425 千字

2009 年 1 月第 1 版　　　2009 年 1 月第 1 次印刷

印数:1—6000 册　　　定价:43.00 元

书号:ISBN 978－7－5096－0409－0/F·398

前　言

证券投资是当今社会关注的一个热点。证券市场云谲波诡，风云莫测，机遇与挑战并存。投资股票成为一种时尚，投资者创造了许多神话故事。但如果你是一位对证券知识一无所知的门外汉，只凭一腔热情和幻想投资股票，则犹如在黑暗中航行，很难到达胜利的彼岸。

2008 年上半年，中国股市经历了大幅下跌，投资者损失惨重。股市跌宕起伏，使我们冷静下来思考问题。我们需要的不再是轰动效应，而是理论和操作技巧。10 多年来，作者在北京交通大学讲授证券投资课程，证券模拟系统获得 2001 年北京市高等教育教学成果一等奖，北京交通大学学生获得 2008 年全国港股大学模拟投资比赛冠军。在此基础上，对证券市场的投资理论和操作技巧进行了较长时间的研究、分析和探讨，并亲自投身于证券市场，在理论研究和实践体验的基础上，结合我国证券市场的最新发展动态，编写了此书，以期对投资实务有一定的指导意义，并对理论研究者有所帮助。

本书融汇了国内外证券的相关理论，对有关证券投资理论和操作实务进行了较全面的论述。内容包括：证券市场的产生和发展，证券市场的运作，股票、债券、基金等基本知识以及证券投资的收益与风险，证券投资的基本分析与技术分析，现代证券投资理论，证券市场监管等。引入了大量教学案例，案例取自资本市场上最新发生的真实事件，适应了当今高等院校教学的新变化。附录中还列举了常用的股票交易术语，以供读者参考。

本书采用双视角来介绍证券投资的理论和方法。在介绍基本理论时，采用"研究者"的视角，力求严谨、完善、详细地阐明不同理论间的关系、局限性和可能的研究方向；在介绍基本方法和应用时，采用"投资者"的视角，不局限于理论公式的套用范式，而是从接近现实的投资环境出发，讲述如何选择理论，如何正确地运用理论解决实际问题，让读者有一种身临其境的感觉。为了帮助读者对证券投资更为准确、深入地理解，本书在每一章后面都安排了案例分析、名词解释、问答题、单项和多项选择题等，这些作业题均经过精心挑选，具有典型性和针对性，大多有一定难度，可供读者练习和自测之用。

本书由刘德红主编。刘德红、王帅编写第四章，刘恩编写第七、八章，马晓贤编写第九、十章,其他章节由刘德红编写完成,张佳佳、陈哲也参加了编写和资料整理工作,全书由刘德红负责总纂和定稿工作。

本书的出版得到了北京交通大学证券研究所全体成员的支持,同时要感谢曾教育过我的所有老师,是他们给予我知识;感谢我的同事、学生、朋友和许多未曾谋面的读者,是他们给予我鼓励;还应感谢我的家人,是他们给予我支持,没有他们就没有这本书的问世。

本书在写作过程中参阅了国内外大量的有关著作和文献,在参考文献中列出了其中的部分著作,若有遗漏,万望见谅。由于作者的水平和时间有限,书中不免存在不当和错误之处,敬请各位读者批评指正。

刘德红

2008 年 9 月

目　录

第一章 绪 论

学习目标：通过本章的学习，了解投资和证券投资的概念、分类。掌握投资与投机的区别和联系以及投机在证券交易中的作用。熟识投资过程的几个阶段。

一、投资和证券投资

投资（Investment）的一般含义是，经济主体为了获得未来的预期收益，预先垫付一定量的货币或实物以经营某项业务的经济行为。在大不列颠百科全书中，投资定义为：Process of exchanging income during one period of time for an asset that is expected to produce earnings in future periods. Thus, consumption in the current period is foregone in order to obtain a greater return in the future。

广义的投资按照投资主体与投资对象的关系可以区分为直接投资和间接投资。

直接投资（Direct Investments）是指投资主体为了获得经济效益和社会效益而进行的实物资产购建活动，如国家、企业、个人出资建造工业厂房和购置生产所用的机械设备等。

间接投资（Indirect Investments）是指投资主体将自己的资金委托或让渡给他人使用，以获得收益的经济行为，如购买股票、债券、基金等有价证券。

证券投资（Securities Investments）是指个人或者法人对有价证券的购买行为，这种行为会使投资者在证券持有期内获得与其所承担的风险相称的收益。证券是一种金融资产，它是确立、代表或证明对财产拥有一项或多项权利的法律凭证。在经济学领域，证券是有价证券的简称。证券资本不是投入生产进行不断活动的功能资本，它以股票、债券和基金等有价证券的形式存在，并能给持有者带来一定的收益。所以，证券不是现实的资本，而是"虚拟资本"。

投资者涉足投资，目的是通过投资赚取利润。例如投资股票、债券、基金以及期权、期货或不动产等。投资（Investment）是为取得未来的资产使用权而转让现在的资产使用权。这些用于投资的资产可能是来源于自有、借款、储蓄或未来消费。投资者希望通过投资增加他们的财富来满足未来的消费。财富（Wealth）是现时收入和所有未来收入的现值之和，可以是现金、证券和实物。所有能储存的财富叫做资产。投资学涉及分析和管理投资者的财富，就是研究投资的过程（Investment Process）。

通常，资产分实物资产（Real Assets）和金融资产（Financial Assets）。实物资产是有形资产如土地、机器或工厂等。金融资产是一种合约，表示对未来现金收入的合法所有权。它的价值与其物质形态（往往是一张纸）没有任何关系。金融资产的所有者是投资者，也就是贷款方，而金融资产的发行者则是借款方，也就是同意在未来的某个时间、地点以现金偿付的经济实体（往往是银行、股份公司或国家政府）。

金融资产是和实物资产紧密联系的。金融资产如公司的股票、债券是融资工具，它们资助实物资产的形成和配置，同时金融资产的未来收入又是由实物资产的运作产生的。在实际操作中，实物资产和金融资产可以在资产负债表中区分开来。实物资产只在资产负债表的左侧出现，而金融资产一般在资产负债表的左右侧都出现。对企业的金融要求权是一种资产，但是，企业发行的这种金融要求权则是企业的负债。对资产负债表进行总计时，金融资产会相互抵消，只剩下实物资产作为净资产。

二、投资与投机

投资与投机（Speculation）是一对孪生姐妹，投资是一门科学，投机则是一门艺术，大家习惯认为，投资与投机是两个截然不同的概念。

从经济学的角度上讲，投机几乎是投资的同义反复。投机是寻找和掌握市场中的投资机会，投机和投资共同作用，才形成市场的均衡价格和社会平均利润。在证券市场交易过程中，投资者为了获得更高的预期收益，卖出自己认为企业效益差或风险大、将来下跌的股票，买入自己认为企业效益好或风险小、将来上涨的股票。有人先买后卖，有人先卖后买；有人低价买进高价卖出，获取差价。人们常把从事股票短线交易的人称为"投机者"。通过证券交易，证券市场的社会集资功能得到充分发挥，资金向效益好的方向流动。因此，投机是投资的一种手段或方式。

在使用投资与投机概念时，人们习惯于用以下方式将投资与投机加以区别。

1. 以行为的动机来划分

买进某证券，是为了获取该证券本身今后所能给予的回报，这就是投资。而买进某证券，是为了待上涨后再卖出，从中赚取差价，这就是投机。

2. 以投资时间长短来划分

投资时间短，在市场上频频买入或卖出有价证券为投机；长期保留证券，不轻易换手，按期坐收资本收益者为投资。

3. 以投资风险大小来划分

投资风险大的为投机，投机为高风险投资；投资风险相对小的为投资，投资是稳健的投机。

4. 以是否重视证券实际价值来划分

投资者着重对各种证券所代表的实际价值、公司的业绩和创利能力，进行分析，选择投资对象。而投机者主要注重市场的变化，注意证券市场行情的变化，频繁买进卖出，以获取市场差价为主。投资者注重证券内在价值，而投机者则注重证券的市场价格。

5. 以资金来源来划分

融资融券的信用交易，即用不属于自己的钱或用较少的钱，做较大的交易，这就是投机。

证券投机在证券交易中既有积极作用，又有消极影响。证券投机的积极作用主要表现在三个方面：

1. 具有平衡价格的作用

投机者在低买高卖的活动中，能把价格在不同市场、不同品种、不同时间上的不正常的高低拉平，使价格基本上趋于平衡。

2. 有助于保持证券交易的流动性

因为投机者准备随时买进或卖出，因此投资者若想买进或卖出某种证券便能很快实现，这样有利于证券市场的连续运行。若投资者长期持有证券以获取经常性收入，证券市场的交易就可能中断，投机者的存在降低了这种情况的发生概率。

3. 有利于分担价格变动的风险

投资者可以通过期货交易、期权交易等手段，将价格变动的一部分风险转移给投机者。一般的投机对平衡证券价格，增强证券的流动性，加速资金周转，维持证券市场正常运转具有积极作用。从某种意义上说，没有投机就没有证券市场。

投机的消极作用是投机者可能会利用时机，哄抬价格，推波助澜，造成市场混乱过度。投机行为容易造成盲目性，出现各种风潮。例如，股票行情看涨时，大家都盲目购进，造成股票价格远高于其实际价值，潜伏着暴跌危机，当有风吹草动，行情看跌时，又可能出现纷纷抛售，造成股价惨跌，投资者损失惨重的情况。

三、投资过程

投资是一门需要认真研究的学科，要想取得理想的回报，对投资的过程，需经过几个阶段或步骤才能做出恰当选择，同时还涉及投资管理问题。

（一）投资准备阶段

投资准备包括投资心理准备、基本的投资知识准备和投资资金准备。投资者在准备投资时，必须有承担风险的心理准备，因为市场变化莫测，风险与收益并存。只有做好充分的心理准备，才能在市场的顺境或逆境中均能镇定自若。掌握一些投资知识，减少投资的盲目性，对于投资者尤其是初次进入证券市场的投资者来说是十分必要的。

投资需要资金，没有资金就没有投资。投资者的资金来源一般分为两个部分：一部分是自有资金，另一部分是借入资金。对于自有资金，需要精心筹划一下，用于消费比例多少，进行投资比例多少，以至于不影响正常的日常生活，充分发挥资金效益，尽可能减少风险或增加收益。借入资金用于再投资，要非常谨慎，需要考虑投资成本和风险问题，如果再投资收益不抵支付借贷利息，就会亏本；如果到期不能偿还借入资金本息，就有可能破产。对于固定收入的中小投资者来说，最好不要借入资金进行再投资。

（二）投资了解阶段

投资者进行投资，首先要了解整个市场状况和投资环境以及证券本身的状况。其次投资证券的话，既要了解证券发行情况又要了解证券交易情况。证券发行市场上主要了解发行人和承销商的情况，要选择资信好、实力强的发行人所发行的证券。证券交易市场上主要了解证券的流动性、上市交易情况，其次要了解证券公司的情况以及有关证券投资的法律、法规和税收情况等。

（三）投资分析阶段

投资者通过了解市场情况之后就进入了分析阶段。主要分析证券内在价值和外在影响因素，如分析证券的理论价值、账面价值和交易价格以及价格的波动趋势。价格是由价值决定的，所以说，分析某种证券的理论价值和账面价值是非常重要的。当然，影响证券市场价格的因素很多，价格与其价值相背离的情况是经常发生的。因此，分析证券市场行情的变化趋势，从价格变化中掌握证券价格与价值的关系，把握入市时机，及时买入卖出证券也是非常重要的。另外还需要掌握一定的分析工具、方法和技巧。

（四）构建投资组合阶段

投资者可以在投资分析的基础上，选择与投资目标和投资政策相协调的投资组合战略。投资组合战略包括消极的和积极的两种：消极投资组合战略（Passive Portfolio Strategy）是假设市场上证券的价格已经反映了所有可得信息，市场定价是有效率的，不存在错误定价的证券，进行积极的择时（Market Timing）和择券（Security Selection）是徒劳的，因此只需简单地模仿市场指数分散投资即可实现预期的投资目标。积极投资组合战略（Active Portfolio Strategy）则认为市场是低效的，存在被市场错误定价的证券，通过积极的择时和择券的努力就能跑赢大市，获得超额绩效。积极战略的实质是投资管理者认为能够对影响某类资产收益和风险的因素进行预期。对普通股而言，积极的管理包含对公司未来收益、股息或价格收益比的预测；对固定收入证券投资组合而言，预期包含对未来利率的预测；如果投资组合包含国外证券则需要对未来汇率进行预测。

在积极的和消极的两种极端战略之间存在着若干种将两种战略搭配而成的混合形式，如有的机构投资者对投资组合中的核心资产进行消极的管理，对剩余资产则进行积极的管理。

究竟怎样在消极的、积极的以及消极和积极混合的管理战略中做出选择，取决于以下 3 个因素：①投资者对市场定价效率的看法。②投资者对风险的承受程度。③投资机构债务的性质。在选择合适的投资战略后，投资者就可以确定具体的资产和资金在各种资产中的分配比例。

（五）投资管理阶段

投资者决定购买证券构建投资组合后，便进入投资管理阶段。这个阶段对投资者非常重要，对于投资者来说，特别需要注意以下四个方面的问题。

1. 对投资组合进行适时的修正

随着时间的推移，投资者会改变投资目标，从而使当前持有的资产组合不再为最优，为此，需要卖出现有组合中的一些证券并买进一些新的证券以形成新的组合，亦即投资目标变了，投资战略就要跟着调整，结果就是对投资组合构成的修正。

2. 保持长期投资和短期投资的恰当比例,现货交易与期货交易结合

长期投资收益率相对高,资金周转相对慢,不够灵活。现货交易受市场价格变化较大,风险也大些。期货交易则是减少或降低风险的一种形式。因此,在允许的情况下,投资者应既做现货交易又做期货交易进行对冲,这样可以通过套期保值,把风险降低到最小限度。

3. 自有资金与借入资金进行投资要保持适当比例

前文述及,尽量用自有资金或不用借入资金。但对于机构投资者或投资大户来说,完全不用借入资金是不现实的。对于证券经纪商来说,他们也需要通过信用交易,扩大业务,收取贷款利息和佣金。投资者利用借入资金进行投资,应有限度,这个限度便是自己的清偿能力。用借入资金投资应尽量投资于风险小的或有固定收入的证券。

4. 评价投资绩效

投资绩效应包含投资的收益和风险两个方面,投资绩效的评价就是将投资组合的收益、风险与基准的收益、风险比较,从而达到评价绩效,分析原因的目的。投资过程实际上是一个动态的、持续的和循环往复的过程。

案例分析

投资者小李经过细致分析,发现银广夏(000557)是一只绩优股,值得投资。于是,小李在 2001 年 7 月 9 日以每股 32.50 元的价格买入 1000 股银广夏,准备长期持有。令小李失望的是,此后不久,银广夏的股票价格开始暴跌。更糟糕的是,银广夏公司会计报表作假。小李果断出局,在 2001 年 10 月 11 日以每股 6.50 元的价格卖出银广夏的股票。请问以上事实说明了什么问题?

作业题

一、名词解释

投资　投机　证券投资　直接投资　间接投资

二、问答题

1. 直接投资和间接投资有什么区别?
2. 投资与投机有什么区别?
3. 投资过程的步骤有哪些?

三、单项选择题

1. 投资主体为了获得经济效益和社会效益而进行的实物资产购建活动称为（ ）。

A. 直接投资　　　　B. 间接投资　　　C. 投机　　　D. 证券投资

2. 投资主体将自己的资金委托或让渡给他人使用，以获得收益的经济行为称为（ ）。

A. 直接投资　　　　B. 间接投资　　　C. 投机　　　D. 证券投资

3. 对投资的过程，需经过几个阶段才能做出恰当选择，以下阶段顺序正确的为（ ）。

A. 投资分析阶段——投资准备阶段——投资了解阶段——投资管理阶段——构建投资组合阶段

B. 投资了解阶段——投资准备阶段——投资管理阶段——投资分析阶段——构建投资组合阶段

C. 投资准备阶段——投资了解阶段——投资分析阶段——构建投资组合阶段——投资管理阶段

D. 投资分析阶段——投资管理阶段——投资了解阶段——投资准备阶段——构建投资组合阶段

4. 认为市场是低效的，存在被市场错误定价的证券，通过积极的择时和择券的努力就能跑赢大市，获得超额绩效的投资者所采取的投资组合战略为（ ）。

A. 消极投资组合战略　　　　　B. 积极投资组合战略

C. 恒定投资组合战略　　　　　D. 动态投资组合战略

四、多项选择题

1. 投资和投机的区别在于（ ）。

A. 行为的动机不同　　　　　B. 投资时间长短不同

C. 投资风险大小不同　　　　D. 资金来源不同

2. 证券投机的积极作用主要表现在（ ）。

A. 具有平衡价格的作用　　　　B. 有助于保持证券交易的流动性

C. 有利于分担价格变动的风险　　D. 教育投资者

3. 进入投资管理阶段，对于投资者来说，特别需要注意以下几个方面的问题（ ）。

A. 对投资组合进行适时的修正

B. 保持长期投资和短期投资的恰当比例

C. 自有资金与借入资金进行投资要保持适当比例

D. 评价投资绩效

4. 采取何种投资组合战略主要取决于(　　)。

A. 投资者对市场定价效率的看法　　　B. 投资者对风险的承受程度

C. 投资机构债务的性质　　　　　　　D. 投资者本人的偏好

第二章 证券市场的产生与发展

　　学习目标：通过本章学习，了解证券市场的发展历程和现状，掌握证券及证券市场的定义、特征、分类和功能。

　　证券市场是什么时间产生的？无论在经济学界还是在史学界都很难找到答案。但是大家都知道证券市场的形成是与股份公司的产生相联系的。本章主要介绍证券市场的相关概念、发展进程、在经济运行中的功能以及我国证券市场发展的基本情况。

第一节 证券市场概述

一、证券

1. 证券的定义

　　证券（Securities）是指各类记载并代表了一定权利的法律凭证，用以证明持有人有权依其所持凭证记载的内容而取得应有的权益。从一般意义上来说，证券是指用以证明或设定权利所做成的书面凭证，它表明证券持有人或第三者有权取得该证券拥有的特定权益，或证明其曾经发生过的行为。

　　证券分为有价证券和凭证证券两类。凭证证券又称无价证券，是指本身不能使持有人或第三者取得一定收入的证券，如借据、收据和信用证等。有价证券是指设定并证明持券人有权取得一定财产权利的书面凭证。有价证券又包括货币证券（如汇票、本票、支票等）、商品证券（如提单、仓单等）、不动产抵押证券（如房地产证明文件等）和资本证券（如股票、债券、基金和金融衍生工具）。证券的分类如图2—1所示。

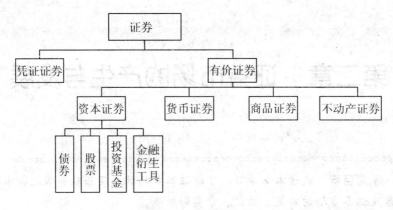

图 2-1 证券的分类

2. 证券的票面要素

证券的票面要素主要有四个：

（1）持有人，即证券为谁所有。

（2）证券的标的物，即证券票面上所载明的特定的具体内容，它表明持有人权利所指向的特定对象。

（3）标的物的价值，即证券所载明的标的物的价值大小。

（4）权利，即持有人持有该证券所拥有的权利。

3. 证券的特征

（1）证券的产权性。证券的产权性是指有价证券记载着权利人的财产权内容，代表着一定的财产所有权，拥有证券就意味着享有财产的占有、使用、收益和处置的权利。在现代经济社会里，财产权利和证券已密不可分，财产权利与证券两者融为一体，证券已成为财产权利的一般形式。虽然证券持有人并不实际占有财产，但可以通过持有证券，拥有有关财产的所有权或债权。

（2）证券的收益性。证券的收益性是指持有证券本身可以获得一定数额的收益，这是投资者转让资本使用权的回报。证券代表的是对一定数额的某种特定资产的所有权，而资产是一种特殊的价值，它要在社会经济运行中不断运动、不断增值，最终形成高于原始投入价值的价值。由于这种资产的所有权属于证券投资者，投资者持有证券也就同时拥有取得这部分资产增值收益的权利，因此，证券本身具有收益性。有价证券的收益表现为利息收入、红利收入和买卖证券的差价。收益的多少通常取决于该资产增值数额的多少和证券市场的供求状况。

（3）证券的流通性。证券的流通性又称变现性，是指证券持有人可按自己的需要灵活地转让证券以换取现金。流通性是证券的生命力所在。流通性不但可以使证券持有人随时把证券转变为现金，而且还使持有人根据自己的偏好选择持有证券的种类。证券的流通是通过承兑、贴现、交易实现的。

（4）证券的风险性。证券的风险性是指证券持有者面临着预期投资收益不能实现，甚至使本金也受到损失的可能，这是由未来经济状况的不确定性所致。在现有的社会生产条件下，未来经济的发展变化有些是投资者可以预测的，而有些则无法预测，因此，投资者难以确定他所持有的证券将来能否取得收益和能获得多少收益，从而就使持有证券具有风险。

二、证券市场

证券市场（Securities Market）是股票、债券、基金单位等有价证券及其衍生产品（如期货、期权等）发行和交易的场所，它在现代金融市场体系中处于极其重要的地位。在发达的市场经济国家，资金的融通主要通过短期金融市场（货币市场）和长期金融市场（资本市场）来完成，而证券市场是资本市场的核心，股票和债券是金融市场上最活跃、最重要的长期融资工具和金融资产，因此证券市场已成为金融市场中一个最为重要的组成部分。证券市场具有以下三个显著特征：第一，证券市场是价值直接交换的场所。第二，证券市场是财产权利直接交换的场所。第三，证券市场是风险直接交换的场所。

三、证券市场参与者

证券市场参与者包括证券发行人、证券投资者、证券中介机构、监管机构和自律组织等。

1. 证券发行人

证券发行人是证券市场上的资金需求者和证券的供给者，它们通过发行股票、债券等各类证券，在市场上募集资金。证券发行人包括公司（企业）、金融机构、政府部门和其他经济组织。

（1）公司（企业）。公司（企业）（Firm）通过发行股票可以补充公司的资本金，改善公司的资本结构。与申请短期银行贷款相比，发行股票所募集的资金成为公司（企业）的资产，可以用来支持固定资产投资等规模较大的长期投资。

（2）政府部门。政府部门（Government Agencies）也是主要的资金需求者和证券发行者。为弥补财政赤字，投资大型工程项目，实施宏观调控，政府会在证券市场上发行政府债券。

（3）金融机构。金融机构（Financial Institutions）主要是证券市场上资金的中间需求者，而不是资金的最终需求者，它们筹资的目的主要是为了向其他资金需求者提供资金。金融机构通过发行金融债券等证券筹集资金，然后通过贷款、投资等形式，把这部分资金运用出去，以获取收益。

2. 证券投资者

证券投资者是证券市场上的资金供给者，也是金融工具需求者和购买者。众多投资者的存在和参与，构成了证券发行和交易的市场基础。

按照证券投资主体的性质，可以把投资者分为个人投资者和机构投资者。

（1）个人投资者。个人投资者（Individual Investors）是指从事证券买卖的居民。居民个人买卖证券是对其剩余、闲置的货币资金加以运用的一种方式。个人投资者除了注重证券的收益性之外，还对证券流动性有较高的要求，希望证券投资可以随时变现以备急需。

（2）机构投资者。机构投资者（Institutional Investors）是指从事证券买卖的法人单位，主要有非金融企业、金融机构和政府部门等。与个人投资者相比，机构投资者一般具有以下几个特点：资金实力雄厚，收集和分析信息的能力强，能够分散投资于多种证券来建立投资组合以降低风险，影响市场能力较大。

非金融企业不仅是证券发行者，也是证券投资者。他们投资的目的，有的是为了资金的保值、增值，有的是想通过股票投资对其他公司进行参股、控股，参与这些公司的经营管理，从而建立起企业集团。

金融机构是证券市场上主要的证券需求者和机构投资者。参加证券投资的金融机构可以分为四大类。

一是商业银行和保险公司。商业银行投资证券的主要目的是为了保持银行资产的流动性和分散风险，所以多投资于期限短、信用等级高的证券。

二是证券经营机构。主要是指证券公司、基金管理公司等，既从事证券承销、证券经纪、资本管理等中介业务，也从事证券自营等业务。因此，也是机构投资者。

三是各类基金。证券市场已发展到各类投资基金、社保基金、保险资金、私募资金等基金成为市场主力的阶段。各类投资基金在市场中成为主要引导者和决定者，其先进的投资理念逐步灌输到市场中，市场也由此开始进入价值投资时代。

四是合格境外机构投资者（QFII）。所谓 QFII（Qualified Foreign Institutional Investors）制度，是指允许经核准的合格境外机构投资者，在一定规定和限制下汇入一定额度的外汇资金，并转换为当地货币，通过严格监管的专门账户投资当地证券市场，其资本利得、股息等经审核后可转为外汇汇出的一种市场开放模式。

这是一种有限度地引进外资、开放资本市场的过渡性制度。在一些国家和地区，特别是新兴市场经济的国家和地区，由于货币没有完全可自由兑换，资本项目尚未开放，外资介入有可能对其证券市场带来较大的负面冲击。而通过QFII制度，管理层可以对外资进入进行必要的限制和引导，使之与本国的经济发展和证券市场发展相适应，控制外来资本对本国经济独立性的影响，抑制境外投机性游资对本国经济的冲击，推动资本市场国际化，促进资本市场健康发展。这种制度要求外国投资者进入一国证券市场时，必须符合一定的条件，得到该国有关部门的审批。

3. 证券中介机构

证券中介机构主要是证券经营机构，另外还包括会计师事务所、资产评估机构、律师事务所、证券评级机构、投资咨询公司、证券信息传播机构等。

证券经营机构是把发行人和投资人沟通起来的桥梁，是把证券市场各个方面联结和组织起来的纽带。其业务非常广泛，主要包括代理证券发行、代理证券买卖或自营证券买卖、为兼并收购活动提供策划和咨询等。

各国证券经营机构的业务范围有所差别，对证券经营机构的称谓也不尽相同。在美国，人们把经营证券业务的非银行金融机构，特别是从事发行承销业务和兼并收购业务的金融机构统称为投资银行，以区别于经营存贷业务的商业银行，而那些经营经纪业务的证券经营机构则被称为证券公司。日本实行银行业和证券业分离制度，人们把从事证券业务的金融机构统称为证券公司。在英国，证券经营机构更多地被称为"商人银行"。在德国等一些欧洲大陆国家，商业银行可以同时经营银行业务和证券业务，所以，它们被冠以"全能银行"的称号，取代了专业的投资银行或证券公司。

会计师事务所、资产评估机构、律师事务所等均属证券市场的专业服务机构，它们是证券市场正常运行必不可少的重要组成部分。

4. 监管机构和自律组织

监管机构和自律组织作为证券市场的参与者，其职责是根据证券法规和行业规定，对证券发行、交易活动及市场参与者行为实施监督和管理，以保护投资者的利益，促进证券市场和社会经济的健康发展。

根据证券市场监管模式的不同，政府监管机构在各个国家有着不同的形式。例如，有些国家通过立法成立专门的独立机构，负责证券市场监管，如美国的证券交易委员会。也有些国家以财政部为主体行使监管职能。我国对证券市场进行监管的机构，主要是中国证券监督管理委员会。经过授权，各省、市、自治区成立的证券管理办公室（证管办）也可在一定范围内行使监管职能。1997 年 11 月，国家决定由中国证监会统一负责对全国证券、期货业的监管，建立全国统一的证券期货监管体系。

自律组织一般包括证券交易所、证券商协会等各种行业性组织，这些组织根据行业规定，实施自我监管，以确保市场公平，确保成员遵纪守法。我国证券行业的自律性组织主要有上海证券交易所、深圳证券交易所和中国证券业协会。

四、证券市场的分类

按照不同的标准，可以对证券市场进行不同的分类。

（1）按照市场的职能，证券市场可以分为发行市场和流通市场。

（2）按照交易的对象，证券市场可以分为股票市场、债券市场和基金市场。

（3）按照证券市场的组织形式，证券市场可以分为交易所市场和场外交易市场。

第二节　证券市场的发展进程

一、证券市场的产生

证券市场是社会化大生产的产物，是商品经济、市场经济发展到一定阶段的必然结果。也就是说，证券市场的产生归于以下三点：社会化大生产和商品经济的发展、股份制的发展和信用制度的发展。

市场经济下的社会化大生产是证券市场形成的经济基础。随着生产力的发展，社会分工日益复杂，商品经济日益社会化，特别是人类进入了商品经济发展的高级形态——市场经济。这时，无论是单个生产者自身的积累，还是有限的借贷资本，都难以满足社会化大生产所需要的巨额资金。于是，客观上需要对企业制度进行创新，发展新的筹资手段以适应社会经济进一步发展的要求，股份公司也就应运而生。股份公司的产生是形成证券市场的现实基础，特别是为股票市场的形成创造了条件。马克思说过："股份公司突破了个人、合伙企业的限制，是对私人资本的一种扬弃。"股份公司面向社会，通过发行股票和债券，可以迅速集中大量的资金，来实现生产的规模经济，而社会上的资金盈余者也愿意加入股份公司这个"联合舰队"，本着"利益均享、风险共担"的原则进行投资，谋求财富的增加。

近代股份公司出现于 16 世纪中期至 17 世纪初，当时荷兰和英国成立了一批具有较明显的现代股份公司特征的海外贸易公司，它们通过募集股份资本建立；具有法人地位；由董事会领导下的经理人员来进行经营管理；股东会是公司最高的权力机构；按股分红；实行有限责任原则；发行股票和允许股票转让；公司生命永久化。到 1695 年，英国成立了约 100 家的新股份公司。18 世纪下半叶，英国开始了工业革命，大机器生产逐步取代了工场手工业，到 19 世纪中叶，股份公司在制造业中普遍建立起来。工业革命从英国向其他资本主义国家扩展，股份公司这一全新的组织形式也传遍了资本主义世界。19 世纪中期，美国产生了一大批靠发行股票和债券筹资的筑路公司、运输公司、采矿公司和银行。19 世纪后半叶，股份公司组织形式传入日本和中国。日本在"明治维新"后出现了一批股份公司，我国国内的股份公司最早形成于洋务运动期间，在洋务运动兴起后建立了一批官办和官商合办的股份制企业，1873 年成立的轮船招商局发行了中国自己最早的股票。在早期的证券市场中，政府债券扮演了比股票和企业债券更重要的角色。荷兰、英国是最先发行公债的国家。美国在独立战争期间发行了巨额的各种中期债券和临时债券。战后，美国政府发行了 8000 万美元的巨额联邦债券。19 世纪末的清政府为了弥补国库空虚，也仿效西方国家的公债制度，在国内发行各种公债。

在证券发行的推动下，证券交易市场开始逐步形成。早在 1608 年，就有一些商人在荷兰的阿姆斯特丹交易海外贸易公司的股票，成为股票交易所的雏形。1773 年，在伦敦柴思胡同乔森那咖啡馆，股票商正式组成了英国第一个证券交易所，即当今伦敦证券交易所的前身。1792 年，24 名经纪人在纽约华尔街的一棵梧桐树下订立协定，形成了经纪人卡特尔，这个经纪人卡特尔就是现在的纽约证券交易所的前身。1878 年，东京株式交易所正式创立，它是现在的东京证券交易所的前身。1891 年，香港成立了股票交易所。1914 年，中国的证券经纪人正式组成"上海股票商业公会"。1918 年夏天成立了北平证券交易所，是中国人自己创办的专营证券业务的第一家证券交易所。1920 年成立了"上海证券物品交易所"。

二、证券市场的发展

1. 萌芽阶段（15～19世纪末）

在资本主义发展初期的原始积累阶段，西欧就已有了证券的发行与交易。15世纪的意大利商业城市中的证券交易主要是商业票据的买卖。16世纪里昂、安特卫普已经有了证券交易所，当时进行交易的品种是国家债券。随后，荷兰、英国和美国等国家相继建立证券交易所。

2. 初步发展阶段

20世纪初，资本主义从自由竞争阶段过渡到垄断阶段。正是在这一过程中，为适应资本主义经济发展的需要，证券市场以其独特的形式有效地促进了资本的积累和集中，同时，其自身也获得了高速的发展。据统计，1900～1913年全世界发行的有价证券中，政府公债占发行总额的40%，而公司股票和公司债券则占了60%。

3. 停滞阶段

1929～1933年，资本主义国家爆发了严重的经济危机，导致世界各国证券市场的动荡，不仅证券市场的价格波动剧烈，而且证券经营机构的数量和业务锐减。危机的先兆就表现为股市的暴跌，而随之而来的经济大萧条更使证券遭受了严重的打击。到1932年7月8日，道·琼斯工业股票价格平均数只有41点，仅为1929年最高水平的11%。危机过后，证券市场仍一蹶不振。第二次世界大战爆发后，虽然各交战国由于战争的需要发行了大量公债，但整个证券市场仍处于不景气之中。与此同时，加大证券市场管制力度的呼声越来越强烈，使证券市场的拓展工作陷入前所未有的停止之中。

4. 恢复阶段

第二次世界大战后至20世纪60年代，因欧美与日本经济的恢复和发展以及各国的经济增长促进了证券市场的恢复和发展，企业证券发行增加，证券交易所开始复苏，证券市场规模不断扩大，买卖越来越活跃。这一时期，世界贸易和国际资本流动得到了一定程度的恢复与发展，因而证券市场国际化的进程也逐渐有所起色。但由于人们对经济危机和金融危机会不会卷土重来仍心存疑虑，加之在此阶段许多国家面临着资本稀缺和通货膨胀的双重压力，对资本的流动实行了严厉的管制，因而，证券市场的发展并不十分引人瞩目。

5. 迅速发展阶段

从20世纪70年代开始，证券市场出现了高度繁荣的局面，不仅证券市场的规模更加扩大，而且证券交易日趋活跃，其重要标志是反映证券市场容量的重要指标——证券化率（证券市值/GDP）的提高。深圳证券交易所的一项研究表明：1995 年末发达国家的平均证券化率为 70.44%，其中美国为 96.59%，英国为 128.59%，日本为 73.88%。而到了 2003 年，美国、英国、日本三国证券化率分别提高至 298.66%、296.54% 和 209.76%，韩国、泰国、马来西亚等新兴市场经济国家的该项比率也分别达到了 112.4%、119.83% 和 240.82%。2007 年末中国沪深两市总市值、流通市值分别为 32.46 万亿元、8.98 万亿元，较 2006 年末增长 268.4%、299.0%，较 11 月末依次增长 12.9%、28.1%，市场规模扩张迅猛，市价总值为 2006 年 GDP 的 1.54 倍，流通市值的 GDP 比率高达 42.6%。

三、证券市场未来的发展趋势

随着世界经济的发展，证券市场的格局和运行机制发生了深刻的变化，并呈现出以下一些趋势。

1. 融资方式证券化

20 世纪 70 年代以前，各国金融市场中的金融工具只局限于存款、债券、股票和商业票据，其中债券和股票的种类很少。20 世纪 80 年代以来，主要市场经济国家商业银行业务的增长速度明显放缓，而公司债券和股票的发行量却大量增加，一些传统的长期贷款项目，如住宅抵押贷款、汽车分期付款等都出现了证券化的趋势。另一方面，在国际证券市场上，自 80 年代中期国际证券发行量首次超过国际信贷量以来，国际筹资者的资金来源由原来以银行信贷为主，转向以发行各类有价证券为主。根据国际清算银行（BIS）的统计，1996 年国际证券净发行总额达到 5400 亿美元，而国际银行贷款净额为 4070 亿美元。

融资方式的证券化，一方面使得一些新证券品种，如可转换债券、浮动利率债券等应运而生；另一方面又拓宽了居民的投资渠道，使得证券成为居民金融资产的重要组成部分。

2. 投资主体机构化

从广义上讲，机构投资者是指个人以外的各种组织，它主要包括共同基金、信托基金、养老基金、保险公司、金融机构、工商企业和各类公益基金等。20 世纪 80 年代以来，随着各国居民金融资产的增加，福利及养老制度的日益完善，以及证券投资品种和范围的扩展，证券市场投资主体发生了结构性变化，以投资基金、养老基金和保险公司为代表的机构投资者获得了长足的发展，并已成为证券市场上的主导力量。自 1980 年以来，美国、英国、德国、日本和加拿大这 5 个主要工业国家的机构投资者所管理的资产增长了 4 倍,与国内生产总值(GDP)的比率翻了一番以上。机构投资者实力的壮大,使其在证券市场上的影响力日益增强,在美国,机构投资者持有的股票量已超过50%,纽约证券交易所(NYSE)80%的交易量和纳斯达克 60%的交易量乃机构投资者所为。投资主体的机构化已成为当今证券市场一个不可逆转的发展趋势。

3. 证券市场国际化

全球经济一体化引导了证券市场的国际化。随着计算机和卫星通信网络将遍布世界各地的证券市场和证券机构联系起来,世界证券市场已逐渐融为一体,其表现为:一是跨国上市,即主要发达国家的证券交易所都有大量的外国公司股票上市,其中,伦敦证券交易所是最具国际化特点的,在它的上市股票中,约有五分之一是外国公司的股票。二是跨国交易,在 1990～1996 年的 7 年间,美国跨国证券交易额与国内生产总值的比率从 89%增加到 164%,德国从 57%增加到 200%,其他主要工业国家也均有较大幅度的增长。三是筹资的国际化,越来越多的发行人通过发行国际证券来筹集资金。

4. 交易品种衍生化

衍生金融工具的出现,一方面有利于克服国际证券市场上的突发性价格波动,起到套期保值、规避风险的作用;另一方面又对证券市场的稳定性构成了严重的挑战。在过去几十年里,衍生工具在世界各大证券市场上得到了迅速发展,国际证券市场上金融衍生工具的交易量呈爆炸性增长的态势,银行、证券公司、保险公司、基金管理公司以及工商企业的财务部门都同衍生工具的交易有着密切的联系。国际清算银行的统计数据表明,截至 1996 年末,在交易所交易的衍生工具面值余额达到 98446 亿美元,而以场外交易形式进行交易的衍生工具的面值余额则达到惊人的 242920 亿美元。

5. 交易方式电子化

进入 20 世纪 80 年代后,以计算机、通信、光导纤维和激光技术的运用为特征的高技术革命,成为证券市场飞速发展的物质基础,加速了证券市场的变革历程。电子指令自动交易系统逐渐取代了原有的报价成交方式,并使得传统的场内市场向场外市场发展,有形交易被无形交易所取代。美国的纳斯达克市场就是一个由全美证券业协会建立的场外行情自动报价系统,它在 1971 年建立之后,短短的 20 多年时间,对世界最大的股票市场纽约证券交易所构成了巨大的挑战。1996 年,纳斯达克的交易金额达到 3.3 万亿美元,仅次于纽约证券交易所,全球排名第二。近年来,随着资本市场的全球化和交易所相互之间的竞争日益激烈,越来越多的交易所竞相进入互联网(Internet),利用这条联结全球千家万户的通信渠道来传播证券行情，接受买卖委托，传递成交回报，进行清算交割。

6. 市场体系统一化

信息技术的进步，资本流动速度的加快，以及机构投资者实力的增强，使得各国内部分散的交易市场体系出现了统一化的趋势，市场监管体系也朝着集中统一的方向发展。法国 20 世纪 90 年代以前有 7 家交易所，巴黎交易所为主要交易所，里昂交易所等为地区性交易所，分散的交易所阻碍了证券市场的发展，加重了证券商的成本负担。20 世纪 80 年代末，法国实施了合并交易所的措施，即先建立计算机联网的交易系统，从技术上统一全国的交易活动，再以法规的形式取消地区性交易所，合并为巴黎交易所。目前，巴黎交易所已成为欧洲最现代化的交易所。德国、澳大利亚、瑞士等其他国家在 90 年代也相继将原有分散的多个交易所合并为一个统一的交易所。

第三节　证券市场的功能

一、筹资功能

筹集资金是证券市场的首要功能。证券市场的筹资功能是指证券市场为资金需求者筹集资金的功能。这一功能的另一作用是为资金供给者提供投资对象。在证券市场上交易的任何证券，既是筹资的工具，也是投资的工具。在经济运行过程中，既有资金盈余者，又有资金短缺者。资金盈余者要使自己的资金价值增值，就必须寻找投资对象。在证券市场上，资金盈余者可以通过买入证券而实现投资；而资金短缺者为了发展自己的业务，就要向社会寻找资金。为了筹集资金，资金短缺者就可以通过发行各种证券来达到筹资的目的。

二、资本定价

证券市场的第二个基本功能就是为资本决定价格。证券是资本的存在形式，所以，证券的价格实际上是证券所代表的资本的价格。证券的价格是证券市场上证券供求双方共同作用的结果。证券市场的运行形成了证券需求者竞争和证券供给者竞争的关系，这种竞争的结果是：能产生高投资回报的资本，市场的需求就大，其相应的证券价格就高；反之，证券的价格就低。因此，证券市场是资本的合理定价机制。

三、资本配置

证券市场的资本配置功能是指通过证券价格引导资本的流动而实现资本的合理配置的功能。在证券市场上，证券价格的高低是由该证券所能提供的预期报酬率的高低来决定的。证券价格的高低实际上是该证券筹资能力的反映，而能提供高报酬率的证券一般来自于那些经营好、发展潜力巨大的企业，或者是来自于新兴行业的企业。由于这些证券的预期报酬率高，因而其市场价格也就相应高，从而其筹资能力就强。这样，证券市场就引导资本流向其能产生高报酬率的企业或行业，从而使资本产生尽可能高的效率，进而实现资本的合理配置。

四、转换机制

公司要通过证券市场筹集资金成为上市公司，首先必须改制成为股份有限公司，按照股份公司的机制来运作，形成三级授权关系：股东组成股东大会，通过股东大会选举董事会，董事会决定经理人选，经理具体负责企业日常运转。股份公司这种企业组织形式成功地适当分离了所有权和经营权，使公司的组织体制走上了科学化、民主化、制度化和规范化的轨道。其次，由于上市公司的资本来自诸多股东，股票又具有流通性和风险性，这就使企业时时处在各方面的监督和影响之中，其中包括：①来自股东的监督，股东作为投资者必然关心企业的经营和前途，并且通过授权关系来实施他们的权力。②来自股市价格涨跌的压力，企业经营的好坏直接影响股价，股价也牵动着企业，经营不善产生的价格下滑可能导致企业在证券市场上被第三者收购。③来自社会的监督，特别是会计师事务所、律师事务所、证券交易所的监督和制约。

由此看来，上市公司在机制上的优势在于：第一，有利于形成"产权清晰、责权明确、政企分开、管理科学"的公司治理结构。第二，有利于在企业运行、财务状况等方面建立规范、透明、及时的信息披露制度。第三，有利于健全企业的经营管理和激励机制，促进形成相对独立的企业家阶层。第四，由于产权分散，社会监督较强，有利于企业形成良好的风险控制机制。第五，由于资金来源相对分散，有利于企业建立合理的财务结构，形成适应能力较强的投融资机制。

五、分散风险

证券市场给投资者和融资者提供的不仅是丰富的投融资渠道，而且也提供了一条分散风险的渠道。资金需求者通过发行证券筹集资金，实际上还将其经营风险部分地转移和分散给投资者，实现了风险社会化。投资者可以通过买卖证券和建立投资组合来转移和降低风险。证券市场创造的流动性解决了投资者难以变现的后顾之忧。证券市场的出现，为各种长短期资金相互转化和横向资金融通提供了媒介和场所。人们可以用现金购买有价证券，使流通手段转化为长、短期投资，把消费资金转化为生产资金；人们也可以把有价证券卖掉，变成现实购买力，以解决即期支付的需要。证券市场的这种转化功能，使人们放心地把剩余资金投入生产过程，既促进了社会经济的发展，又增加了个人的财富。

六、宏观调控

证券市场是国民经济的晴雨表，它能够灵敏地反映社会政治、经济发展的动向，为经济分析和宏观调控提供依据。政府可以通过证券市场行情的变化对经济运行状况和发展前景进行分析预测，并且利用证券市场对经济实施宏观调控。

第四节　我国证券市场的发展状况

我国证券市场的存在可以上溯到北洋政府时期，而证券的发行则更早，可以追溯到 19 世纪末，20 世纪 30 年代，我国证券市场一度繁荣。新中国成立之后，因为推行计划经济体制，取消了证券市场。20 世纪 80 年代以来，在邓小平理论的指导下，在党中央和国务院的支持下，伴随着改革开放的深入和经济发展，我国证券市场逐步成长起来。1981 年恢复国库券发行，1984 年上海、北京、深圳等地的少数企业开始发行股票和企业债券，证券发行市场重新启动。1988 年国债流通市场的建立和 20 世纪 80 年代中后期股票柜台交易的起步，标志着证券流通市场开始形成。1990 年底，经国务院同意，上海和深圳成立了证券交易所，两个交易所的建立极大地推动了证券市场的发展。

　　经过30多年的艰苦努力，特别是经过两个交易所成立18年来的积极探索，证券市场从无到有，从小到大，从分散到集中，从地区性市场到全国性市场，从手工操作到采用现代化技术，市场的广度和深度有了很大的拓展，这一时期股票的发展，大致可分为四个阶段。

　　（一）股票与股票市场的萌芽与发展阶段（1978～1990年）

　　1984年中共十二届三中全会通过《关于经济体制改革的决定》，明确了社会主义经济是"有计划的商品经济"，股份制经济开始试点和推广。以上海和深圳为中心的中国股票市场开始了萌芽与发展。

　　1. 深圳股票市场的发展

　　（1）股票发行市场。1984年，中国宝安集团股份有限公司发行了改革开放以来中国的第一张股票。1986年，深圳市政府制订了《深圳经济特区国营企业股份化试点的暂行规定》，正式开展了企业股份制改革的探索。1987年3月，深圳发展银行率先面向社会公开发行股票，成为中国首家允许个人入股和发行外币优先股的股份公司。随后，深万科、深金田、深安达、原野（世纪星源的前身）等"老五股"先后发行。

　　（2）股票交易市场。1988年4月，深圳经济特区证券公司成立，经营股票柜台交易，首先将"深发展"股票上柜买卖，随后多家证券商纷纷成立。1990年2月，深圳经济特区证券公司改变单独交易方式为柜台集中交易，5月规定了委托买卖价格优先，时间优先原则，并规定了涨跌幅10％的限制，11月2日涨跌幅的限制改为5％，征收千分之六的印花税。11月26日，深圳证券登记公司开始运营，12月1日深圳证券交易所开业，使深圳股市从分散交易过户向集中交易过户过渡，并实现了计算机化和无纸化作业，交易效率大大提高。

　　2. 上海股票市场的发展

　　（1）股票发行市场。1984年8月10日，上海市场颁布《关于发行股票的暂行管理办法》，为股份公司发行股票提供了政策法规依据。11月，飞乐音响面向社会公开发行股票，随后，延中实业、飞乐股份、豫园商场、真空电子等公司也发行了股票，形成了所谓的"老八股"。

　　（2）股票交易市场。1986年9月26日，中国工商银行上海信托投资公司静安公司挂牌代理买卖飞乐音响和延中实业股票，这是新中国首次开办股票交易。10月原中国人民银行行长陈慕华将一股飞乐音响公司股票赠给前来参观的美国纽约股票交易所主席约翰·范尔霖先生。1987年1月，上海印发《证券柜台交易暂行规定》，5月发布《上海市股票管理暂行办法》，对柜台交易等业务进行了规范。1988年5月以后，证券中介机构申银证券、万国证券、海通证券公司先后成立。1989年，新中国第一个股票指数——静安平均指数推出。1990年11月26日，上海证券交易所经中国人民银行批准成立。1991年11月，中国人民银行发布《上海市人民币特种股票管理办法》，使B股发行流通有了法律依据。随后，我国第一家B股——上海真空电子B股发行。

（二）深沪股票市场的试点与进一步发展阶段（1991～1995年底）

1991年4月9日，全国人大七届四次会议通过的《国民经济和社会发展十年规划和"八五"计划纲要》明确指出，"要有计划、有步骤地扩大各类债券和股票发行，稳步发展金融市场，拓宽融资渠道，健全证券流通市场。在有条件的大城市稳妥地进行证券交易所的试点，并逐步形成规范化的交易制度"。从此，深沪股市进入了积极试点和稳妥发展的新阶段。截至1995年10月共累计发行股票114亿元，并初步形成了以上海、深圳证券交易所为中心的全国交易市场体系。

总结这一阶段我国股票市场的发展成就，可以概括为四个方面。

（1）发行市场规模扩大。

（2）以"两网两所"为中心的交易市场体系初步形成。"两所"是指上海证券交易所和深圳证券交易所；"两网"即STAQ和NET系统，同时还有以天津、武汉、沈阳为代表的23个证券交易中心，初步形成了集中交易和分散交易相结合的格局。

（3）证券市场管理体系初步形成。

（4）证券经营和中介机构迅速发展。到1995年底，可以经营证券业务的金融机构、证券公司有97家，证券经营机构333家，证券商560多家，深沪交易所的会员也不断增加。

但是，在这几年的发展中，也暴露出了诸如证券市场化程度低，证券机构行为不规范，市场制度不健全，市场供求不均衡，信息披露制度不透明等一系列问题，还需要我们在发展进程中不断地完善。

（三）深沪股票市场结束试点，进入规范稳妥、积极发展的阶段（1996～1999年6月）

十四届五中全会以后，深沪股票市场结束了试点，进入了规范稳妥、积极发展的新阶段。

综观这一阶段深沪股票市场的发展，主要有以下四方面成就。

（1）深沪股票市场实现了向全国性市场的迈进。

（2）深沪股票市场功能进一步增强。证券市场在发挥融资功能的同时，资源优化功能也随着上市公司数量增多、存量扩大而逐渐发挥出来。证券市场已经成为资产重组最活跃、发挥空间最大、创意最浓厚的市场。

（3）证券市场规范与发展并举。在发行体制上，两市发行额度迅速扩大，而且明显向大中型企业倾斜；在管理体制上，完成了证监会对深沪交易所垂直一体化的管理制度建设；在观念上，舆论已经明确证券市场要为国企发展服务，证券市场是社会主义市场经济的一个主要组成部分。

（4）证券市场规模实现了第二个飞跃，即上市公司数量和交易量的双突破。

（四）中国股市的大发展、大规范（1999 年 7 月至今）

（1）《证券法》于 1999 年 7 月 1 日颁布与实施，新修订的《证券法》于 2006 年 1 月 1 日颁布与实施。

（2）证券市场的规模获得了空前的扩大。2004 年 5 月深圳证券交易所推出中小企业板。

（3）机构投资者超常规的发展。中外合资证券公司和基金管理公司的成立。

沪深交易所推出交易所交易基金。国务院颁布了《国务院关于推进资本市场改革开放和稳定发展的若干意见》。证券市场经过 18 年的发展，随着规模的不断扩大，其对外开放程度也在不断加大。

2005 年是沪深股市具有里程碑的一年：推出股权分置改革，制度性缺陷有望彻底解决；银行系基金成立与入市、年金正式大规模入市，机构投资者力量不断增强；大面积关闭高危券商、证券投资者保护基金公司设立，投资者利益的保护被提高到一个空前的高度。中国证监会发布的最新统计数据显示：截至 2007 年底，沪、深两市共 1298 家上市公司完成或者已进入股改程序，占应股改公司的 98%；未进入股改程序的上市公司仅 33 家，股权分置改革在两年的时间里基本完成。截至 2008 年 6 月 24 日，中国 A 股、B 股市场共拥有上市公司 1661 家，总市值 21.92 万亿元。按照 2007 年的 GDP 核算，证券化比率已达 88.89%。投资者的数量与结构和前些年相比，均发生了实质性变化。

2005 年 4 月 30 日，证监会颁布《关于上市公司股权分置改革试点有关问题的通知》，宣布沪深股市成立以来最浩大的工程——股权分置改革正式启动。2005 年 7 月 18 日，上证所发布《权证管理暂行办法》，阔别 9 年的权证重回股市。8 月 22 日宝钢权证火暴亮相，2005 年 11 月 23 日武钢权证上市连续涨停，2005 年 11 月 29 日，券商创设权证上市更是为权证市场注入了新的活力。2005 年 6 月初上证指数创出了 8 年新低 998 点，为此管理层采取了多项措施。

"2006 年，在众多历史遗留问题得到妥善解决，机构投资者迅速壮大，法律体系逐步完善的基础上，中国资本市场出现了一系列积极而深刻的变化，市场规模迅速扩张，交易日趋活跃。截至 2007 年底，沪、深两个市场共有上市公司 1550 家，总市值达 32.7 万亿元，相当于国民生产总值的 140%，位列全球资本市场第三，新兴市场第一。2007 年首次公开发行股票融资 4595.79 亿元，位列全球第一。日均交易量 1903 亿元，成为全球最为活跃的市场之一。在市场规模和交易量成倍增长的情况下，交易结算系统和监管体系基本保持了平稳运行，未发生影响市场正常运行的异常事件。"[1]

2008 年，中国股票市场出现了大幅波动，上证指数从年初的高点 5522.78 点下跌到 2008 年 9 月 18 日的低点 1802.33 点，下跌幅度达到 67.37%；相对于 2007 年 10 月 16 日的历史最高点 6124.04 点，下跌幅度达到 70.57%。从国际国内形势来看，美国的次贷危机，美元大幅贬值，石油、黄金大幅上涨，进一步增加了全球通胀加剧的预期。从国内形势来看，2008 年一季度通货膨胀高达 8%，持续高企。从年初南方的冰雪灾害到 5 月份汶川大地震，以及大量上市公司"大小非"的流通等问题。但我们相信：经过充分调整的中国股市，将更加健康地发展。

"展望 2020 年，中国资本市场将基本完成从'新兴加转轨'向成熟市场的过渡，迈入全面发展的时期。一个更加公正、透明、高效的资本市场，将在中国经济构筑自主创新体系中发挥重要作用，成为中国和谐社会建设的重要力量。同时，一个更加开放和具有国际竞争力的中国资本市场，也将在国际金融体系中发挥应有的作用。"[2]

案例分析

我国证券市场自从建立以来，大部分上市公司重融资轻回报，使得证券市场的筹资功能发挥得淋漓尽致，而其他功能往往被忽视。故出现了银广夏、东方电子、啤酒花、科龙电器等上市公司不择手段地造假，坑害投资者。结合股权分置来讨论证券市场在经济中的作用和意义。

---

①② 资料来源：2007 年中国资本市场发展报告。

作业题

一、名词解释

证券　证券市场　机构投资者　合格境外机构投资者（QFII）

二、问答题

1. 什么叫证券市场？与一般商品市场相比，证券市场有哪些明显的特征？
2. 证券市场上有哪些参与者？
3. 证券市场发展有哪几个阶段？
4. 当代证券市场的发展特点是什么？
5. 证券市场有哪些功能？
6. 简述我国证券市场的发展情况。

三、单项选择题

1. 证券公司主要的业务内容有（　　　）。

A. 股票、债券和基金

B. 发行、自营和基金管理

C. 承销、咨询和基金管理

D. 承销、经纪、自营、投资咨询、购并、受托资产管理、基金等业务

2. 金融证券所筹集的资金作为营运资金，主要用于（　　　）。

A. 信贷、投资　　　　　　　　B. 建设资金

C. 生产经营活动　　　　　　　D. 注册资本金

3. 我国证券监管机构是指（　　　）。

A. 证券行业自律性组织　　　　B. 证券业协会

C. 中国证券管理委员会及其派出机构　D. 证券信用评级机构

4. 证券交易所在性质上是一种（　　　）。

A. 证券监管机构　　　　　　　B. 证券服务机构

C. 证券投资人　　　　　　　　D. 自律性组织

5. 有价证券之所以能够买卖是因为它（　　　）。

A. 具有价值　　　　　　　　　B. 具有使用价值

C. 代表一定的财产权利　　　　D. 具有交换价值

6. 公司证券的形式包括（　　　）。

A. 公司债券、商业票据及政府债券　B. 商业票据、金融债券

C. 股票、金融债券　　　　　　D. 股票、公司债券及商业票据

7. 证券交易价格是通过（　　）确定的。

A. 证券商与投资者协商　　　　　B. 一级市场上的公开竞价

C. 证券供求双方共同作用　　　　D. 发行者与证券商协商·

8. 证券市场按纵向结构关系，可以分为(　　)。

A. 发行市场和交易市场

B. 股票市场、债券市场和基金市场

C. 集中交易市场和场外市场

D. 国内市场和国外市场

9. 证券市场按横向结构关系，可以分为(　　)。

A. 发行市场和交易市场

B. 集中交易市场和场外市场

C. 国内市场和国外市场

D. 股票市场、债券市场和基金市场

10. 以股票、债券为主要金融工具来融通资金的场所叫(　　)。

A. 直接融资市场　　　　　　　　B. 间接融资市场

C. 货币市场　　　　　　　　　　D. 资本市场

11. 按证券的(　　)划分，有价证券可以分为股票、债券、基金证券以及
其他证券。

A. 经济性质　　　　　　　　　　B. 募捐方式

C. 交易场所　　　　　　　　　　D. 交易性质

12. 以银行等信用中介机构作为媒介进行融资活动场所，即为(　　)。

A. 直接融资市场　　　　　　　　B. 间接融资巾场

C. 货币市场　　　　　　　　　　D. 资本市场

13. 证券市场的基本功能不包括(　　)。

A. 筹资功能　　　　　　　　　　B. 定价功能

C. 保值增值功能　　　　　　　　D. 资本配置功能

14. 根据金融市场上交易工具的期限，可把金融市场分为(　　)两大类。

A. 股票市场和债券市场　　　　　B. 证券市场和银行信贷市场

C. 证券市场和保险市场　　　　　D. 货币市场和资本市场

15. 世界上第一家股票交易所在(　　)成立。

A. 纽约　　　　　B. 伦敦　　　　C. 阿姆斯特丹　　D. 费城

16. 20 世纪初，资本主义证券市场获得了高速发展，其特征不包括(　　)。

A. 股份公司数量剧增　　　　　　B. 有价证券发行总额剧增

C. 有价证券结构变化　　　　　　D. 金融创新不断深化

17. 1918 年夏天成立(　　)，是中国人自己创办的专营证券业务的第一家

证券交易所。

A. 北平证券交易所　　　　　B. 上海证券物品交易所

C. 青岛物品交易所　　　　　D. 天津市企业交易所

18. 机构投资基金不可以按(　　)进行分类。

A. 基金的组织形式　　　　　B. 基金是否可自由赎回

C. 基金规模是否固定　　　　D. 基金管理公司的人数

19. 机构投资者主要有(　　)。

A. 政府机构　　　　　　　　B. 金融机构和各类基金

C. 企事业单位　　　　　　　D. 以上都是

20. 我国证券发行的品种不包括(　　)。

A. A 股，B 股　　　　　　　B. 基金

C. 国债　　　　　　　　　　D. 金融衍生产品

四、多项选择题

1. 证券的票面要素包括(　　)。

A. 持有人　　　　　　　　　B. 证券的标的

C. 发行公司名　　　　　　　D. 标的物的价值

2. 证券的基本特征(　　)。

A. 增值特征　　　　　　　　B. 法律特征

C. 保值特征　　　　　　　　D. 书面特征

3. 证券是指(　　)。

A. 各类记载并代表一定权利的法律凭证

B. 各类证明持有者身份和权力的凭证

C. 用以证明或设定权力而做成的书面凭证

D. 用以证明持有人或第三者有权利取得该证券拥有的特定权益的凭证

4. 本身不能使持券人或第三者取得一定收入的证券称为(　　)。

A. 商业汇票　　　　　　　　B. 凭证证券

C. 无价证券　　　　　　　　D. 借据

5. 以下属于资本证券的是(　　)。

A. 可转换证券　　　　　　　B. 股票

C. 债券　　　　　　　　　　D. 基金证券

6. 有价证券的基本特征有(　　)。

A. 期限性　　　　　　　　　B. 风险性

C. 流通性　　　　　　　　　D. 收益性

7. 证券收益性的多少通常取决于(　　)。

A. 资产增值数额的多少　　　　　　B. 该证券的需求情况

C. 证券市场的供求状况　　　　　　D. 证券发行时间的长短

8. 机构投资者的共同特点（　　　）。

A. 投资资金数量大　　　　　　　　B. 收集和分析信息的能力强

C. 可通过有效的资产组合分散风险　D. 投资活动对市场影响很大

9. 个人投资者投资证券的主要目的（　　　）。

A. 谋求操纵证券市场　　　　　　　B. 追求盈利

C. 谋求资本的保值　　　　　　　　D. 谋求资本的增值

10. 证券公司的主要业务（　　　）。

A. 承销和自营证券　　　　　　　　B. 代理交易证券

C. 受托资产管理　　　　　　　　　D. 证券投资咨询

11. 证券服务机构主要包括（　　　）。

A. 证券登记结算公司　　　　　　　B. 证券投资咨询公司

C. 会计师事务所　　　　　　　　　D. 资产评估和证券信用评级机构

12. 证券交易所主要的职责（　　　）。

A. 提供交易场所与设施

B. 制定交易规则

C. 监管在该交易所上市的证券以及会员交易行为的合规性与合法性

D. 确保交易市场的公开、公平和公正

13. 证券市场是（　　　）直接交换的场所。

A. 商品　　　　　　　　　　　　　B. 价值

C. 财产权利　　　　　　　　　　　D. 风险

14. 影响股票价格波动的因素有（　　　）。

A. 经营业绩　　　　　　　　　　　B. 发展潜力

C. 发行数量　　　　　　　　　　　D. 行业特点

15. 我国股票公募发行的方式有（　　　）。

A. 行政摊派　　　　　　　　　　　B. 认购证方式

C. 储蓄存单挂钩方式　　　　　　　D. 上网定价方式

第三章　证券市场的运作

学习目标：通过本章学习，了解证券发行市场、证券交易市场各自的特点、作用，掌握两个市场之间的联系，掌握正确交易程序以及证券市场中的特有名词的含义。

　　证券市场是证券买卖交易的场所，也是资本供求的中心。根据市场的功能划分，证券市场可分为证券发行市场和证券交易市场。证券发行市场又称"一级市场"（Primary Market）或"初级市场"，是发行人以筹集资金为目的，按照一定的法律规定和发行程序，向投资者出售新证券所形成的市场。在发行过程中，证券发行市场作为一个抽象的市场，其买卖成交活动并不局限于一个固定的场所。证券交易市场又称"二级市场"（Secondary Market）或"次级市场"，是已发行的证券通过买卖交易实现流通转让的场所，它可分为场内市场、场外市场、三级市场和四级市场。证券市场的两个组成部分既有联系，又有区别，是一个不可分割的整体。

第一节　证券发行市场

　　证券发行市场（Securities Issuing Market）由发行人、投资者和证券中介机构组成。按发行种类不同，可分为股票发行市场、债券发行市场、基金发行市场等，它们的发行目的、发行条件、发行方式等各不相同。

一、证券发行市场的含义和构成

　　证券发行市场是指发行人向投资者出售证券的市场，它包括政府、企业和金融机构发行证券时，从规划、推销和承购等阶段的全部活动过程。证券发行市场的特征是：无固定场所，无统一时间，是一个无形市场。

由于证券发行市场无特定的发行场所，所以它是一种抽象的非组织化的市场，一切证券发行关系的总和即构成证券发行市场。证券发行市场由以下三部分组成。

1. 证券发行人

证券发行人（Securities Issuer）是证券的供应者和资金的需求者，他们通过发行股票、债券等各类证券，在市场上筹集资金。发行者的数量和发行证券的数量决定了发行市场的规模和发达程度。证券发行者主要是政府、企业、金融机构和其他经合组织。

2. 证券投资者

证券投资者是资金的供应者和证券的需求者，投资者人数多少和资金实力的大小同样制约着证券发行市场规模。投资者包括个人投资者和机构投资者，后者主要是证券公司、信托投资公司、共同基金、人寿保险公司等金融机构和企业、事业单位、社会团体等。

3. 证券中介机构

在证券发行市场上，证券中介机构一般是指证券公司、会计审计事务所、律师事务所、资产评估事务所等为证券发行与投资服务的中立机构，在证券发行市场上其作用非常重要。

二、证券发行分类

证券发行（Securities Issue）分类方法很多，按发行对象不同可分为公募发行和私募发行；按发行过程不同可分为直接发行和间接发行；按发行证券种类不同可分为股票发行、债券发行、基金发行。股票发行按增资方式还可分为有偿增资发行和无偿增资发行；按招标的标的不同可分为价格招标发行和收益率招标发行等。

1. 按发行对象分类

（1）公募发行（Public Issue）。又称公开发行，是指发行人向广泛的不特定的社会公众投资者发行证券的一种方式。有下列情形之一的，为公开发行。

1）向不特定对象发行证券的。

2）向特定对象发行证券累计超过 200 人的。

3）法律、行政法规规定的其他发行行为。

在公募发行的情况下，任何合法的投资者都可以认购。采用公募发行的有利之处在于：首先，以众多投资者为发行对象，证券发行的数量多，筹集资金的潜力大。其次，投资者范围广，所发行的证券比较分散，不容易被操纵。再次，只有公开发行的证券才可以申请在证券交易所上市，公开发行可增强证券的流动性，有利于提高发行者在证券市场的知名度，扩大了社会影响。公募发行的不足之处在于：发行程序比较复杂，发行成本较高。

（2）私募发行（Private Placement）。又称不公开发行或私下发行、内部发行，是指向少数特定投资者发行证券的一种方式。私募发行的对象有两类：一类是公司的老股东或发行人的员工，一类是投资基金、社会保险基金、保险公司、商业银行等金融机构以及与发行人有密切往来关系的企业等机构投资者。私募发行有确定的投资者，发行手续简单，可以节省发行时间和发行费用。其不足之处是投资者数量有限，证券流通性较差，一般不允许在证券交易所挂牌上市交易。

2. 按发行过程不同分类

（1）直接发行（Direct Issue），是发行人不通过证券承销机构而直接向投资者发行证券的一种方式。这种发行方式的好处是可以节省向发行中介机构交纳的手续费，降低发行成本。不利之处是如果发行额较大，投资者认购不足的话，发行者就承担非常大的发行风险。因此，这种方式只适用于有既定发行对象或发行人知名度高、发行数量少、风险低的证券。如商业银行发行金融债券往往采取直接发行的方式。

（2）间接发行（Indirect Issue），又称承销发行，是指发行人不直接参与证券的发行过程，而委托投资银行、证券公司等证券中介机构代理发行证券的一种方式。采用间接发行方式可在较短时期内筹集到所需资金，而且对发行人来说比较方便，风险较小。但需支付一定手续费，并按受托发行机构的要求，提供证券发行所需的有关资料。根据受托机构对证券发行责任的不同，又可分为承购包销发行和代销发行。证券包销是指证券承销商将发行人的证券按照协议全部购入的承销方式。证券代销是指证券承销商代理发行人发售证券，在承销结束时，将未售出的证券归还给发行人，发行风险由发行公司自己承担，而包销方式发行人不承担发行风险，但发行费用比较高。

三、股票发行市场

股票发行市场是新股票初次发行的市场，是股份公司筹集资金，将社会闲散资金转化为生产资金的场所。

（一）股票发行的目的和条件

1. 为新设立股份公司而发行股票

新的股份公司的设立需要通过发行股票来筹集股权资本，达到预定的资本规模，为公司开展经营活动提供必要的资金条件。股份公司的设立形式有两种：一种是发起设立，指由公司的发起人认购应发行全部股份而设立的公司。发起设立的过程较为简单，发起人出资后，公司就算设立完成，这类公司规模通常较小。另一种是募集设立，指由发起人认购应发行股份的一部分，其余部分向社会公众公开募集设立公司。这类公司一般规模较大，所筹资金需要公开募集，但发起人最初至少要认购股份总数的一定比例，并且只有在筹到必要股份后才能成立公司，所以自发起到设立需要相当长的时间。

2. 公开发行股票的条件

根据新修订的《公司法》和《证券法》的规定，股票发行人必须是具有股票发行资格的股份有限公司。股份有限公司包括已经成立的股份有限公司和经批准拟成立的股份有限公司。公司公开发行新股，应当符合下列条件。

（1）具备健全且运行良好的组织机构。

（2）具有持续盈利能力，财务状况良好。

（3）最近三年财务会计文件无虚假记载，无其他重大违法行为。

（4）经国务院批准的国务院证券监督管理机构规定的其他条件。

3. 现有股份公司为改善经营而发行新股的目的

（1）增加投资，扩大经营。

（2）调整公司财务结构，保持适当的资产负债比率。

（3）满足证券交易所的上市标准。

（4）巩固本公司经营权，增加资本。

（5）维护股东直接利益。

（6）为其他目的发行股票。

（二）股票发行方式

股票发行方式按目的不同，可分为初次发行和增资发行两种。

1. 初次发行

初次发行是指新组建股份公司时或原非股份制企业改制为股份公司时或原私人持股公司要转为公众持股公司时，公司首次发行股票。前两种情形又称设立发行，后一种发行又称首次公开发行（Initial Public Offerings，IPO）。初次发行一般都是发行人在满足发行人必须具备的条件，并经证券主管部门审核批准或注册后，通过证券承销机构面向社会公众公开发行股票。通过初次发行，发行人不仅募集到所需资金，而且完成了股份有限公司的设立或转制。

2. 增资发行

增资发行（Seasoned Offerings）是指随着公司的发展，业务的扩大，为达到增加资本金的目的而发行股票的行为。

股票增资发行，按照取得股票时是否缴纳股金来划分，可分为有偿增资发行、无偿增资发行和有偿无偿搭配增资发行。

（三）我国的股票发行方式

我国的股票发行市场，基本上采取公募间接发行方式。就具体的发行方式而言，早期曾采用限量发售认购证方式、无限量发售认购证方式、与储蓄存款挂钩方式和上网竞价方式。在总结前几年经验的基础上，国务院证券监管机构规定目前股票发行方式为：公司股本总额在4亿元以下的公司采用上网定价方式、全额预缴款或与储蓄存款挂钩方式发行，公司股本总额在4亿元以上的公司，可采用对一般投资者上网发行和对法人配售相结合的方式发行。这里所称的法人是指在中华人民共和国境内登记注册的除证券经营机构以外的有权购买人民币普通股的法人。法人分为两类，一类是与发行公司业务联系紧密且要长期持有发行公司股票的人，称为战略投资者；一类是与发行公司无紧密联系的法人，称为一般法人。对法人配售和对一般投资者的上网发行为同一次发行，须按同一价格进行。同时规定公开发行量在5000万股（含5000万股）以上的新股，按不低于公开发行量20%的比例供各证券投资基金申请配售。

（1）全额预缴款方式。

（2）与储蓄存款挂钩发行方式。

（3）上网定价方式。

为了进一步完善股票发行方式，促进证券市场健康稳定发展，中国证监会于2000年初规定，在新股发行中试行向二级市场投资者配售新股的办法。向二级市场投资者配售新股，是指在新股发行时，将一定比例的新股由上网公开发行改为二级市场投资者配售，投资者根据其持有上市流通证券的市值和折算的申购限量自愿申购新股。中国证监会于2002年重新启动向二级市场投资者配售新股的规定。2005年5月开始股权分置改革，股票发行将采取"新老划断"的办法，这意味着今后新股发行将采取全流通的方式。

（四）股票发行价格

股票发行价格指股份有限公司将股票公开发售给投资者所采用的价格。

新修订的《公司法》第 128 条规定："股票发行价格可以按票面金额，也可以超过票面金额，但不得低于票面金额。"新修订的《证券法》第 34 条规定："股票发行采取溢价发行的，其发行价格由发行人与承销的证券公司协商确定。"

股票发行定价方式：协商定价方式、一般的询价方式、累计投标询价方式和上网竞价方式。

股票发行底价或发行价格区间的估计方式主要有五种，即市盈率法、净资产倍率法、竞价确定法、现金流量折现法、协商定价法。

1. 市盈率法

市盈率又称本益比（P/E）是指公司股票市场价格与公司盈利的比率。计算公式为：

$$市盈率 = \frac{每股市价}{每股净收益}$$

发行价格＝每股收益×发行市盈率

（1）通过市盈率法确定股票发行价格的计算步骤。

1）应根据注册会计师审核后的盈利预测计算出发行公司的每股净收益。

2）可根据二级市场的平均市盈率、发行公司所处行业的情况（同类行业公司股票的市盈率）、发行公司的经营状况及其成长性等拟定发行市盈率。

3）依发行市盈率与每股净收益之乘积决定发行价。

（2）按市盈率法确定发行价格的计算公式。

发行价＝每股净收益×发行市盈率

$$每股净收益 = \frac{税后利润}{发行前总股本数}$$

（3）确定每股净收益（每股税后利润）的方法。

确定每股税后利润的方法有两种。

1）加权平均法。采用加权平均法确定每股税后利润较为合理。因股票发行的时间不同，资金实际到位的先后对企业效益影响较大，同时投资者在购股后才应享受应有的权益。加权平均法计算公式为：

$$股票发行价格 = \frac{发行当年预测税后利润}{发行当年加权平均股本数} \times 市盈率$$

$$或 = \frac{发行当年预测税后利润}{发行前总股本数 + 本次公开发行股本数 \times \frac{12 - 发行月数}{12}} \times 市盈率$$

$$每股税后利润 = \frac{发行当年预测税后利润}{发行前总股本数 + 本次公开发行股本数 \times \frac{12 - 发行月数}{12}}$$

2）完全摊薄法。即用发行当年预测全部税后利润除以总股本，直接得出每股税后利润。

例：2005 年 3 月，某公司拟增发 2000 万股普通股。根据二级市场平均市盈率及行业情况确定市盈率为 15 倍，发行当年预测税后利润 2000 万元，发行前总股本为 5000 万股。

要求：计算确定该股票发行价格。

解：

$2000 \div [5000 + 2000 \times (12-3) \div 12] \times 15 \approx 4.62$（元）

值得注意的是：发行市盈率通常根据二级市场的平均市盈率、发行公司所处行业的情况（同类行业公司股票的市盈率）、发行公司的经营状况及成长性等拟定。

2. 净资产倍率法

净资产倍率法又称资产净值法，是指通过资产评估和相关会计手段确定发行公司拟募股资产的每股净资产值，然后根据证券市场的状况将每股净资产值乘以一定的倍率，以此确定股票发行价格的方法。净资产倍率法在国外常用于房地产公司或资产现值要重于商业利益的公司的股票发行，但在国内一直未采用。以此种方式确定每股发行价格不仅应考虑公平市值，还须考虑市场所能接受的溢价倍数。以净资产倍率法确定发行股票价格的计算公式是：

发行价格＝每股净资产值×溢价倍数

3. 竞价确定法

投资者在指定时间内通过证券交易场所交易网络，以不低于发行底价的价格并按限购比例或数量进行认购委托，申购期满后，由交易场所的交易系统将所有有效申购按照"价格优先、同价位申报时间优先"的原则，将投资者的认购委托由高价位向低价位排队，并由高价位到低价位累计有效认购数量，当累计数量恰好达到或超过本次发行数量的价格，即为本次发行的价格。

如果在发行底价上仍不能满足本次发行股票的数量，则底价为发行价。发行底价由发行公司和承销商根据发行公司的经营业绩、盈利预测、项目投资的规模、市盈率、发行市场与股票交易市场上同类股票的价格及影响发行价格其他因素共同研究协商确定。由于在此种方法下，机构大户易于操纵发行价格，因此，经试验后即停止使用了。

4. 现金流量折现法

（1）现金流量折现法。通过预测公司未来盈利能力，据此计算出公司净现值，并按一定的折现率折算，从而确定股票发行价格的方法。

（2）该方法要点。首先是用市场接受的会计手段预测公司每个项目若干年内每年的净现金流量，再按照市场公允的折现率，分别计算出每个项目未来的净现金流量的净现值。公司的净现值除以公司股份数，即为每股净现值。

（3）采用此法应注意两点。①由于未来收益存在不确定性，发行价格通常要对上述每股净现值折让 20%～30%。②用现金流量折现法定价的公司，其市盈率往往远高于市场平均水平，但这类公司发行上市时套算出来的市盈率与一般公司发行的市盈率之间不具可比性。

（4）该方法的应用情况。国际主要股票市场对新上市公路、港口、桥梁、电厂等基建公司的估值发行定价一般采用现金流量折现法。这类公司的特点是前期投资大，初期回报不高，上市时的利润一般偏低，如果采用市盈率法发行定价则会低估其真实价值，而对公司未来收益（现金流量）的分析和预测能比较准确地反映公司的整体和长远价值。

5. 协商定价法

根据新《证券法》的规定，股票的发行价格由发行人与承销的证券公司协商确定。发行公司应当参考公司经营业绩、净资产、发展潜力、发行数量、行业特点、股市状态，提供定价分析报告，说明确定发行价格的依据。

（五）股票发行程序

各国对股票发行都有严格的法律程序。股份有限公司对外公开发行股票需委托投资银行、证券公司等中介结构承办，一般可分为首次公开发行的程序和增发股票的程序。

（1）首次公开发行程序公司决定了公开发行股票的意愿后，一般要经过以下程序和步骤：

1）股票发行前期的准备阶段。这一阶段对于能否取得发行资格，能否顺利发行股票具有非常重要的意义。发行公司在研究和分析发行市场情况的基础上，拟定股票发行方案和形成股票发行决议后，需要聘请一家证券承销商负责本公司此次发行事宜，并由承销商负责组织一个包括律师、会计师、资产评估师等组成的专家小组，负责对发行公司的尽职调查和发行前的准备工作。准备工作主要包括：①对发行公司进行改造，重组整合成适于公开发行及随后上市的公司。②对发行公司进行评估，准备招股说明书等申请文件并为大致确定公司的价值和发行价格准备各类资料。③编制招股说明书。

2）股票发行的申请和审核阶段。主承销商会同发行公司将申请书、招股说明书、承销协议等申请文件送交证券管理机关，申请公开招股。各国公开发行股票的审核制度分为注册制和核准制两种。注册制在生效期后发行公司可销售股票，核准制只有在申请被批准后发行公司才能销售股票。

新修订《证券法》第 14 条规定，公司公开发行新股，应当向国务院证券监督管理机构报送募股申请和下列文件：①公司营业执照；②公司章程；③股东大会决议；④招股说明书；⑤财务会计报告；⑥代收股款银行的名称及地址；⑦承销机构名称及有关的协议。依照《证券法》规定聘请保荐人的，还应当报送保荐人出具的发行保荐书。

3）股票发行与承销的实施阶段。在提出发行申请到发行申请被批准或注册生效之间的时间内，发行公司与主承销商可以推介或促销拟发行的证券，包括提前通知市场有关新股发行情况，大致确定目标投资群体，通过巡回展示或其他推介形式创造对新股的需求，引起投资者的购买兴趣。

在注册期满或申请被批准后，发行公司须提交并公开招股说明书的最后文本，同时要与主承销商正式签署承销协议，并由主承销商负责组织承销团。承销团成立后，便可以在公开发行日向投资者发售了。股票全部发售完毕，主承销商负责公布认购结果并将所筹资金转交发行公司办理股份登记。如果发行公司想成为上市公司，主承销商还要负责上市事宜及上市后的市场维持。

（2）增发股票的程序。增发股票主要是向原股东配股，大致程序如下：①制定新股发行计划，召开董事会形成增资配股决议，并经股东大会讨论通过。②公告配股日期，停止公司股东名册记载事项的变更。③提出增资配股申请文件。④向股东发送配股通知书、认购申请书、配股说明书。⑤办理配股认购申请事务。⑥确定或处理失权股或转配事宜。⑦股东支付配股认购款。⑧交付股票，发行公司办理股份变更登记。

四、发行流程和上市挂牌流程图

发行流程图如图 3－1 所示，上市挂牌流程图如图 3－2 所示。

图 3—1　发行流程图

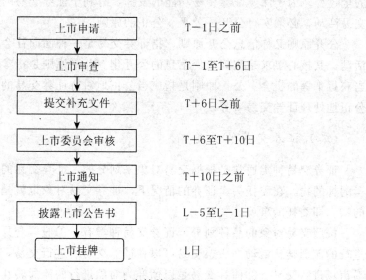

图 3—2　上市挂牌流程图

第二节　证券交易市场

证券交易市场（Securities Exchange Market）是与证券发行市场相对应的市场，两者相互促进、相互制约。一方面，证券发行为证券交易提供了对象，决定了证券交易规模，是证券交易的前提。另一方面，证券交易使证券的流动性特征显示出来，从而有利于证券发行的顺利进行。

证券交易的特征是证券的流动性、收益性和风险性，这些特征相互联系在一起。证券的流动机制使得证券通过流动具有较强的变现能力，而且证券的流动可能为其持有者带来一定收益。证券在流动中价格的波动给持有者带来损失和风险。

一、证券交易的原则和种类

（一）证券交易的原则

证券交易的原则是反映证券交易宗旨的一般法则，它应该贯穿于证券交易的全过程。为了保障证券交易功能的发挥，有利于证券交易的正常运行，证券交易活动，必须实行公开、公平、公正的原则。

公开原则又称信息公开原则，指证券交易是一种面向社会的、公开的交易活动，其核心要求是实现市场信息的公开化。公平原则是指参与交易的各方应当获得平等的机会。公正原则是指应当公正地对待证券交易的参与各方，以及公正地处理证券交易事务。

（二）证券交易的种类

证券交易种类通常是根据交易对象来划分的。证券交易的对象就是证券买卖的标的物。在委托买卖证券的情况下，证券交易对象也就是委托合同中的标的物，即委托的事项。

按照交易对象的品种划分，证券交易种类有：①股票交易是以股票为对象进行的流通转让活动。股票交易可以在证券交易所进行交易，也可以在场外交易市场进行交易。②债券交易是以债券为对象进行的流通转让活动，其中包括政府债券、公司债券和金融债券。债券交易方式有现货交易和回购交易等。

③基金交易是指以基金证券为对象进行的流通转让活动。基金分为封闭式和开放式基金。封闭式基金与股票一样在证券交易所进行买卖；开放式基金是通过基金管理公司和商业银行、证券公司等柜台进行认购和赎回。④债券回购交易是在债券鲜货交易的基础上派生出来的。它是指债券买卖双方在成交的同时，就约定于未来某一时间以某一价格双方再进行反向交易的行为。债券回购的期限一般不超过1年，故其属于货币市场。⑤可转换债券交易是指以可转换债券为对象进行的流通转让活动。可转换债券是指持有者依据一定的转换条件可将债券转换成发行人普通股票的证券。⑥认股权证和认沽权证交易。认股权证是一种特定的契约，持有人有权利在未来某一特定日期（或特定期间内），以约定的价格（履约价格）购买/卖出一定数量的股票。投资者有权利决定是否执行履约，而发行者仅有被执行的义务。因此，为获得这项权利，投资者需付出一定的代价（权利金）。发行者虽然收到权利金，却需要承担市场反向风险。所以在认购权证发行的同时，发行者会在市场上买进一定头寸的标的股票进行避险。持有人获得的是一个行使权利而不是责任，持有人可选择行使与否。认股证（实际上所有期权）与远期或期货的分别在于前者持有人所获得的不是一种责任，而是一种权利，后者持有人需有责任执行双方在买卖合约上订明以一个指定的价格，指定的未来时间，交易指定的相关资产。从上面的定义就容易看出，根据权利的行使方向，认股权证可以分为认购权证和认沽权证，认购权证属于期权当中的"看涨期权"，认沽权证属于"看跌期权"。⑦金融期货与金融期权交易。金融期货交易是指以金融期货合约为对象进行的流通转让活动。金融期权交易是指以金融期权合约为对象进行的流通转让活动。

二、证券交易市场的类型

证券交易市场由两个部分组成，一是证券交易所，它是高度组织化的市场，是证券市场的主体与核心。二是分散的、非组织化的场外交易市场，是证券交易所的必要补充。此外，还有第二板市场、第三市场、第四市场，但实际上仍属于场外交易市场。

（一）证券交易所

1. 证券交易所的定义和特点
根据新修订《证券法》的规定，证券交易所（Securities Exchange）是为证券集中交易提供场所和设施，组织和监督证券交易，实行自律管理的法人。证券交易所的设立和解散，由国务院决定。

证券交易所本身并不买卖证券，也不决定证券价格，而是为证券的集中和有组织交易提供一定的场所和设施，配备必要的管理和服务人员，并对证券交易进行周密的组织和严格的管理。证券交易所与证券公司、基金管理公司等非银行金融机构不同，它是非金融性的证券行业自律性组织。

2. 证券交易所的组织形式

公司制的证券交易所是按照股份有限公司的原则设立的，由股东出资组成的组织，并以营利为目的的法人团体，一般是由银行、证券公司、信托投资公司以及各类民营公司共同出资占有股份建立。公司制的证券交易所的最高决策管理机构是董事会，通过股东大会选举董事会、监事会。它本身的股票虽可转让却不得在本交易所上市交易。证券公司的股东、高级职员和雇员都不能担任证券交易所高级职员，以保证交易的公正性。公司制的证券交易所设立是以营利为目的的，交易所的收入主要靠证券交易来收取一定比例的佣金，故对证券交易者来说交易成本较高。

会员制的证券交易所是一个由会员自愿出资共同组成的、不以营利为目的的社会法人团体。会员制的证券交易所的会员必须是出资的证券经纪人或自营商。会员大会和理事会是会员制证券交易所的决策机构。会员大会是最高权力机构，决定交易所经营的基本方针。理事会为执行机构，其主要职能是：审查会员资格，决定会员人数；根据证券交易法起草交易所章程，交会员大会通过，并呈报有关部门审批；审查和决定证券的上市、报价；按章程规定，定期召开会员大会，处理交易所的一些重大问题以及其他日常事务。会员制证券交易所规定，只有会员才能进入交易大厅进行证券交易，其他人要买卖证券交易所上市的证券，必须通过会员进行。交易所会员分为法人会员和自然人会员两种。法人会员多为经合法注册的投资银行、证券公司、信托投资公司等，自然人会员一般为证券经营机构的主要负责人或合伙人。为了交易所的信誉，证券交易所会员会有严格的条件限制。我国上海、深圳证券交易所均实行会员制。

3. 证券交易所的运行系统

上海证券交易所采用有形与无形相结合的交易方式，拥有亚太地区最大的面积达 3600 平方米的交易大厅，并且拥有国内最大的证券交易卫星通信网和地面光纤数据传输网，联网用户 3000 多个，可将证券交易信息在瞬间内传输至全国各地，并向海外转播，如图 3—3 所示。

我国沪深证券交易所为证券商提供的交易席位分为有形席位和无形席位两种。有形席位指交易所交易大厅内与撮合主机联网的报盘终端。其交易方式和通信方式是：证券商柜台业务员通过热线电话将投资者的委托口述给交易大厅内的出市代表，即"红马甲"，出市代表用席位上的报盘终端再将委托输入撮

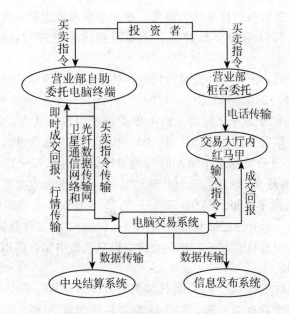

图3—3　上海证券交易所运行系统

合主机参与交易，证券商柜台利用单向卫星系统接收行情和成交数据。无形席位指证券市场利用通信网络将委托传送到交易所撮合主机参与交易，并通过通信网络接收行情和成交数据。

中国登记结算公司负责上证所的登记、存管和结算工作。目前A股、B股、基金和债券实行 T＋1 交收，权证实行 T＋0 交收。

4. 证券交易所制定的交易原则和交易规则

证券交易所内的证券交易又称场内交易，即证券买卖双方是在证券交易所内成交的。场内交易采用经纪制方法进行，投资者必须委托具有会员资格的证券经纪商在交易所内代理买卖证券，经纪商通过公开竞价形成证券价格，达成交易。为了保证场内证券交易的公开、公平、公正，使其高效有序地进行，证券交易所制定了交易原则和交易规则。

（1）交易原则：证券交易通常都必须遵循价格优先（Price Priority）和时间优先（Time Priority）原则。价格优先原则，是指较高的买入申报价比较低的买入申报价优先满足；较低的卖出申报价比较高的卖出申报价优先满足。时间优先原则，是指相同价位申报中先提出申报者优先满足。

（2）交易规则：公开集中竞价规则，不仅能形成公平价格，而且表达了市场对上市公司的客观评价以及显示了投资者对宏观经济运行前景的预测。

上海证券交易所和深圳交易所都规定，交易日为每周一至周五。国家法定假日和证券交易所公布的休市日。另外，根据市场发展需要，经中国证监会批准，证券交易所可以调整交易时间。交易时间内因故停市，交易时间不做顺延。

关于申报时间，上海证券交易所规定，接受会员竞价申报的时间为每个交易日 9:15～9:25、9:30～11:30、13:00～15:00。每个交易日 9:20～9:25 的开盘竞价阶段，上海证券交易所主机不接受撤单申报。其中，9:15～9:25 为开盘集合竞价时间，9:30～11:30、13:00～15:00 为连续竞价时间。深圳证券交易所规定，接受会员竞价申报的时间为每个交易日 9:15～11:30、13:00～15:00。每个交易日 9:20～9:25、14:57～15:00，深圳证券交易所主机不接受参与竞价交易的撤单申报。其中，9:15～9:25 为开盘集合竞价时间，9:30～11:30、13:00～14:57 为连续竞价时间，14:57～15:00 为收盘集合竞价时间。对于两市的每个交易日 9:25～9:30，交易主机只接受申报，但不对买卖申报或撤销申报做处理。

一个交易单位俗称"一手"，委托买卖的数量通常为一手或一手的整倍数，数量不足一手的证券称为零股。沪深证券交易所规定 A 股、B 股、基金单位为每 100 股或 100 基金单位为一手，债券（含国债、企业债券、国债回购）以 100 元面值为一张，10 张即 1000 元面值为一手；零股可一次性卖出，但不得买入。A 股、债券的价格变化为 0.01 元人民币，基金的价格变化为 0.001 元人民币，上海证券交易所的 B 股价格变化为 0.001 美元，深圳证券交易所为 0.01 港元，国债回购为 0.01%。

报价方式。传统的证券交易所用口头叫价方式并辅之以手势作为补充。澳大利亚及东南亚一些国家和地区的证券交易所曾采用牌板报价方式。现代证券交易所多采用电脑报价方式，即证券经纪商将委托指令输入计算机终端，再通过通信网络将指令传送到交易所撮合主机参与交易。

价格决定。证券交易所按连续、公开竞价方式形成证券价格，当买卖双方在价格和交易数量上一致时，便立即成交并形成成交价格。我国上海、深圳证券交易所的价格决定采取集合竞价和连续竞价方式。

1）集合竞价是每个交易日开市前，电脑撮合系统对接受的全部有效委托进行一次集中撮合处理的过程。集合竞价是这样确定成交价的：首先，系统对所有买入有效委托按照委托限价由高到低的顺序排列，限价相同者按照进入系统的时间先后排列。所有卖出有效委托按照委托限价由低到高的顺序排列，限价相同者按照进入系统的先后排列。其次，系统根据竞价规则自动确定集合竞价的成交价。再次，系统依序逐步将排在前面的买入委托与卖出委托配对成交，即按照价格优先，同等价格下时间优先的成交顺序依次成交，直到不能成交为止，即所有买入委托的限价均低于卖出委托的限价。集合竞价中未能成交的委托，自动进入连续竞价。

2）连续竞价是在集合竞价以后，电脑撮合系统对投资者的申报委托进行逐笔撮合处理的过程。连续竞价是按以下规则确定成交价的：对新进入的一个买进有效委托，若不能成交，按价格优先、时间优先原则进入买入委托队列排队等待成交；若能成交，即其委托买入限价高于或等于卖出委托队列的最低卖出限价，则与卖出委托队列顺序成交，其成交价格取卖方叫价。对新进入的一个卖出有效委托，若不能成交，则进入卖出委托队列按价格优先、时间优先原则排队等待成交；若能成交，即其委托卖出限价低于或等于买入委托队列的最高买入限价，则与买入委托队列顺序成交，其成交价格取买方叫价。这样循环往复，直至收市。

涨跌幅限制与涨跌停板制（Price Limit）。目前，我国上海、深圳证券交易所对交易的股票（A 股、B 股）、基金类证券实行交易价格涨跌停板制。在一个交易日内，除首日上市证券外，每只股票或基金的交易价格相对于上一交易日收盘价的涨跌幅度不得超过 10％，ST 类股票涨跌幅度不得超过 5％。涨跌停板制指一种股价或整个股价指数涨跌到一定幅度就暂停该种股票或整个股市的交易。

5. 证券交易行情的阅读

证券交易的行情（Stock List），一般都在交易大厅的电子显示屏上实时显示。当证券买卖成交后，立即通过通信网络将交易结果反映到交易大厅的大型电子显示屏上，证券交易行情便由此产生了。同时，通过通信网络将场内交易结果直接传送至全国各地的证券商柜台电脑终端。

图 3—4 是上证领先走势图，白色曲线表示上证交易所对外公布的通常意义上的大盘指数，也就是按个股总股本进行加权计算得出大盘指数。黄色曲线是不考虑上市股票发行数量的多少，将所有股票对上证指数的影响等同对待，不含加权计算的大盘指数。

参考白色曲线和黄色曲线的相对位置关系，可以得到以下信息：当指数上涨，黄色曲线在白色曲线走势之上时，表示发行数量少（盘小）的股票涨幅较大；而当黄色曲线在白色曲线走势之下，则表示发行数量多（盘大）的股票涨幅较大。当指数下跌时，如果黄色曲线仍然在白色曲线之上，这表示小盘股的跌幅小于大盘股的跌幅；如果白色曲线反居黄色曲线之上，则说明小盘股的跌幅大于大盘股的跌幅。

红色、绿色的柱状线反映当前市场即时所有股票的买盘与卖盘的数量对比情况。红柱增长，表示买盘大于卖盘，指数将逐渐上涨；红柱缩短，表示卖盘

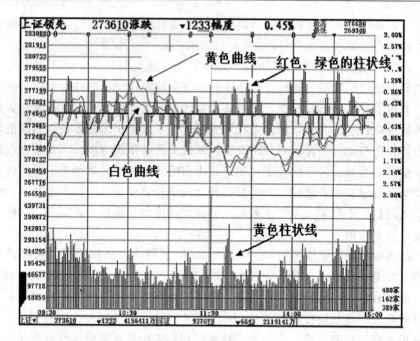

图 3—4　上证领先走势图

大于买盘，指数将逐渐下跌；绿柱增长，指数下跌量增加；绿柱缩短，指数下跌量减小。

画面下方的黄色柱状线表示市场中每分钟的成交量，单位为手（100 股/手）。

收盘价（Close）：每个交易日最后一笔买卖成交价格，沪深证券交易所规定当日证券最后一笔交易前 1 分钟所有交易的成交量加权平均价（含最后一笔交易）。

开盘价（Open）：是一天交易开始时第一笔成交价，目前深沪实行集合竞价。

最高价（High）：是一天交易中最高价格的成交。

最低价（Low）：是一天交易中最低价格的成交。

买进价：委托买入的价格。

卖出价：委托卖出的价格。

成交价：成交价有低于、等于买入价，高于、等于卖出价，在买入卖出之间五种。

成交量（Volume）：全日成交的总量（股数、金额）。

涨跌幅：

$$\frac{现价-前收盘价}{前收盘价}\times100\%$$

委买手数：现在所有委托买入下三档之手数相加之总和。

委卖手数：现在所有委托卖出上三档之手数相加之总和。

委比：委托买入的手数与委托卖出的手数之比，委比正值大，买方比卖方强，反之，卖方比买方强。

$$\frac{委买手数-委卖手数}{委买手数+委卖手数}\times100\%$$

均价：

$$\frac{分时成交量\times成交价}{总成交股数}$$

量比：

$$\frac{现手总手数}{(五日平均总手/240)\times目前已开市之分钟数}$$

外盘：成交价在卖出价为外盘。

内盘：成交价在买入价为内盘。内盘+外盘=总手数

以上概念如图3—5中国石化分时走势图右边所示。

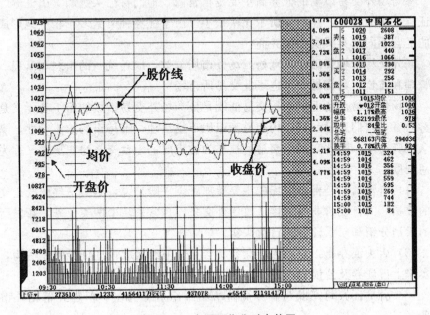

图3—5　中国石化分时走势图

（二）场外交易市场

1. 场外交易市场简介

场外交易市场简称 OTC 市场（Over-The-Counter Market），又称柜台交易或店头交易市场，是指证券交易所以外由证券买卖双方直接进行交易的市场。在早期银行业与证券业未分离前，由于证券交易所尚未建立和完善，许多有价证券的买卖都是通过银行进行的，投资者买卖证券直接在银行柜台上进行，称为柜台交易。实行分业制后，这种以柜台进行的证券交易转由证券公司承担，因此有人称之为柜台市场或店头市场。随着通信技术的发展，目前许多场外交易市场并不直接在证券公司柜台前进行，而是由客户与证券公司通过电话进行业务接洽，故又称为电话市场。

场外交易市场是一个分散的、无固定交易场所的无形市场。它是由许多各自独立经营的证券公司分别进行交易的，而且主要是依靠电话和计算机网络联系成交的。投资者可直接参与证券交易过程的"开放性"市场。场外交易市场区别于证券交易所的最大特征在于不采用经纪制方式，而是采用自营制方式进行交易，以未能在证券交易所批准上市的股票、定期还本付息的债券和开放型基金的受益凭证为主。

参与场外交易市场的证券商主要是自营商，他们自己买进和卖出证券，赚取证券买卖的收益，经纪商所占比例很小。由于证券种类繁多，相应地形成众多的经营不同证券买卖的证券商。

场外交易市场管理比较宽松。场外市场分散，缺乏统一的组织和章程、交易管理和监督，其交易效率也不及交易所市场。

在场外交易市场上，证券交易商既是证券场外交易市场的组织者，又是直接参与者，它们通过参与市场交易来组织市场活动，维持市场的流动性，满足公众投资需求。因此，证券交易商被称为做市商，柜台交易组织形式又称为做市商制度。

（1）自营商。是柜台市场的主要参加者。一般来说，这类证券商既是交易所的成员，又自设营业厅直接从事场外交易。自营商从事两类业务，新发行证券的承销分销和二手证券的自营买卖。

（2）店头证券商。是非证券交易所会员，但经批准设立证券营业机构，以买卖未上市证券及公债券业务。

（3）会员证券商。以在证券交易所的经纪业务为主，但也经营场外市场业务。

（4）证券承销商。是专门承销新发行证券的公司，在交易所外设立网点销售新发行的证券。

（5）专门买卖政府债券或地方政府债券、地方公共团体债券的证券商。

（6）机构投资者和个人投资者。

场外交易市场是证券交易所的必要补充，是二级市场的重要组成部分。证券交易所有严格的上市标准，许多不符合上市标准的证券客观上也有流通转手的需要，需要有可以进行买卖的交易场所。证券交易所对上市证券的数量或期限有一定要求，发行量过小、期限过短的证券难以持续进行交易，而且会增加交易成本，场外交易市场可以不受证券数量、期限限制；证券交易所采取经纪制，并有严格的交易时间，交易程序较复杂，管理严格，场外交易市场交易时间灵活分散，交易方法简单方便，对投资者的限制少，满足了部分投资者的需要。因此场外交易市场在交易证券的种类、数量、交易方式、交易时间等方面弥补了证券交易所的不足，与证券交易所共同组成了证券流通市场。

2. 二板市场

二板市场（The Second Board Market）或称创业板市场，是介于证券交易所或场外交易市场的一种市场组织形态，特指一套适用处于创业期不够证券交易所上市条件但有发展潜力的中小型高新技术企业的发行上市和交易规则。二板市场既可以隶属于现有的证券交易所，利用证券交易所的资源，实行与主板市场（Main Board）完全不同的交易规则和交易方式，也可以完全独立于现有的证券交易所，在场外交易市场进行交易，实行二板市场自身的交易规则和交易方式。

由于二板市场的上市公司多为成长型的高新技术企业，相对主板市场而言，其上市条件较为宽松，因而其投资风险也大大高于主板市场。为了有效控制市场风险，二板市场的监管与主板市场相比来说更加严厉，如实行更为严格的信息披露制度等。目前，深圳证券所建立了中小企业板，作为建立二板市场的过渡阶段。

NASDAQ市场成立于1971年，是美国成长最快的市场，也是世界上第一个电子化的股票市场。NASDAQ市场由全国证券交易商协会（NASD）的全资子公司NASDAQ证券市场公司负责运作。NASD是全美最大的自律性组织，几乎美国所有的证券经纪商和自营商都是它的会员，它还负责监管美国的OTC市场。NASDAQ市场本身分为两部分：NASDAQ全国市场和NASDAQ小型资本市场。通常，具有一定规模公司的证券在NASDAQ全国市场进行交易，而规模较小的新兴公司的证券则在小型资本市场进行交易。

NASDAQ市场是一个报价驱动型的市场，并采用多个做市商制度，在NASDAQ市场上市的股票有少至十几家多至几十家做市商为其造市。做市商随时买卖在 NASDAQ 上市的股票，通过电子终端相互竞争性地报出买价和卖价，定期发表他们负责做市股票的研究报告，向投资者推荐。这种做市商制度有利于保持上市股票交易的连续性和确定公平合理的交易价格，并使市场不断地扩张发展。

3. 第三市场

第三市场（Third Market）是那些已经在证券交易所上市交易的证券却在证券交易所以外进行交易而形成的市场。它实际是上市证券的场外交易市场，是场外交易市场的一部分。第三市场的参加者主要是机构投资者，如银行信托部、投资基金、养老基金会、保险公司和其他投资机构，也有少数个人投资者。交易所非会员经纪商和自营商也很活跃，他们在这一市场上从事经纪人业务，可从中赚取佣金和差价。

第三市场的交易特点是佣金便宜，成本较低；价格和佣金由双方议定，往往能得到一个较好的成交价；交易手续简便，能迅速成交。第三市场的出现无疑构成了对证券交易所的强有力竞争，其结果是促使交易所，尤其是一些老资格交易所的改革，包括降低佣金比例，改善交易条件，引进先进的电子化交易手段等，以吸引更多的上市证券重新在证券交易所买卖。

4. 第四市场

第四市场（Fourth Market）是指投资者和金融资产持有者绕开通常的证券经纪人，彼此之间通过电子计算机网络直接进行大宗证券交易的场外交易市场。这是近年来，国际流行的场外交易形式。

第四市场这种交易形式的优点在于：一是交易成本低。因为买卖双方直接交易，没有经纪商的介入，买卖双方无须负担佣金成本。二是价格满意、成交迅速。因为买卖双方直接洽谈成交，所以有望获得双方都满意的较好价格，成交也迅速。三是可以保守交易秘密。因无须通过经纪人进行交易，有利于机构投资者匿名进行证券交易，以保持交易的秘密性。四是不冲击证券市场，有利于防止证券市场的价格动荡。第四市场所进行的一般都是大宗证券交易，如果在证券交易所或店头市场公开进行，可能会给证券市场的价格造成较大的影响，而在第四市场交易，因其不公开出价，可以避免对证券行情产生压力。正是由于第四市场的这些优越性，所以这一市场的发展有很大潜力。但是，这类交易进行管理监督非常困难，不易制定行为规范。所以第四市场的存在和发展也对证券市场的管理提出了挑战。

三、证券上市制度

证券上市（Security List），是指公开发行的证券申请并经过证券交易所批准后，在交易所内公开挂牌交易的过程。证券上市，是连接证券发行和证券交易的中间环节。由于证券交易所交易的证券主要是股票，所以证券上市主要指股票上市。股票要进入证券交易所交易必须由发行公司提出申请，经证券交易所和证券主管机构审批后，方可在证券交易所公开买卖。所以，证券上市制度，就是证券交易所和证券监管机构制定的有关证券上市的规则。

（一）证券上市的好处

股份公司希望其股票上市，因为取得股票上市可以给发行公司带来以下好处。

（1）可以推动发行公司建立完善、规范的经营管理机制。股票上市后，公司成为公众公司，公司的股票成为大众的投资对象，有利于实现公司资本的大众化和股权的分散化。上市公司必须充分、及时地披露信息，按时公布公司的经营业绩和财务状况，接受股东和社会监督，促使公司完善法人治理结构，并有利于经营者以市场为导向自主运作，不断提高资产运行质量。

（2）提高发行公司的声誉和影响。各国对股票上市都制定了明确的标准，股票上市前须经过证券交易所和证券监管机构的严格审查，所以股票上市本身就说明公司的经营管理、发展前景得到了管理机构和市场的认可。同时，股票上市后，交易信息和公司的有关信息通过报纸、广播、电视等媒介不断向公众发布报道，有利于提高公司的知名度和市场影响力，提高公司的竞争力。

（3）有利于发行公司筹集资金。股票上市提高了股票的流动性，上市以后股票价格的变动，形成对公司业绩的市场评价机制。那些业绩优良、成长性好的公司的股票保持较高的价格和较好的流动性，使公司能以较低成本持续筹集大量资本，不断扩大经营规模，进一步壮大公司的竞争实力，增强公司的发展潜力和发展后劲。

（二）证券上市的条件

公司证券申请上市必须满足证券交易所规定的条件，方可批准挂牌上市。根据新《证券法》第 50 条规定，股份有限公司申请股票上市，应当符合下列条件。

（1）股票经国务院证券监督管理机构核准已公开发行。

（2）公司股本总额不少于人民币三千万元。

（3）公开发行的股份达到公司股份总数的百分之二十五以上，公司股本总额超过人民币四亿元的，公开发行股份的比例为百分之十以上。

（4）公司最近三年无重大违法行为，财务会计报告无虚假记载。

证券交易所可以规定高于前款规定的上市条件，并报国务院证券监督管理机构批准。

公司申请上市批准后，须向交易所缴纳上市费用，包括初上市时付的费用和以后每年付的费用。

公司的上市资格并不是永久的，当不能满足证券交易所关于证券上市的条件时，它的上市资格将被取消，交易所将停止该公司的股票交易，叫终止上市或停牌。证券交易所对证券终止上市的处理是严肃、认真和谨慎的，一般在停牌前先给予暂停上市处理，以示警告，对在规定期限内未能解决存在问题的，才做出终止上市决定。即使对已决定停牌的股票，为了给股东以兑现机会，证券交易所仍允许股东在一定期限内，在特别设定的"特殊位置"上进行买卖，最后使其退出证券交易所。暂停上市、终止上市规定是一项对上市公司的淘汰制度，是防范和化解证券市场风险、保护投资者利益的重要措施。

第三节　证券交易程序

证券交易程序，主要是指投资者通过经纪人在证券交易所买卖股票的交易程序，一般包括以下几个环节：开户、委托、竞价与成交、清算与交割、登记过户等程序。

上海证券交易所入市投资需办理的有关手续和流程，如图3—6所示。

投资者如要进行上海证券交易所上市证券的投资，首先要去上海证券中央登记结算公司在各地的开户代理机构处申请开立证券账户，然后再选择一家证券公司的营业部，作为自己买卖证券的代理人，开立资金账户和办理指定交易。证券账户和资金账户开立以后，可以根据开户证券营业部提供的几种委托方式选择其中的一种或几种进行交易，一般证券营业部通常提供的委托方式有柜台委托、自助终端委托、电话委托、网上交易等。所有的交易由上海证券交易所的电脑交易系统自动撮合完成，无须人工干预。

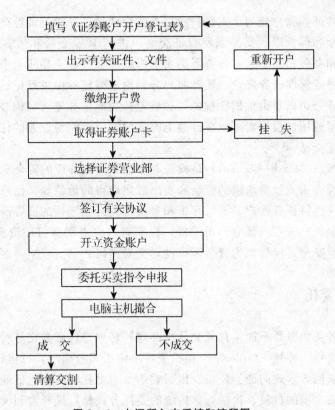

图 3-6　上证所入市手续和流程图

一、开户

　　从图 3-6 可以看出，投资者要在证券交易所买卖股票，首先要开户，包括证券账户和资金账户。

　　证券账户（Security Account）是指证券登记机构为投资者设立的，用于准确记载投资者所持有的证券种类、名称、数量以及相应权益和变动情况的一种账册。证券账户相当于投资者的证券存折。投资者在开设证券账户的同时，即已委托证券登记机构为其管理证券资料、办理登记、结算和交割业务。

　　证券账户一般分为个人账户和法人账户两种。个人投资者应持有效身份证件办理开户手续。办理开户手续主要应记载开户登记日期、委托人姓名、性别、身份证号码、职业、家庭地址、联系电话，并留存印鉴卡或签名样本，如有委托代理人，委托人须留存书面授权书。

我国的证券账户分为个人账户和法人账户两种。一般的证券账户只能进行
A 股、基金和债券现货交易以及权证交易，进行 B 股交易和债券回购交易需
另行开户和办理相关手续。投资者买卖上海或深圳证券交易所上市证券应当分
别开设上海或深圳证券账户。证券账户分别由上海证券中央登记结算公司、深
圳证券结算公司以及由他们授权的证券登记公司或证券经营机构办理开户。证
券账户全国通用，投资者可以在开通上海或深圳证券交易业务的任何一家证券
营业部委托交易。

资金账户（Cash Account）是投资者在证券商处开设的资金专用账户，用
于存放投资人买入股票所需的资金和卖出股票取得的价款等。已开设证券账户
的投资者应当持证券账户、银行存折和身份证到自己选择的证券商处设立资金
账户。资金账户一般由证券公司管理，投资者可以查询和打印资金变动情况。
为保证资金安全，证券商为资金账户设置交易密码。

二、委托

投资者买卖股票不能亲自到交易所办理，必须通过证券交易所的会员（证
券公司）进行。委托（Order）是指投资者决定买卖股票时，以申报单、电话、
电报或互联网等形式向证券公司发出买卖指令。委托的内容包括证券名称、代
码、买入或卖出的数量、价格等。传统的委托方式是，投资者到证券商营业柜
台填写书面委托。随着交易技术的不断发展，许多证券商为投资者开办了电话
委托、电脑委托、网上委托和远程终端委托等多种自助委托方式。我国上海、
深圳证券交易所的委托制度：上海证券交易所是指定交易制度，深圳证券交易
所是托管券商制度。

证券公司营业部业务员在受理递单委托并确认投资者身份的真实性和合法
性后应立即通知本公司派驻在证券交易所的交易员，由他们负责执行受理的委
托并处理成交后的有关事宜。

电话自动委托和电脑自动委托的身份证确认由密码控制，柜台电脑终端在
收到委托指令时会自动检测委托密码是否正确，委托是否符合要求和相应账户
中是否有足够数量的证券或资金等。如果检查无误，则冻结相应账户并将此笔
委托传送给主机。

在以计算机为基础的网络技术的推动下，证券市场的网络化已成为证券市
场进一步发展的主要趋势。证券市场网络化发展的根本原因是因为网上交易具
有明显的优势：一是突破了时空的限制，投资者可以随时随地交易；二是直观
方便，网上不但可以浏览实时交易行情和查阅历史资料（公告、定期报告、经

营信息等），而且还可以在线咨询；三是成本低，无论是证券公司还是投资者，其成本都可以大大降低。由于各证券公司推出的网上股票交易分析系统不同，网上股票交易的具体方法也不尽相同，投资者可查阅自己选定的网上股票交易分析系统使用说明，进行网上股票交易。

我国证券公司目前采用有形席位或无形席位进行交易。有形席位进行交易，需要柜台工作人员通过电话将委托口述给交易所内出市代表（红马甲），由出市代表利用场内席位终端将委托输入撮合主机。无形席位与交易所电脑交易主机联网，证券公司柜台电脑系统会自动将委托传送给交易所电脑交易主机。投资者的委托如果未能全部成交，除一次成交有效委托外，证券经纪商可在委托有效期内继续执行委托，直至有效期结束。在委托有效期内，只要委托尚未执行，投资者有权变更和撤销委托指令立即通知场内交易员。证券商有责任将委托指令执行结果及时通报给投资者。

三、竞价与成交

证券公司在接受投资者委托后，按投资者指令进行申报竞价，然后成交。证券市场上竞价的方法有相对买卖、拍卖招标和公开申报竞价等多种，分别在不同的场合使用。从证券交易发展的过程来看，申报竞价的方式一般有口头竞价、牌板竞价、书面竞价和计算机终端申报竞价等。口头竞价是证券经纪人接到委托买卖指令后跑到专门买卖某种证券的柜台边口头唱报要价或出价直至成交的方法。口头唱报竞价时，证券经纪商要高声申报数次，使报价众所周知，以示公开。买卖价格一旦叫出，不得撤销。买卖双方在对同一笔交易竞价中，买方后手叫价不得低于前手叫价，卖方后手叫价不得高于前手叫价，以保证交易高效进行。有的证券交易所还辅之以手势，掌心向内，表示买进，掌心向外，表示卖出，以手指变动表示数字变动。牌板竞价指买卖双方的出价和要价不是通过口头，而是通过书写在木板、塑料板、纸张制成的牌板上来表示。书面竞价是场内交易员将买卖登记单交给交易所中介人，通过中介人撮合成交的竞价方法。计算机终端申报竞价是利用计算机系统进行申报竞价的方式。交易所计算机主机接受买卖申报后，即按证券品种排列申报买卖的价格和数量，配对成交。上海、深圳证券交易所均采用计算机终端申报竞价方式。在每个营业日开市前采用集合竞价方式形成开盘价，在交易过程中采用连续竞价方式形成成交价。

证券买卖成交的基本规则是价格优先和时间优先原则。所谓价格优先原则是指较高的买入申报价比较低的买入申报价优先满足；较低的卖出申报价比较高的卖出申报价优先满足。所谓时间优先原则是指相同价位申报中先提出申报者优先满足。此外，有的证券交易所还实行客户优先原则和数量优先原则。前者是指客户的申报比证券商自营买卖申报优先满足，后者是指申报买卖数量大的比数量较小的优先满足。

四、清算与交割

证券的清算（Settlement）与交割是一笔证券交易达成后的后续处理，是买卖双方结清价款和交收证券的过程，即买方付出价款并收取证券、卖方付出证券并收取价款的过程。清算与交割统称为结算，包括证券交收和资金清算两项内容，并分为交易所与证券商之间的一级结算和证券商与投资者之间的二级结算两个层次。

在我国，上海、深圳证券交易所均已实现完全的电子化交易，投资者所持有的证券必须办理托管。2001 年 3 月 30 日，经国务院同意，中国证监会批准，中国证券登记结算公司成立，原沪深两个证券交易所的登记结算公司，改制为中国证券登记结算公司的上海、深圳分公司。建立以 DVP（钱券两清）为核心的风险防范体系，并进一步规范市场交易的登记、托管、清算与结算工作，加强会员管理。

五、登记过户

证券登记是指通过一定的记录形式确定当事人对证券的所有权及相关权益产生、变更、消失的法律行为。过户是买入股票的投资者到股票发行公司或其指定的代理金融机构去办理变更股东名簿登记的手续。过户是股票交易的最后一个环节。

上海、深圳证券交易所采取无纸化登记方式，实行电脑自动过户办法，投资者无须再另外办理过户手续。在股东享受其应得权益时，证券交易所电脑会打印出股东名册提供给股票发行公司作为股东的受益证明。

办理完过户手续，整个股票交易过程就全部结束了。

案例分析

1. 江苏申龙向二级市场投资者定价配售发行公告。①

———————————

① 资料来源：上海证券交易所网站。

主承销商：东北证券有限责任公司

重要提示：

（1）江苏申龙高科股份有限公司（以下简称"发行人"或"江苏申龙"）本次股票发行已获得中国证券监督管理委员会（以下简称"证监会"）证监发行字〔2003〕105 号文核准。

（2）本次发行方式：采用网上向二级市场投资者定价配售的发行方式。

（3）发行数量：本次发行总量为 3000 万股，全部采用网上向二级市场投资者定价配售。

（4）持有沪市或深市的已上市流通人民币普通股（A 股）股票的收盘市值分别不少于 10000 元的二级市场投资者均可参加按市值定价配售申购。申购时，投资者应分别使用其所持的沪市、深市上市流通股票市值。

（5）市值计算依据：《招股说明书摘要》刊登日 2003 年 9 月 5 日（T－3日）投资者持有的沪市或深市已上市流通人民币普通股（A 股）股票的收盘市值总和（包括可流通但暂时锁定的股份市值）。

（6）本次发行并非上市。发行结束后，有关本次发行股票的上市事宜将另行公告。

（7）投资者务请注意有关本次股票发行的申购程序、申购时间、申购对象、申购价格和申购数量的限制以及认购量的确定。

（8）投资者在作出认购"江苏申龙"股票的决定之前，应详细阅读《江苏申龙高科股份有限公司首次公开发行股票招股说明书》全文，并以全文作为投资决策的依据。《江苏申龙高科股份有限公司首次公开发行股票招股说明书》全文可到发行人和主承销商处查阅，也可在上海证券交易所网站上查阅（www.sse.com.cn）。

（9）在本次发行的申购中，除证券投资基金持有的股票账户外，每个股票账户只能申购一次。投资者不得非法利用他人账户或资金进行申购，也不得违规融资或帮助他人违规融资进行申购。

（10）二级市场投资者定价配售：配售简称"申龙配售"，沪市配售代码"737401"，深市配售代码"003401"。

思考问题：

我国目前股票发行采用哪些发行方式？

2. 如何阅读图 3－7 中的股票行情以及买卖过程。

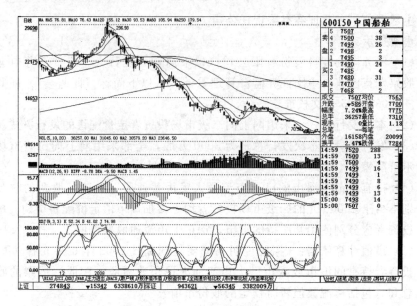

图 3—7　股票行情图

3. 紫金矿业上市流程如下：

（1）准备阶段

在此阶段，主要准备上市所需要准备的申请文件，公司公开发行股票申请文件主要包括以下几部分。

第一，发行人主承销商出具的有关文件

1—1 推荐意见书

1—2 辅导总结报告

1—3 承诺函（申请文件真实、准确、完整）

1—4 发行申请文件核对表

第二，发行授权文件

2—1 发行人发行申请报告

2—2 发行人股东大会同意公开发行股票的决议

第三，设立股份有限公司的文件

3—1 批准公司设立的文件

3—2 发行人营业执照

3—3 发起人的营业执照或其他身份证明文件

第四，公司章程

4—1 公司章程（草案）

4-2 股东大会批准修改公司章程的决议

第五，招股说明书

5-1 招股说明书

5-2 招股说明书概要

5-3 招股说明书附件

5-3-1 审计报告、会计报表及附注

5-3-2 盈利预测报告（如有）

5-3-3 资产评估报告（如有）

5-3-4 法律意见书

5-3-5 验资报告

第六，资金运用的可行性分析

6-1 全体董事签字的募集资金运用可行性分析

6-2 股东大会关于募集资金运用的决议

6-3 需要立项审批的固定资产投资项目，应提供有关部门同意立项的批准文件

第七，发行方案

7-1 发行方案

7-2 发行公告

7-3 发行定价分析报告

第八，定向募集公司申请公开发行股票还须提交的文件

8-1 定向募股书或募股通函

8-2 前次发行募集资金的使用情况说明

8-3 股本演变情况的说明及有关法律文件

8-4 托管机构出具的托管证明文件

8-5 省级人民政府或国务院有关部门关于该公司内部职工股清理情况及股票托管情况的确认文件

8-6 主承销商和发行人律师关于公司股本形成及演变情况的核查文件

第九，发行申请文件的附件

9-1 土地使用证或土地使用权处置方案（如有）

9-2 资产评估的确认文件（如有）

9-3 历年股利发放情况的说明及有关法律文件

9-4 承销协议

9-5 保荐协议

9-6 知识产权或其他技术成果证明文件

9-7 重大关联交易合同

9-8 各中介机构及有关人员的证券从业资格证书

（2）申请批准

对于前期已经准备好的文件进行上交，进行上市申请。

然后由证监会进行审核，审核的程序如下：

1）受理申请文件

2）初审

3）中国证监会对按初审意见补充完善的申请文件进行进一步审核

4）发行审核委员会审核

5）核准发行

6）复议（属于申请未被审核通过的企业，案例中不涉及）

审批结束后，如果批准就会有以下两个文件：

1）审核决议

2）证监会发审委审核结果公告

（3）推介（促销）阶段/Roadshow（路演）

在此阶段首先进行路演公告。

公告之后进行正式的推介和路演。

（4）发售阶段

在此阶段，首先进行紫金矿业首次公开发行 A 股发行安排及初步询价公告。接下来就进入询价，并且进行抽签。询价抽签结束，就进行定价、中签结果公布。

在这之后，股票就正式挂牌，进入二级市场交易。

思考问题：

1. 简述我国股票发行审核制度。

2. 简述我国股票发行审核制度的法规体系。

3. 简述我国股票发行条件、机构和程序。

作业题

一、名词解释

一级市场　二级市场　股票发行价格　证券交易所　场外交易市场　第三市场　第四市场　二板市场　证券账户　集合竞价　连续竞价　开盘价　收盘价

二、问答题

1. 简述证券发行市场和证券流通市场的功能及两者之间的相互关系。

2. 股票发行方式有几种？它们之间有什么区别？

3. 股票发行价格有几种？定价方式有哪几种？它们有何不同？

4. 证券交易所有哪些特征？具备哪些功能？

5. 证券交易的原则是什么？交易规则有哪些？它们对证券交易有何意义？

6. 证券交易所的运行系统包括哪些子系统？它们各有什么作用？

7. 场外交易市场与证券交易所有什么不同？它有什么功能？

8. 证券交易的程序分为哪几个步骤？它们各有什么必要性？

三、单项选择题

1. 证券发行市场是（　　）以发行证券的方式筹集资金的场所。

A. 证券投资者　　　　　　　　B. 证券公司

C. 证券发行人　　　　　　　　D. 证券中介机构

2. 证券交易市场是（　　）。

A. 发行市场的基础和前提

B. 发行市场得以持续扩大的必要条件

C. 发行人以发行证券的方式筹集资金的场所

D. 一个无形的市场

3. 证券发行市场是由证券发行人、证券中介机构和（　　）三部分组成。

A. 证券公司　　　　　　　　　B. 会计审计机构

C. 证券投资者　　　　　　　　D. 证券经营机构

4. 我国现行证券发行市场的机构投资者主要有（　　）。

A. 商业银行　　　　　　　　　B. 政策性银行

C. 保险公司　　　　　　　　　D. 证券经营机构

5. 证券交易所具有以下的特征（　　）。

A. 通过公开竞价的方式决定交易价格

B. 一般投资者可以直接进行交易所买卖证券

C. 交易对象限于有价证券

D. 本身可以买卖证券

6. 证券交易所的组织形式大致可以分为两类，即公司制和（　　）。

A. 经纪制　　　　B. 股份制　　　　C. 合伙制　　　　D. 会员制

7. 同证券交易所相比，场外交易市场（　　）。

A. 管理比较宽松，缺乏统一的组织和章程

B. 通过公开竞价方式决定交易价格

C. 采取经纪制

D. 交易效率较高

8. 场外交易市场主要具有的功能有（　　）。

A. 对整个证券市场进行一线监控

B. 是证券发行的主要场所

C. 及时准确地传递上市公司的财务状况

D. 形成较为合理的价格

9. 投资者在提出委托时，既限定买卖数量又限定买卖价格的指令是（　　）。

A. 市价委托　　　　　　　　　B. 限价委托

C. 停止损失委托指令　　　　　D. 停止损失限价委托指令

10. （　　）是指证券公司以其自有或租用的业务设施为非上市公司提供股份转让服务的市场。

A. 主板市场　　　　　　　　　B. 二板市场

C. 三板市场　　　　　　　　　D. 第三市场

11. 投资者买卖上海或深圳证券交易所上市证券应当（　　）。

A. 只需开设上海证券账户　　　B. 只需开设深圳证券账户

C. 分别开设上海和深圳证券账户　D. 不需开设账户

12. 证券买卖成交的基本原则是（　　）。

A. 客户优先原则和数量优先原则　B. 价格优先原则和时间优先原则

C. 数量优先原则和时间优先原则　D. 价格优先原则和数量优先原则

13. 按照（　　）划分，证券交易种类主要有股票交易、债券交易、基金交易以及其他金融衍生工具的交易。

A. 交易品种的对象　　　　　　B. 交易规模

C. 交易场所　　　　　　　　　D. 交易性质

14. 综合类证券公司以盈利为目的，并以自有资金和依法筹集的资金，用自己名义开设的账户买卖有价证券的行为是证券公司的（　　）。

A. 经纪业务　　　　　　　　　B. 代理业务

C. 自营业务　　　　　　　　　D. 承销业务

15. 证券买卖双方在交易达成之后，于下一营业日进行证券和价款的收付，完成交收的交收方式称为（　　）。

A. 当日交收　　　　　　　　　B. 次日交收

C. 例行日交收　　　　　　　　D. 特约日交收

16. 经营 A 种股票、国债、债券及基金等买卖的席位，称为（　　）。

A. 普通席位　　　　　　　　　　B. 特别席位

C. 代理席位　　　　　　　　　　D. 自营席位

17. 证券交易双方在达成交易后，由双方根据具体情况商定，在从成交日算起 15 天以内的某一特定契约日进行交收的交收方式称为（　　）。

A. 当日交收　　　　　　　　　　B. 次日交收

C. 例行日交收　　　　　　　　　D. 特约日交收

18. 股票交易如果在证券交易所进行，可称为（　　）。

A. 柜台交易　　　　　　　　　　B. 店头交易

C. 场外交易　　　　　　　　　　D. 上市交易

19. 证券交易所撤销会员资格，须经（　　）审定。

A. 中国证监会　　　　　　　　　B. 地方证管办

C. 中国人民银行　　　　　　　　D. 交易所理事会

20. （　　）不属于股票交易中的竞价方式。

A. 口头竞价　　　　　　　　　　B. 书面竞价

C. 电脑竞价　　　　　　　　　　D. 间接竞价

四、多项选择题

1. 证券发行市场是（　　）。

A. 证券交易市场的基础和前提

B. 证券经营机构以发行方式筹集资金的场所

C. 证券发行人向投资者出售证券的市场

D. 一个无形市场

2. 证券交易市场是（　　）。

A. 以发行证券的方式筹集资金的场所

B. 证券发行市场得以持续扩大的必要条件

C. 证券发行市场的基础和前提

D. 买卖已发行证券的市场

3. 证券发行市场的作用有（　　）。

A. 为资金需求者提供筹措资金的渠道

B. 为资金供应者提供投资和获利的机会

C. 促进资源配置不断优化

D. 实现储蓄向投资转化

4. 证券发行人主要是（　　）。

A. 政府　　　　　B. 企业　　　　　C. 居民　　　　　D. 金融机构

5. 我国现行证券发行市场的机构投资者主要是（　　）。

A. 商业银行　　　　　　　　　　B. 证券投资基金

C. 工商企业　　　　　　　　　　D. 证券经营机构

6. 证券交易所的职能包括（　　　）。

A. 提供证券交易的场所和设施　　B. 制定证券交易所的业务规则

C. 对上市公司进行监管　　　　　D. 管理和公布市场信息

7. 证券交易所在社会经济生活中具有的功能有（　　　）。

A. 形成较为合理的价格　　　　　B. 引导社会资源合理配置

C. 对整个证券市场进行一线监控　D. 促成证券买卖迅速合理地成交

8. 确定股票发行价格的主要方法有（　　　）。

A. 市盈率法　　　　　　　　　　B. 净资产倍率法

C. 竞价确定法　　　　　　　　　D. 现金流量折现法

9. 场外交易市场具有以下几个特征（　　　）。

A. 是分散的无形市场　　　　　　B. 采取经纪商制

C. 拥有众多的证券种类和经营机构　D. 管理比较宽松

10. 证券交易市场的特点主要有（　　　）。

A. 参与者的广泛性　　　　　　　B. 价格的不确定性

C. 交易的连续性　　　　　　　　D. 交易含有投机性

11. 场外交易市场主要有（　　　）。

A. 店头市场　　　　　　　　　　B. 第三市场

C. 第四市场　　　　　　　　　　D. 交易所市场

12. 证券交易方式主要有（　　　）。

A. 现货交易　　　　　　　　　　B. 信用交易

C. 期货交易　　　　　　　　　　D. 期权交易

13. 证券交易的"三公"原则是（　　　）。

A. 公开　　　　B. 公平　　　　C. 公正　　　　D. 公允

14. 证券交易所具有以下特征（　　　）。

A. 有固定的交易场所和交易时间

B. 参加交易者为具有会员资格的证券经营机构

C. 决定证券交易价格

D. 交易对象限于符合一定标准的上市证券

15. 证券交易要经过的程序是（　　　）。

A. 开户　　　　B. 委托　　　　C. 竞价成交　　　D. 结算和过户

第四章　证券投资的收益与风险

　　学习目标：通过本章学习，了解证券投资收益的计算，掌握几种常见的收益率计算方法，了解投资风险的构成和来源，了解风险度量的常用指标，了解投资者对待风险的态度和投资者效用函数。

　　在证券投资中，一般投资者的目的是获得一定的收益。收益和风险是成正比，收益越高风险越大，收益越低风险越小，同时证券市场中的风险还可能导致投资者面临的实际收益偏离其预期收益，而投资者所能得到的预期收益，又依据他对风险的态度不同而变化。可见收益和风险是证券投资的核心要素。本章讨论收益与风险这对证券投资中的基本矛盾，以及投资者在这对矛盾中进行的权衡选择。

第一节　证券投资的收益及计算

一、收益计算与比较

　　收益（Return）指对外投资所分得的股利和收到的债券利息，以及投资到期收回或到期前转让债权的款项高于账面价值的差额，即投资期间获得的总收入－总支出。

　　由于货币再投资与通货膨胀的存在，人们当前所持有的货币通常比未来持有等量的货币具有更高的价值，即货币具有其时间价值。而在投资过程中不同的证券可能意味着不同时间获得不同的现金流，所以不能用总支出与总收入的差额进行简单的对比来衡量不同证券的收益多少。面对不同现金流状态的证券收益我们如何进行比较呢？这时我们可以用不同收益的现值进行比较。

现值（Present Value）是指将来（或过去）的一笔支付或现金流在今天的价值。

[例 4—1]

如果年利率在 5% 的情况下，投资者面临两种价格相同的债券，第一种将在两年后带来 2000 元的收入，第二种将在第一年后带来 1000 元的收入，第二年后也带来 1000 元的收入。此时如何比较两种债券的收益的高低呢？

简单的计算收益和可得两种债券的收益均为 2000 元，此时应该应用现值来进行比较。

第一种债券收益的现值为 $2000/(1+5\%)^2=1814$ 元，第二种债券收益的现值为 $1000/(1+5\%)+1000/(1+5\%)^2=1859$ 元。通过比较可知第二种债券收益的现值比第一种债券收益的现值多 45 元（1859 元－1814 元）。

二、各种不同形式的收益率

可以用收益率对不同投资成本的收益进行衡量，计算收益率的通用计算公式为：

$$收益率=\frac{收入-支出}{支出}\times100\%$$

投资期限一般用年来表示，如果期限不是整数，则转换为年。

（一）到期收益率（Yield to Maturity）

到期收益，是指将债券持有到偿还期所获得的收益，包括到期的全部利息。到期收益率指可以使投资购买债券获得的未来现金流量的现值等于证券当前市价的贴现率，这一收益率假定投资者能够持有证券直至到期日为止，也就是投资人按照当前市场价格购买债券并且一直持有到期满时可以获得的年平均收益率。它的存在使不同期限从而有不同现金流状态的债券收益具有可比性。

对不同的债券，到期收益率的计算方式略有不同，需要根据债券特点进行分析。

[例 4—2]

考虑表 4—1 中两种债券的到期收益率如何计算？

表 4－1　债券收益表

	债券类型	当前市场价格	每年利息	票面价格
债券 A	两年期无息债券	849.5	0	1000
债券 B	两年期附息债券	952.7	50	1000

1. 债券 A

债券 A 为两年期零息票债券，零息债券到期收益率 r 的一般计算公式为：PV＝债券市场价格＝票面价格／$(1+r)^n$（n 是到期年限），使得等式成立的 r 即为到期收益率。

债券 A 两年后所获得收益的现值为 $\frac{1000}{(1+r_A)^2}$ 元，而现价为 849.5 元，使得：

$$849.5＝\frac{1000}{(1+r_A)^2}$$

成立的 r_A 为 8.5％。

2. 债券 B

债券 B 为两年期附息债券，由于未来现金流收入不止一次，因此必须把每次现金流的现值加在一起后，进行到期收益率的计算，一般公式为：

$$P_m＝\frac{C}{1+r}+\frac{C}{(1+r)^2}+\cdots+\frac{C+P}{(1+r)^n}$$

其中债券还有 n 年到期，面值为 P，按票面利率每期支付利息为 C，当前市场价格为 P_m，到期收益率为 r。

根据公式，债券 B 的现值加总为：$\frac{50}{1+r_B}+\frac{1050}{(1+r_B)^2}$，使之等于当前市场价格 952.7 元成立的 r_B 为 7.9％。

（二）持有期收益率（HPR）

如前所述，到期收益率是以投资者能够持有债券直至到期日为止为假设前提的，但是如果投资者将购入的证券在到期日之前卖出，到期收益率则不能准确衡量投资者在持有期的收益率。

投资持有期收益一般表现为期内红利（利息）收益和证券转让价差收益之和，其收益率的计算公式为：

$$R＝\frac{红利＋期末市价总值－期初市价总值}{期初市价总值}×100\%$$

［例 4－3］

由表 4－2 可见小王购买股票 A 和 B，现在卖出，则两种股票的收益率分别为多少？

表 4－2　股票红利收益表

	购买价格	购买数量	每股红利	卖出价格
股票 A	27.4	1000	0.57	27.2
股票 B	15.2	500	0.32	18.6

股票 A 的收益率 $R_A = \dfrac{0.57 \times 1000 + (27.2 - 27.4) \times 1000}{27.4 \times 1000} = 1.4\%$

股票 B 的收益率 $R_B = \dfrac{0.32 \times 500 + (18.6 - 15.2) \times 500}{15.2 \times 500} = 24.5\%$

由此投资者可以容易的将股票 A 与股票 B 的收益率进行比较，进行投资决策。

（三）预期收益率

投资者可将到期收益率和持有期收益率用于衡量事后投资绩效，也可用于对未来现金流发生的时间、大小都是确定的投资进行衡量。但通常的投资都具有不确定性，即投资过程会受到许多不确定因素的影响，使得投资结果可能并不唯一，而且事先无法确知哪个结果会出现，因而此时的收益率是一个随机变量。我们可以假定收益率服从某种概率分布，即已知每一收益率出现的概率，见表 4－3。

表 4－3

收益率（%）	R_1	R_2	R_3	…	R_n
概率 P_i	P_1	P_2	P_3	…	P_n

数学中求期望收益率或收益率平均数的公式如下：

$$E(R) = \sum_{i=1}^{n} R_i P_i$$

［例 4－4］

假定证券 A 的收益率概率分布见表 4－4。

表 4—4

收益率（%）	—10	10	20	30
概率 P_i	0.2	0.3	0.3	0.2

由期望收益率计算公式可得证券 A 的期望收益率

E（R）＝（—10）×0.2＋10×0.3＋20×0.3＋30×0.2＝13

在实际中，经常使用历史数据来估计期望收益率：假设证券的月收益率或年收益率为 R_t（t＝1，2，…，n），那么估计期望收益率的计算公式为：

$$\overline{R} = \frac{1}{n}\sum_{t=1}^{n} R_t$$

证券组合的预期收益率取决于组合中每一种证券的预期收益率和投资比例。

计算有 N 种证券组成的证券组合的收益率公式为：

$$E(R_p) = \sum_{i=1}^{n} W_i R_i$$

E（R_p）表示证券组合的预期收益率，W_i 表示投资第 i 种证券的期初价值比率，R_i 表示第 i 种证券的预期收益率，n 表示证券组合中包含的证券种类数。

从上式可见，证券组合的预期收益率是构成该组合的各种证券的预期收益率的加权平均数，权数是各种证券在组合中所占的比重。

第二节　证券投资的风险及度量

如果投资者以期望收益率为依据进行决策，那么他必须意识到他正冒着得不到期望收益率的风险。经济学中的风险（Risk）正是指这种不确定性，即投资的结果有偏离期望结果的可能性。风险也是影响投资决策除收益以外最重要的因素。

一、风险的构成和来源

（一）风险的构成

证券投资中面临的总风险，可以分成两个部分：系统风险（Systematic

Risk) 和非系统风险 (Nonsystematic Risk)。

1. 系统风险

系统风险是指由于某种因素会以同样方式对所有证券的收益发生影响而产生的风险。例如，财政部对股票市场交易印花税的调整和大小非解禁政策的改革等，都将对整个股市的走向产生影响，投资者对类似这样的因素所导致的风险通常难以回避和消除。因其来源与宏观因素变化对市场整体的影响，因而亦称宏观风险。系统风险强调的是对整个证券市场所有证券的影响，因此，投资者对这种风险无法通过分散化投资加以摆脱，也称为不可分散风险 (Systematic Risk)。

2. 非系统风险

非系统风险是指总风险中除了系统性风险之外剩余的那部分偶发性风险，即产生这种风险的原因是只影响某一种证券收益的某些独特事件。例如，由于养殖成本增高，导致奶牛养殖数大幅度减少，进而提高了伊利公司的牛奶收购成本。伊利公司的收入及其股票价格受到不利的影响，而其他公司的收入和股票价格却不受此影响。非系统风险强调的是对某一个证券的个别影响，为了避免单个公司的独特风险，投资者可以选择不同公司的股票投资，通过分散化持股来消除和回避这种风险，因而也称为可分散风险 (Diversifiable Risk)。

（二）风险的来源

一般而言，直接影响证券投资的主要风险包括以下几类：市场风险、利率风险、通货膨胀风险、汇率风险、政策风险、违约风险、经营风险、财务风险、破产风险、提前赎回风险。其中又可以按照不同风险对整个市场和单一证券的影响程度，将它们划分为系统风险和非系统风险，具体划分如图 4 - 1 所示。

1. 市场风险

市场风险是证券投资活动中所面临的最普遍的风险，它是指由于整个市场行情的波动导致证券投资的实际收益率偏离其预期收益率的可能性。市场行情的波动是由整个市场买卖双方供求不平衡所引起的，受国家政治、经济、社会变动的因素影响，有时只是单纯的受市场心理因素的影响。如出现看涨行情时，投资者纷纷购买股票，导致整个市场指数上升，反之出现看跌行情后，投资者竞相抛售，导致整个市场下跌。

2. 利率风险

利率风险是指由于利率变化导致证券投资的实际收益率偏离其预期收益率的可能性。证券投资与银行利率密切相关，二者成反向变化，对债券而言，利

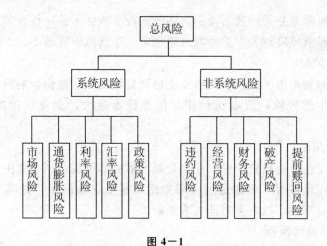

图 4—1

率变化是导致价格变化的最主要原因，利率上升，债券价格下降，利率下降，债券价格上升。

3. 通货膨胀风险

通货膨胀风险又称购买力风险，是指由于未来通货膨胀的不确定性使未来投资的货币收入的实际购买力出现不确定的风险。经过通货膨胀调整后的实际投资收益率可能变为负值。

4. 汇率风险

汇率风险指汇率变化对投资收益的不确定性影响。若投资收益是以某种货币表示的现金流，而投资者需要将其兑换成另外一种货币。由于汇率变化的不确定性，会导致作为投资收益的币种兑换成所需币种的现金流数量的不确定性，这是国际投资者面临的主要风险之一。

5. 政策风险

政策风险是指政府对证券市场的过度干预和政策的非连续性，投资者不能正确地对政策做出预期，从而导致证券投资的实际收益率偏离其预期收益率的可能性。政策风险多见于新兴的发展中国家的市场，是发展中国家的证券市场所特有的风险，有时甚至成为投资者面临的主要的系统性风险。

6. 违约风险

违约风险也称信用风险，是投资于固定收益证券的投资者所面临的风险，这类证券在发行伊始便向投资者保证，让他们在一定时间内得到确定金额的报酬，然而当公司运转欠佳，公司账务出现危机时，这种承诺有可能无法兑现。

7. 经营风险

经营风险是指所投资的企业由于经营状况发生变化所导致投资收益的不确

定性，经营风险与公司经营活动引起的收入现金流的不确定性有关，运营收入变化越大，经营风险越大，运营收入越稳定，经营风险就越小。

8. 财务风险

财务风险是指由于所投资的企业支付利息额变化，进而影响投资者所获得的利润所产生的风险，资本结构中，债务比重越大，企业承担的财务风险越大。

9. 破产风险

破产风险主要是投资于中小企业公司所面对的风险，当企业由于经营管理不善导致难以维持时，可能进行公司重组，甚至宣布倒闭。这将导致公司股票、债券急剧下跌，投资者可能血本无归。

10. 提前赎回风险

提前赎回风险主要是针对投资与附加赎回选择权证券的投资者而言的。因为提前赎回将给投资人的收益带来不确定性。

二、风险的度量

由于风险是指投资的结果有偏离期望结果的不确定性，一般而言，投资者是厌恶这种不确定性的。若两项投资除风险以外的其他因素都相同的话，投资者会选择风险较小的投资项目。为了比较不同投资的风险，就需要某些度量风险的指标。最常用的指标是收益率的方差与标准差、久期和 β 系数。

（一）收益率的方差与标准差

由于实际收益率与期望收益率会有偏差，期望收益率是使可能的实际值与预测值的平均偏差达到最小（最优）的点估计值。可能的收益率越分散，它们与期望的收益率的偏差的偏离程度就越大，投资者承担的风险就越大。因而，风险的大小由未来可能收益率与期望收益率的偏差程度来衡量。如果偏差程度用 $[R_i (R)]^2$ 来度量，则平均偏离程度被称为方差，记作 σ^2。σ^2 综合地度量了可能的实际收益对期望收益的双向偏离程度及其可能性的大小。一般而言，σ^2 越大偏离趋势越大。方差或标准差可用作比较不同证券或投资组合的相关风险。

$$\sigma^2(R) = \sum_{i=1}^{n} [R_t - E(R)]^2 P_i$$

式中：P_i——可能收益率发生的概率；

σ——标准差。

[例 4—5]

假定证券 A 的收益率概率分布见表 4—5。

表 4—5

收益率（%）	−10	10	20	30
概率 P_i	0.2	0.3	0.3	0.2

由例 4—4 中已经计算出期望收益率 E（R）＝13%。由上述公式得：

方差 $\sigma^2 = (-10-13)^2 \times 0.2 + (10-13)^2 \times 0.3 + (20-13)^2 \times 0.3 +$
$(30-13)^2 \times 0.2 = 181$

收益率的方差与标准差是最受欢迎的风险度量指标，但也应该看到，收益的方差仅仅是简单表现了对期望值的偏离，并没有反映投资者对风险的主观态度。在本例中，对于潜在投资者而言，更加担心的是收益率为−10%的情形出现的概率有多大，而不是 30%的情形，这也正是投资者通常厌恶风险的原因，而方差并未对其进行区别。

（二）久 期

久期是对债券的利率风险进行度量的指标。该指标可以对债券发生现金流的平均期限进行测算，进而可以用于测度债券对利率变化的敏感性。

最重要的一种久期是 1938 年弗雷德里克·麦考莱首先提出的麦考莱久期，具体的计算方式为将每次债券现金流的现值除以债券价格得到每一期现金支付的权重，并将每一次现金流的时间同对应的权重相乘，最终合计出整个债券的久期。

用公式表示即

$$D = \frac{1}{P} \sum_{t=1}^{T} \frac{tC_t}{(1+y)^t}$$

其中 D 为债券的久期，P 为债券的当前价格，T 为债券的到期日，C_1，C_2，…，C_t 为债券依次在未来时间发生的现金流，y 为债券的到期收益率。

麦考莱久期和 1＋y 的比率通常被称为修正的麦考莱久期，即

$$修正的麦考莱久期 = \frac{麦考莱久期}{1+y}$$

经过修正的久期可以精确地量化利率变动给债券价格造成的影响。修正久期越大，债券价格利率的变动就越敏感，利率上升所引起的债券价格下降幅度就越大，而利率下降所引起的债券价格上升幅度也越大。

（三）β系数

β系数是反映单个证券或证券组合相对于证券市场系统风险变动程度的一个重要指标。通过对β系数的计算，投资者可以得出单个证券或证券组合未来将面临的市场风险状况。某种证券的β系数指的是该证券的收益率和市场组合收益率的协方差 σ_{im}，再除以市场组合收益率 σ_m^2，其公式为：

$$\beta_i = \frac{\sigma_{im}}{\sigma_m^2}$$

经过计算的β系数可以反映某一投资对象相对于整个市场的表现情况。其绝对值越大，显示其收益变化幅度相对于市场的变化幅度越大；绝对值越小，显示其变化幅度相对于市场越小。如果是负值，则显示其变化的方向与市场的变化方向相反。

当 $\beta=1$，表示该单项资产的风险收益率与市场组合平均风险收益率呈同比例变化，其风险情况与市场投资组合的风险情况一致；$\beta>1$，说明该单项资产的风险收益率高于市场组合平均风险收益率，则该单项资产的风险大于整个市场投资组合的风险；$\beta<1$，说明该单项资产的风险收益率小于市场组合平均风险收益率，则该单项资产的风险程度小于整个市场投资组合的风险。

三、风险溢价

按照风险的高低有无，可将资产划分为风险资产和无风险资产。无风险资产是指预期收益的标准差 $\sigma=0$ 的资产，在证券投资中通常将国库券、银行存款等近似地看作无风险资产，而风险资产是指除无风险资产外的其他预期收益的标准差 $\sigma>0$ 的资产。

根据风险资产和无风险资产的划分，证券投资收益可分为风险收益和无风险收益。我们将投资与无风险资产所获得的收益率定位基点，而风险收益与无风险收益之间的差额称为风险溢价。风险溢价用于对投资者承担所承担风险的回报进行衡量。例如，市场无风险收益率为 4%，而股票市场的收益率为 8%，则股票市场投资的风险溢价为 4%，即投资者因承担股票市场的投资风险而获得的超额收益为 4%。

第三节　风险厌恶及投资者效用

一、风险偏好

经济学中根据人们对待风险的态度，分为风险厌恶者、风险中立者和风险爱好者。在证券投资中投资者对待风险与风险溢价的态度上同样分为风险厌恶（Risk Aversion）、风险中性（Risk Neutral）和风险爱好（Risk Lover）。在投资学中通常假定投资者是风险厌恶的，即如果投资对象是风险资产且风险溢价为零，人们是不会选择该投资对象的。风险中性则只是根据预期收益率进行投资，而不会考虑由于风险的存在，实际收益率有偏离预期值的可能性。风险爱好者则是把风险作为一种"乐趣"加入投资过程中，期待着由于风险的存在而使实际收益率高于预期值。

二、投资者的效用函数

效用在经济学上是指人们从某事物中所得到的主观上的满足程度。在投资领域，"某事物"系指投资者的投资，投资者效用是投资者对各种不同投资方案的一种主观上的偏好指标。效用分析分为两种：一种是确定情况下的效用分析；另一种是不确定情况下的效用分析。前者是指投资者进行证券投资后可预知其结果；后者是指投资者进行证券投资后无法预知其结果。这里分析对象既然是证券组合，那么就是分析在确定情况下的证券投资组合效用。虽然在投资后对投资结果不能确定，但可以利用概率的概念事先掌握各种证券组合报酬率的概率分布情况。这里就涉及效用期望值这一概念，也就是说，投资者进行证券组合分析的目的在于使其效用期望值为最大。

期望收益和资产组合收益的方差可以说明投资者从给定收益率概率分布的资产组合中获得的效用。具体地说，我们可以有这样的一个表述：

$$U = E(R) - 0.005A\sigma^2$$

这里，A 是风险厌恶系数。资产组合的效用随期望收益率上升而上升，随着方差上升而下降。这种变化关系的重要程度由风险厌恶系数 A 决定。对风险中性的投资者，A=0。更高水平的风险厌恶反映在更大的 A 值上。

由上式可知效用既取决于收益率也取决于风险，因此，风险厌恶型效用函数也可以用图 4-2 来描述。

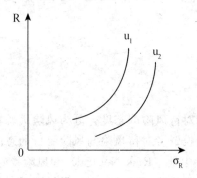

图 4-2　风险厌恶型效用函数

从风险厌恶型效用函数可以看出，当预期收益增加时才会接受较高风险，甚至收益增加比风险增加得更快。风险爱好型效用函数如图 4-3 所示。

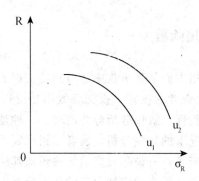

图 4-3　风险爱好型效用函数

风险爱好者准备接受较低的预期收益，目的是为了不放弃获得较高资本利得的机会。因此，在同样预期收益时，风险越高，效用越大。风险中立型效用函数如图 4-4 所示。

风险中立者既追求预期收益，也注意安全。当预期收益相等时，就可以不考虑风险。特别指出的是，一般投资者属于风险厌恶者。

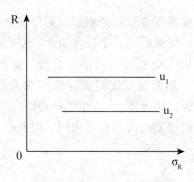

图 4—4　风险中立型效用函数

三、投资者的个人偏好与无差异曲线

根据投资者的共同偏好规则，有些证券组合不能区分优劣，其根源在于投资者个人除遵循共同的偏好规则外，还有其特殊的偏好。那些不能被共同偏好规则区分的组合，不同投资者可能得出完全不同的比较结果。共同偏好规则不能区分的是这样的两种证券组合 A 和 B：

$$\sigma_B^2 > \sigma_A^2$$

且 $E(R_B) > E(R_A)$

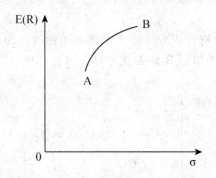

图 4—5　共同偏好规则不能区分的组合

图 4—5 中，证券组合 B 虽然比 A 承担更大的风险，但它同时带来更高的期望收益率，这种期望收益率的增量可认为是对增加的风险的补偿。由于不同的投资者对期望收益率和风险的偏好不同，当风险从 σ_A^2 增加到 σ_B^2 时，期望收益率将补偿 $E(R_B) - E(R_A)$，这是否满足投资者个人的风险补偿要求因

人而异，从而投资者将按照各自不同的偏好对两种证券做出不同的比较结果。

一个特定的投资者，任意给定一个证券组合，根据他对风险的态度，可以得到一系列满意程度相同（无差异）的证券组合，这些组合恰好在期望收益率——标准差平面形成一条曲线，我们称这条曲线为投资者的一条无差异曲线。例如某个投资者认为，尽管图 4-6 中的证券组合 A、B、C、D、E、F 的收益风险各异，但是给他带来的满意程度相同，因此这六个证券组合是无差异的，选择哪一个投资都可以。

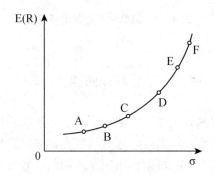

图 4-6　满意程度相同的证券组合

于是，用一条平滑曲线将证券组合 A、B、C、D、E、F 联结起来，就可近似地看做是一条无差异曲线。当这样的组合很多时，它们在平面上形成严格意义的无差异曲线。

图 4-7 中，某投资者认为经过 A 的那一条曲线上的所有证券组合给他的满意程度均相同，因而组合 B 与 A 无差异；组合 C 比 A、B、D 所在无差异曲

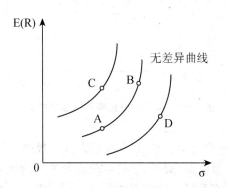

图 4-7　投资者的无差异曲线

线上的任何组合都好，因为 C 所在的无差异曲线的位置高于 A、B、D 所在的无差异曲线。

　　图 4-8 是几个不同偏好的投资者无差异曲线。图 4-8a 的投资者对风险毫不在意，只关心期望收益率；图 4-8b 的投资者只关心风险，风险越小越好，对期望收益率毫不在意；图 4-8c 和图 4-8d 表明一般的风险态度，图 4-8d 的投资者比图 4-8c 的投资者相对激进一些，相同的风险状态下，后者对风险的增加要求更多的风险补偿，反映在无差异曲线上，后者的无差异曲线更陡峭一些。

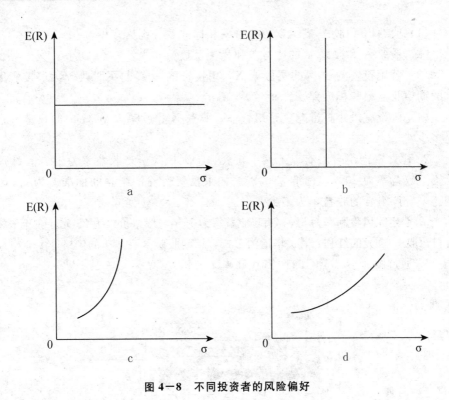

图 4-8　不同投资者的风险偏好

案例分析

1. 股票 X 和股票 Y 的有关概率分布见表 4-6。

表 4－6

状态	概率	股票 X 的收益率（％）	股票 Y 的收益率（％）
1	0.20	20	18
2	0.30	23	17
3	0.10	22	16
4	0.20	24	19
5	0.20	25	18

（1）股票 X 和股票 Y 的期望收益率和标准差分别为多少？

（2）股票 X 和股票 Y 的协方差和相关系数为多少？

（3）若用投资的 20％购买股票 X，用投资的 80％购买股票 Y，求投资组合的期望收益率和标准差。

（4）假设有最小标准差资产组合 G，股票 X 和股票 Y 在 G 中的权重分别是多少？

2. 建立资产组合时有以下两个机会：①无风险资产收益率为 10％；②风险资产收益率为 20％，标准差 0.25。如果投资者资产组合的标准差为 0.20，则这一资产组合的收益率为多少？

3. 假定无风险利率为 5％，市场收益率为 15％，股票价格为 25 元，在年末将支付每股 1.00 元的红利，其贝塔值为 1.25，请问股票 X 在年末的价格是多少？

4. 通过图 4－9、图 4－10 和图 4－11 分析：

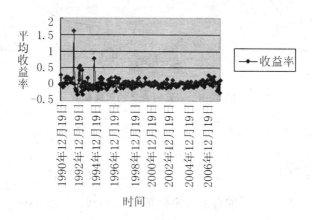

图 4－9　上证综指的收益率曲线图

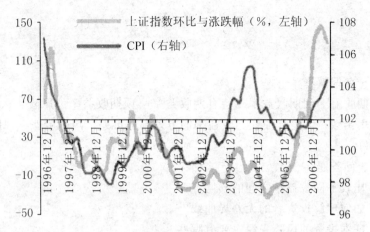

图 4—10 上证指数环比与 CPI 走势对比图

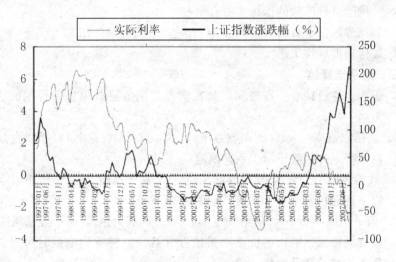

图 4—11 实际利率与上证指数涨跌幅比较关系图

（1）上证指数的走势与 CPI、利率变动的相互关系。

（2）上证指数与个股收益率的相互关系。

（3）思考其他与上证指数走势相关的宏观经济指标，举例说明并作定量分析。

作业题

一、名词解释

预期收益 到期收益率 持有期收益率 预期收益率 风险 久期 β 系数 效用函数 无差异曲线 收益率的方差与标准差 风险厌恶 风险中性 风险爱好

二、问答题

1. 比较不同收益率之间的异同。

2. 如何理解投资者的无差异曲线？

3. 证券投资的风险来源主要有哪些？

4. 系统风险和非系统风险以及可分散风险和不可分散风险的关系？

5. 试分析风险和收益的关系。

6. 对风险进行度量的指标主要有哪些？

7. 如何理解投资者的效用函数？

8. 如何理解风险厌恶？

三、单项选择题

1. 买入债券后持有一段时间，又在债券到期前将其出售而得到的收益率为（   ）。

A. 直接收益率   B. 到期收益率   C. 持有期收益率 D. 赎回收益率

2. 以下哪一种风险不属于系统风险（   ）。

A. 政策风险   B. 周期波动风险 C. 利率风险   D. 信用风险

3. 以下证券投资中属于系统风险的是（   ）。

A. 财务风险   B. 信用风险   C. 购买力风险 D. 经营风险

4. 投资人按照当前市场价格购买债券并且一直持有到期满时可以获得的年平均收益率称为（   ）。

A. 到期收益率   B. 持有期收益率 C. 预期收益率 D. 直接收益率

5. 某投资者以 10 元 1 股的价格买入 X 公司股票，持有 1 年分得现金股息 1.80 元/股，则股利收益率为（   ）。

A.9%   B.18%   C.27%   D.36%

6. 第 5 题中，投资者在分得现金股息两个月后，将股票以 11.20 元/股的市价出售，则持有期收益率为（   ）。

A.12%   B.18%   C.30%   D.38%

7. 第 5 题中，投资者买入股票并分得现金股息后，X 公司以 1:2 的比例拆股。拆股决定公布后，X 公司股票涨至 12 元 1 股，拆股后的市价为 6 元 1 股，若投资者此时以市价出售，则股价变动后的持有期收益率是（　　）。

A. 12%　　　　B. 18%　　　　C. 30%　　　　D. 38%

8. 某债券的票面价值为 1000 元，息票利率为 5%，期限为 4 年，现以 950 元的发行价向全社会发行，则投资者在认购债券后到持有期满时可获得的直接收益率为（　　）。

A. 5%　　　　B. 5.26%　　　　C. 10%　　　　D. 11%

9. 第 8 题中，若投资者认购后持有至第二年末，以 996 元的市价出售，则其持有期收益率是（　　）。

A. 5.26%　　　　B. 7.68%　　　　C. 8.68%　　　　D. 9.62%

10. 普通股股票的主要风险是（　　）。

A. 利率风险　　B. 信用风险　　C. 经营风险　　D. 财务风险

11. 某投资者以 26 元 1 股的价格买入甲公司股票，持有一年，分得现金股利 1.30 元/股，则股利收益率是（　　）。

A. 2%　　　　B. 4%　　　　C. 7%　　　　D. 5%

12. 某贴现债券面值 1000 元，期限 180 天，以 10.5% 的贴现率公开发行，则（　　）。

A. 到期收益率是 15%　　　　　B. 到期收益率是 10.5%

C. 发行价格是 895 元　　　　　D. 发行价格是 947.5 元

13. 短期国库券无风险利率的基础上，可以发现的规律有（　　）。

A. 同一种类型的债券，长期债券利率比短期债券利率低

B. 不同债券的利率不同，这是对信用风险的补偿

C. 在通货膨胀严重的情况下，债券的票面利率会降低或是会发行固定利率债券，这种情况是对购买力风险的补偿

D. 股票的收益率一般低于债券

14. （　　）是指由于某种全局性的共同因素引起的投资收益的可能变动。

A. 系统风险　　　　　　　　B. 非系统风险

C. 政策风险　　　　　　　　D. 经济周期波动风险

15. （　　）是指对某个行业或个别公司的证券产生影响的风险。

A. 系统风险　　　　　　　　B. 非系统风险

C. 政策风险　　　　　　　　D. 经济周期波动风险

16. 以下指标中对债券的利率风险进行度量的指标为（　　）。

A. 收益率的标准差与方差　　　B. 久期

C. β 系数　　　　　　　　　　　　D. 收益率

17. 以下指标中对反映单个证券或证券组合相对于证券市场系统风险变动程度的一个重要指标是（　　　）。

A. 收益率的标准与方差　　　　　B. 久期

C. β 系数　　　　　　　　　　　　D. 收益率

18. 在证券投资中通常将（　　　）等近似地看作无风险资产。

A. 国库券、银行存款　　　　　　B. 股票

C. 基金　　　　　　　　　　　　　D. 公司债

19. （　　　）是指将来（或过去）的一笔支付或现金流在今天的价值。

A. 现值　　　　B. 终值　　　　C. 币值　　　　D. 收益

20. 使投资购买债券获得的未来现金流量的现值等于证券当前市价的贴现率称为（　　　）。

A. 到期收益率　　B. 持有期收益率　　C. 预期收益率　　D. 股息收益率

四、多项选择题

1. 股票投资的收益由（　　　）组成。

A. 利息收入　　　　B. 股息收入　　　　C. 资本损益　　　　D. 资本增值收益

2. 以下关于证券投资收益与风险的关系表述，正确的有（　　　）。

A. 收益和风险是证券投资的核心问题

B. 收益与风险相对应，风险较大的证券，其要求的收益相对较高，反之，收益率较低的投资对象，风险相对较小

C. 收益与风险共生共存，承担风险是获取收益的前提，收益是风险的成本和报酬

D. 风险越大，收益就一定越高

3. 股票的持有期收益率主要反映投资者在一定持有期内（　　　）占投资本金的比率。

A. 全部股息收入　　B. 现金股息收入　　C. 资本利得　　　D. 资本收益

4. 非系统风险包括（　　　）等。

A. 信用风险　　　　B. 经营风险　　　　C. 购买力风险　　　D. 财务风险

5. 证券投资的系统风险包括（　　　）。

A. 政策风险　　　　B. 周期波动风险　　C. 利率风险　　　D. 购买力风险

6. 证券投资收益与风险的关系可表述为（　　　）。

A. 收益和风险是投资的核心问题

B. 投资收益与风险同在

C. 收益是风险的补偿，风险是收益的代价，它们之间成正比例的互换

关系

D. 收益是风险的补偿，风险是收益的代价，它们之间成反比例的互换关系

7. 股票的投资收益由（　　）组成。

A. 股息收入　　　　　　　　　　B. 资本利得

C. 利息　　　　　　　　　　　　D. 公积金转增成本

8. 衡量股票投资收益水平的指标主要有（　　）。

A. 股利收益率　　　　　　　　　B. 再投资收益率

C. 持有期收益率　　　　　　　　D. 股份变动后持有期收益率

9. 债券的投资收益来自（　　）。

A. 债券的利息收益　　　　　　　B. 资本利得

C. 再投资收益　　　　　　　　　D. 转股收益

10. 债券收益率有（　　）。

A. 票面收益率　　　　　　　　　B. 赎回收益率

C. 到期收益率　　　　　　　　　D. 直接收益率

11. 衡量证券投资风险最常用的指标是（　　）。

A. 收益率的标准差与方差　　　　B. 久期

C. β 系数　　　　　　　　　　　D. 收益率

12. 经济学中根据人们对待风险的态度，将投资者分为（　　）。

A. 风险厌恶者　　　　　　　　　B. 风险中立者

C. 风险爱好者　　　　　　　　　D. 风险拥护者

第五章　证券投资工具——股票

　　学习目标：通过本章学习，了解股票的定义、性质和特征。掌握不同类型的股票之间的区别和联系，了解我国现行的股权结构。掌握股票价格和价值之间的关系，了解股票价格指数，了解权证。

第一节　股票概述

一、股票的定义

　　股票（Stock）是一种有价证券（Securities），是股份公司公开发行的，用以证明投资者股东身份和权益，并据以获得股息和红利的凭证。

　　股票一经发行，股票持有者即为发行公司的股东。股票实质上代表了股东对股份公司的所有权，股东凭借股票可以获得参加股东大会、投票表决、参与公司的重大决策、收取股息或分享红利等权利。每个股东所拥有的公司所有权份额的大小，取决于其持有的股票数量占公司总股本的比重。股票一般可以通过买卖方式有偿转让，股东能通过股票转让收回其投资，但不能要求公司返还其出资。股东与公司之间的关系不是债权债务关系。股东是公司的所有者，以其出资额为限对公司负有限责任，承担风险，分享收益。

　　股份公司的股本被分成许多等值的单位，叫做股份。它是股份公司资本的基本单位和股东法律地位的计量单位，占有一个单位，就称占有一股份，每一股份代表对公司的资产占有一定的份额。将"股份"印制成一定的书面形式，记载表明其价值的事项及有关股权等条件的说明，这就是股票。股票与股份，前者是形式，后者是内容。股份有限公司依照公司法的规定，为筹集资金向社会发行股票，股票的持有人就是公司的投资者，即股东。股票就是投资入股，拥有股份所有权的书面证明。拥有某种股票，就证明该股东对该公司的净资产占有一定份额的所有权。例如，某公司发行了 5000 万股股票，则每一股代表公司净资产的 1/5000 万，若某股东持有其中的 500 股，则他拥有该公司的 1/10 万股权。股票虽然是所有权证书，但股东的权利是有限制性的，股东无权处置公司的资产，而只能通过处置持有的股票来改变自己的持股比例。

二、股票的性质

（1）股票是一种有价证券。有价证券是用以证明持有人有权按期取得一定收益的证券，体现的是持有人的财产权。行使证券所反映的财产权必须以持有该证券为条件，股票正是具有这一法律特征的有价证券。

（2）股票是一种要式证券，股票应记载一定的事项，其内容应全面真实，这些事项往往通过法律形式加以规定。

（3）股票是一种证权证券，证权证券是指证券是权利的一种物化的外在形式，它是权利的载体，权利是已经存在的。

（4）股票是一种资本证券，股份公司发行股票是一种吸引认购者投资以筹措公司自有资本手段，对于认购股票的人来说，购买股票就是一种投资行为。

（5）股票是一种综合权利证券，股票持有者作为股份公司的股东享有独立的股东权利。股东权是一种综合权利，包括出席股东大会、投票表决、分配股息和红利等。

三、股票的特征

（1）永久性。股票是一种无偿还期限的有价证券，投资者认购了股票后，就不能再要求退股，只能到二级市场卖给第三者，所以股票的期限是永久的。股票的转让只意味着公司股东的改变，并未减少公司资本。从期限上看，只要公司存在，所发行的股票就存在，股票的期限等于公司存续的期限。

（2）参与性。股东有权出席股东大会，选举公司董事会，参与公司重大决策。股票持有者的投资意志和享有的经济利益，通常是通过行使股东参与权来实现的。

股东参与公司决策的权利大小，取决于其所持有的股份的多少。从实践中看，只要股东持有的股票数量达到左右决策结果所需的实际多数时，就能掌握公司的决策控制权。

（3）收益性。股东凭其持有的股票，有权从公司领取股息或红利，获取投资的收益。股息或红利的大小，主要取决于公司的盈利水平和公司的盈利分配政策。

（4）流动性。股票的流动性是指股票在不同投资者之间的可交易性。投资者不可以从上市公司退股，却可以在市场上卖出所持有的股票，取得现金。通过股票的流通和股价的变动，可以看出人们对于相关行业和上市公司的发展前景和盈利潜力的判断。那些在流通市场上吸引大量投资者、股价不断上涨的行业和公司，可以通过增发股票，不断吸收大量资本进入生产经营活动，收到优化资源配置的效果。

（5）价格波动性和风险性。股票在交易市场上作为交易对象，同商品一样，有自己的市场行情和市场价格。由于股票价格要受到诸如公司经营状况、供求关系、银行利率、大众心理等多种因素的影响，波动有很大的不确定性。正是这种不确定性，有可能使股票投资者遭受损失。价格波动的不确定性越大，投资风险也越大。因此，股票是一种高风险的金融产品。

第二节　股票类型

随着证券市场的发展，投资者不断提出新的投资要求，新的股票品种逐渐推出，形式和内容千变万化，分类方法也各不相同，常见的股票类型如下。

一、记名股票和不记名股票

股票按是否记载股东姓名，可以分为记名股票和不记名股票。

记名股票是指股票票面和股份公司股东名册上记载股东姓名的股票。不记名股票则是在票面上不记载股东姓名的股票。记名股票与不记名股票在股东权利的内容上没有差异，不同的是记载方法、权利使用方法、对股东的通知方法等。一般说，不记名股票可以请求改换为记名股票，但记名股票不能改换为不记名股票，也可用公司章程禁止转换。

我国新《公司法》第130条规定：公司发行的股票，可以为记名股票，也可以为不记名股票。公司向发起人、法人发行的股票，应当为记名股票，并应当记载该发起人、法人的名称或者姓名，不得另立户名或者以代表人姓名记名。第131条规定：公司发行记名股票的，应当置备股东名册，记载下列事项：①股东的姓名或者名称及住所；②各股东所持股份数；③各股东所持股票的编号；④各股东取得股份的日期。发行不记名股票的，公司应当记载其股票数量、编号及发行日期。

二、有面额股票和无面额股票

股票按是否在股票票面上标明金额，可以分为有面额股票和无面额股票。

面额股票，也称面值股票，是指在股票票面上记载一定金额的股票。这一记载的金额也称为票面金额、票面价值或股票面值。面额股票的作用是可以确定每股所代表的股权比例。由于股票面额总和是一个相对稳定的数额，而公司实际资产却在经常的增减变化之中，因而股票面额往往不能真实地反映它所代表的公司实际资产的价值。又由于股票面额是一个不变的量，而股票在流通市场的价格却是一个跌宕起伏的变量，随着时间的推移，股票市价与面额的关系逐渐偏离，股票面额的存在意义已逐渐缩小。无面额股票，又称份额股票，是指股票票面上不记载金额，只注明它是股本总额若干分之几的股票。无面额股票没有票面价值，但有账面价值，其价值反映在股票发行公司的账面上。对于发行公司来说，发行无面额股票既可在股票发行时灵活掌握发行价格，又便于今后对股票进行拆分以提高股票的流动性。

我国新《公司法》第128条规定：股票发行价格可以按票面金额，也可以超过票面金额，但不得低于票面金额。

三、普通股票和优先股票

股票按股东享有权利的不同，可以分为普通股票和优先股票。

(一) 普通股票 (Common Stock)

普通股票是最基本、最常见、风险最大的一种股票，是构成公司资本的基础。普通股票是主要受益股票，也是市场上交易最活跃的股票。与优先股相比，普通股票是标准股票，也是风险比较大的股票。

普通股票的持有人是公司的基本股东，按照《公司法》的规定，它们在股份公司的存续期间内一般可以享受下列法定的股东权利。

(1) 公司重大决策参与权。普通股股东有权参加股东大会，在股东大会上可以就公司的财务报表和经营状况进行审查，对公司的投资计划和经营决策有发言权、建议权，有权选举董事和监事成员，对公司的合并、解散、修改公司章程以及制定利润分配方案等具有广泛的表决权。普通股股东通过参加股东大会体现其作为公司所有人的地位，并参与公司的重大决策。股东若不参加股东大会，可填写投票委托书、委托代理人来行使其投票表决权。

普通股票的投票方式，绝大多数股份公司采取"一股一票制"，即普通股股东每持有一股便有一个投票权，以体现股权的同一性。投票的方法有两种，一种是多数投票制，另一种是累进投票制。

多数投票，又叫普通投票、直接投票制。在选举董事会时，股东每持有一股便有一个投票权，而且必须对每个董事的空缺进行分散投票。例如，一位股东持有 1000 股，那么每个董事的空缺他都可投 1000 票。由于每个董事候选人都必须得到选票总数的半数以上，这样一来使小股东无法当选为董事，而大股东可以垄断全部董事会人选。

累进投票制是针对多数投票制的弊端，为保障多数小股东的利益而采用的投票方法。在累进投票制下，每一个股东可以把投票权累进起来，集中投选某一位候选人。他可投的总票数，等于所持有的股数乘以所要选出的董事数。这样，小股东们可集中推选某一位董事，或根据需要适当分散投票，选出能代表小股东利益和意愿的董事人选。例如，上述那位股东持有 1000 股股票，本次股东大会要选出董事 10 人，那么这位股东总共可投 10000 票（1000×10），他可以用这 10000 票来选举他认为合适的一位或数位董事人选。

（2）公司盈余和剩余资产分配权。普通股股东享有公司盈余和剩余资产分配权体现在两个方面：一是普通股股东可以从公司获得的利润中分配到股息（Dividend）。普通股股息收益是不确定的，股息的多少完全取决于公司盈利的利润多少即分配政策。二是当公司破产或清算时，若公司的资产在偿付债权人和优先股股东的求偿权后还有剩余，普通股股东有按股份比例取得剩余资产的权利。

公司发放股息是由董事会决定的。其分配程序为：从获得的营业收入中减去各项成本和费用支出、应偿还的债务、应缴纳的所得税，余下的为税后净利，再扣除应留取的公积金后，剩下的部分先按固定股息率分配给优先股股东，然后再按普通股股数分配给普通股股东。

股息的种类很多，大致有以下几种：

1）现金股息（Cash Dividend）。用现金形式支付的股息和红利，是最普遍、最基本的股利形式。

2）财产股息。是公司以现金以外的财产支付的股息。最常见的财产股息是公司支付其他公司的有价证券，包括子公司的股票、债券，公司购买的其他公司的股票、债券，公司自己的债券，用作支付财产股息的有价证券的作价应以市价为标准。

3）股票股息（Stock Dividend）。是股份公司用增发股票的方式来支付的股息。股票股息原则是按公司现有股东的持股比例进行分配的，通常采用增发普通股发放给普通股股东的形式。

4）负债股息。是指公司通过建立一定的负债来抵付的股息。负债股息一般以应付票据的形式来抵付股息，这种票据有的带息，有的不带息，有的规定到期日，有的不规定到期日，有的甚至用临时借条方式分派股息。

5）建业股息，或称建设股息。是指开展铁路、港口、公路、水电等业务的股份公司，由于其建设周期长，不可能在短期内开展业务并获得盈利，为了筹集到所需资金，在公司章程明确规定后，公司可以将一部分股本作为派发股息的资金来源而支付的股息。建业股息不同于其他股息，它不是来自于公司的盈利，而是对公司未来盈利的预分，实质上是一种负债分配，也是无盈利无股利原则的一个例外。建业股息的发放有严格的法律限制，并在公司开业后在分配盈余前扣抵或逐年扣抵冲销，以充实公司的股本。

（3）优先认股权（Preemptive Right）。是指公司现有股东有权保持对公司所有权的持有比例，如果公司需要再筹集资金而增发普通股股票时，现有股东有权按低于市价的某一特定价格及其持股比例购买一定数量的新发行的股票，以维持其在公司的权益。给股东优先认股权有两个目的：一是当出售新股而使总股数增加后，老股东的股权在总额中所占的比例仍旧不变；二是规定的价格之所以低于市价，除了吸引投资者外，还在于大多数公司通过出售股票而收进的新资本，不可能立即产生利润，而且在短期内可能发生每股净利被稀释的现象，公司为了弥补老股东的这一风险，把优先认股权价格定得较低，作为对老股东的补偿。享有优先认股权的股东有三种选择：一是可以行使认股权，认购新发行的股票；二是可以出售认股权，可从中获得补偿或取得收益；三是可以放弃认购新股的权利而听任优先认股权过期失效。

普通股股东是否享有优先认股权，取决于认购时间与股权登记日的关系。上市公司在提供优先认股权时会设定一个股权登记日，在此日期前，认购普通股票的，该股东享有优先认购权，在此日期后，认购普通股票的，不享有优先认股权。前者称为含权股，后者称为除权股。

公司的股票不是都享有先购权。对于原先发行时没有卖光现在继续出售的股票、公司已收回的库存股票、股票发行是为了购买财产或还债的股票，都不给予这个权利。

（二）优先股票（Preferred Stock）

优先股票与普通股票相对应，是指股东享有某一些优先权利（如优先分配公司盈利和剩余财产权）的股票。优先股是在普通股基础上发展起来的一种股票，与普通股相同，它代表持股人对公司财产的所有权，与普通股同属于股东权益的一部分。

优先股票是一种特殊股票，虽然它不是股票的主要品种，但是，它的存在对于投资者和上市公司来说具有一定的意义。对投资者来说，优先股比普通股安全、风险小，收入稳定且又比债券高，因此对稳健的投资者颇有吸引力。公司发行优先股可以在不增加投票权、不分散对公司控制权的情况下进行筹资。优先股股金也是公司的股本，公司可以长期使用。优先股具有财务杠杆作用。在一家公司中有没有优先股及优先股的多少，对普通股的收益影响很大，这种影响称为杠杆作用。

[例 5—1]

某公司的资本结构只有普通股，某期可分派作为股息的利润为 1000 万元，则此 1000 万元全由普通股股东分享，如果下期可分配利润增加到 2000 万元，普通股股息则增加一倍。但是，当公司总资本结构是由普通股和优先股两部分组成时，情况就不同了。假定可派息的利润仍是 1000 万元，须付优先股的股息为 500 万元，则普通股持有人能得到股息 500 万元。如有普通股 500 万股，则每股股息为 1 元。当可分配利润增加到 2000 万元时，付给优先股股息仍为 500 万元，分配给普通股的股息可达 1500 万元，每股股息为 3 元，可见，可派息利润增加了 2 倍为 2000 万，而普通股股息却增加了 3 倍；反之，若下期可分派利润下降为 500 万元，则普通股股息为"零"。以上说明了优先股具有财务杠杆作用。

（1）优先股票的特征。①股息率固定。②股息分配优先。公司在付给普通股股息之前，必须先按固定的股息率付给优先股股息。因为股息率是以面值的百分比表示的，所以优先股面值的大小很重要。无面值的优先股常按固定的金额表示。③优先按票面金额清偿。在公司解散或破产时，优先股有权在公司偿还债务后按照票面价值先于普通股从拍卖所得的资金中得到补偿。④无权参与经营决策。优先股股东一般不能参加公司的经营决策，不像普通股股东那样有投票权，只有在直接关系到优先股股东利益的表决时，才能行使表决权，或是在对优先股股利欠款达到一定数额后，可以投票选举一定人数的董事。⑤无权享受公司利润增长的利益。因为优先股股息是固定的，因此当公司经营得法，连年获得高额利润时，优先股的股息不因公司获利而提高，此时优先股的股息可能会远远低于普通股所得的股息。优先股的优越性只能在公司获利不多的情况下才能充分显示出来，才对保护优先股的股东具有实际意义。

（2）优先股的种类。①累积优先股（Cumulative Preferred Stock）与非累积优先股（Noncumulative Preferred Stock）。累积优先股是指历年股息累积发放的优先股。优先股的特点之一是股息分配优先。公司任何一年中未支付的股息可累积下来，待以后年度一并支付。换言之，不论发行公司是否获利，优先股均保留分配股利的权利。同时，公司只有将积欠的优先股股息支付以后，才能支付普通股股息。非累积优先股与累积优先股相对应，其股息的发放只限于本期，对于未发或未发足的股息部分以后不再补发。②参与优先股（Participating Preferred Stock）和非参与优先股（Nonparticipating Preferred Stock）。参与优先股是指优先股除了按规定取得固定的股息外，还有权与普通股一起参与公司本期剩余盈利分配的优先股票。非参与优先股是在优先分得事先规定的股息外，不再参与剩余利润的分配。由于参与优先股对普通股股东的利益有很大影响，所以大多数优先股属于非参与优先股。③可转换优先股（Convertible Preferred Stock）和不可转换优先股（Nonconvertible Preferred Stock）。可转换优先股是指优先股发行后，在一定的条件下，允许持有者将优先股转换成该公司的普通股的优先股。由于可转换优先股与普通股有转换关系，所以它的价格比一般优先股更易于波动。不可转换优先股不能被转换成普通股，始终以优先股形态存在。④可赎回优先股和不可赎回优先股。可赎回优先股是指股份公司发行的、可在一定时期内按约定的条件赎回的优先股。这种优先股一般是在公司经营不利的条件下，一时急需资金并且预计今后某一时期有能力也有必要用公司收益偿还股本的情况下发行的。不可赎回优先股是指发行后根据规定不能赎回的优先股票。⑤股息率可调整优先股和股息率固定优先股。股息率可调整的优先股票是指股票发行后，股息率可以根据情况按规定进行调整的优先股票。这种优先股的特点是，股息率不固定，定期随其他证券或存款利率的变化而调整，与公司的盈亏无关，但一般规定股息率的上下限。

第三节　我国现行的股权结构

一般来说，国外的股权结构是按股东的权利、义务关系，将股票分为普通股和优先股，在我国是按投资主体的不同性质，将股票划分为国家股、法人股、公众股、外资股等不同类型。

1. 国家股

国家股是指以国有资产向股份公司投资形成的股权。国家股一般是指国家投资或国有资产，经过评估并经国有资产管理部门确认的国有资产折成的股份。另外，国家对新组建的股份公司进行投资，也构成了国家股。国家股由国务院授权的部门或机构持有，或根据国务院决定，由地方人民政府授权的部门或机构持有，并委派股权代表。

国家股从资金来源上看，主要有三个方面。

（1）现有国有企业整体改组为股份公司时所拥有的净资产。

（2）现阶段有权代表国家投资的政府部门向新组建的股份公司的投资。

（3）经授权代表国家投资的投资公司、资产经营公司、经济实体性总公司等机构向新组建股份公司的投资。

2. 法人股

法人股是指企业法人或具有法人资格的事业单位和社会团体以其依法可支配的资产向投入公司形成的股权。

法人股是法人相互持股所形成的一种所有制关系，法人相互持股则是法人经营自身财产的一种投资方式。法人股股票以法人记名。根据法人股认购的对象，可将法人股进一步分为境内发起法人股、募集法人股和外资法人股三部分。

3. 公众股

公众股是指社会个人或股份公司内部职工以个人财产投入股份公司形成的股份。我国上市公司历史上曾经有两种公众股形式，即公司内部职工股和社会公众股。

我国国家股和法人股目前还不能上市交易。国家股东和法人股东要转让股权，可以在法律许可的范围内，经证券主管部门批准，与合格的机构投资者签订转让协议，一次性完成大宗股权转移。从 2005 年 5 月份以来，中国证券市场启动了股权分置改革，主要是解决非流通股（国家股和法人股）在证券市场的流通问题。股权分置改革就是流通股和非流通股的一种利益协调机制。在 A 股市场上，非流通股为了取得流通权支付给流通股的一定的对价（Consideration）。从已经实施股份制改革的上市公司来看，支付对价有送股、缩股和权证等方式。

为贯彻落实《国务院关于推进资本市场改革开放和稳定发展的若干意见》（国发〔2004〕3 号），经国务院批准，证监会于 2005 年 4 月 29 日发布《关于上市公司股权分置改革试点有关问题的通知》（简称《通知》），正式启动股权分置改革试点工作。《通知》规定：试点上市公司的非流通股股东，通过证券交易所挂牌交易出售获得流通权的股份，应当做出分步上市流通承诺并履行相关信息披露义务。①试点上市公司的非流通股股东应当承诺，其持有的非流通股股份自获得上市流通权之日起，至少在十二个月内不上市交易或者转让。②持有试点上市公司股份总数百分之五以上的非流通股股东应当承诺，在前项承诺期期满后，通过证券交易所挂牌交易出售股份，出售数量占该公司股份总数的比例在十二个月内不超过百分之五，在二十四个月内不超过百分之十。③试点上市公司的非流通股股东，通过证券交易所挂牌交易出售的股份数量，达到该公司股份总数百分之一的，应当自该事实发生之日起两个工作日内做出公告，公告期间无需停止出售股份。

中国证监会发布的最新统计数据显示，截至 2007 年底，沪、深两市共 1298 家上市公司完成或者已进入股改程序，占应股改公司的 98％；未进入股改程序的上市公司仅 33 家，股权分置改革在两年的时间里基本完成。

4. 外资股

外资股是指股份公司向外国和我国香港、澳门、台湾地区发行的股票，这是我国股份公司吸收外资的一种方式。外资股份上市的地域可以分为境内上市外资股和境外上市外资股。

（1）境内上市外资股又称 B 股。B 股的正式名称是人民币特种股票。它是以人民币标明面值，以外币认购和买卖，在境内（上海、深圳）证券交易所上市交易的普通股股票。设立之初投资者仅限于外国的自然人、法人和其他组织，香港、澳门、台湾地区的自然人、法人和其他组织，定居在国外的中国公民，证券管理部门规定的其他投资人。上海证券交易所的 B 股以美元认购和交易，深圳证券交易所的 B 股以港币认购和交易。

2001 年 2 月 21 日，证监会和国家外汇总管理局联合发布了《关于境内居民个人投资境内上市外资股若干问题的通知》，根据《通知》规定，境内居民个人可以使用境内现汇存款和外币现钞存款购买 B 股。2001 年 6 月 1 日前，只允许境内居民个人使用在 2001 年 2 月 19 日（含 2 月 19 日）前已经存入境内商业银行的现汇存款和外币现钞存款，以及 2001 年 2 月 19 日以前已经存入境内商业银行、2001 年 2 月 19 日后到期并转存的定期现汇存款和外币现钞存款，从事 B 股交易，不得使用外币现钞和其他外汇资金。

2001 年 6 月 1 日后，境内居民个人可以使用 2001 年 2 月 19 日后存入境内商业银行的现汇存款和外币现钞存款以及从境外汇入的外汇资金从事 B 股交易，但仍不得使用外币现钞。

（2）境外上市外资股。境外上市外资股主要包括 H 股、N 股、S 股。H 股指注册地在境内、上市地在香港的外资股。因香港的英文是 HongKong，取其字首，将在香港上市的外资股称为 H 股。依此类推，在纽约上市的外资股称为 N 股，在新加坡上市的外资股称为 S 股。

第四节　股票的价值与价格

一、股票的价值

有关股票的价值有不同提法。一般来说，股票的价值可分为：票面价值、账面价值、清算价值和内在价值四种，它们在不同场合有不同的含义，下面进行分别阐述。

1. 票面价值

股票的票面价值（Face Value）又称面值，是股份公司在所发行的股票票面上标明的票面金额，其作用是用来表明每一张股票所包含的资本数额。在我国上海和深圳证券交易所流通的股票的面值均为壹元，即每股一元。

股票面值的作用之一是表明股票的认购者在股份公司的投资中所占的比例，作为确定股东权利的依据。如某上市公司的总股本为 20000000 元，则持有一股股票就表示在该公司占有的股份为 1/20000000。第二个作用就是在首次发行股票时，将股票的面值作为发行定价的一个依据。一般来说，股票的发行价格都会高于其面值。

2. 账面价值

账面价值（Book Value）又称股票的净值或每股净资产，是用会计统计的方法计算出来的每股股票所包含的资产净值（Net Value）。其计算方法是用公司的净资产（包括注册资金、各种公积金、累积盈余等，不包括债务）除以总股本，得到的就是每股的净值。股份公司的账面价值越高，则股东实际拥有的资产就越多。由于账面价值是财务统计、计算的结果，数据较精确而且可信度很高，所以它是股票投资者评估和分析上市公司实力的重要依据之一。

3. 清算价值

清算价值（Liquidation Value）是指公司清算时每一股股份所代表的实际价值。从理论上讲，股票的每股清算价值应与股票的账面价值相一致，但企业在破产清算时，其财产价值是以实际的销售价格来计算的，而在进行财产处置时，其售价一般都会低于实际价值，所以股票的清算价值就会与股票的账面价值不相一致。

4. 内在价值

股票的内在价值（Intrinsic Value）即理论价值，也即股票未来收益的现值，取决于股息收入和市场收益率。股票的内在价值或者说理论价值决定股票的市场价格，股票的市场价格总是围绕着股票的内在价值波动。但市场价格又不完全等于其内在价值，因为股票的市场价格受供求关系以及其他许多因素的影响。

二、股票交易价格

1. 股票交易价格的形成

股票交易价格是指股票在交易市场上流通转让时的价格。它不同于股票的发行价格，是股票的持有者（让渡者）和购买者（受让者）在交易市场中买卖股票时成交的价格。

股票交易价格事前是不确定的，由交易双方随行就市确定。股票买卖双方在不同时期、不同条件下进行股票交易时，所确定的股票买卖价格也是经常变化的。即使同一时间、同一价格发行的不同股票，在市场可能以完全不同的价格进行买卖。基于同样理由，股票的交易价格与股票的票面价值也不一致。

影响股票价格的因素是多方面的。一般而言，股票交易价格的形成要考虑预期收益和银行利率，二者的比较利益是投资者决策的重要依据。因此人们常用下列公式来确定股票价格的理论价值：股票价格＝预期收益/市场收益率。

2. 股票交易价格的影响因素

股票交易价格的影响因素概括起来有以下几类。

（1）企业内部因素。这是决定股票交易价格变动的基本因素。公司盈利是股票投资者获取投资收益的直接来源，公司盈利的快速增长往往是股票交易价格上升的动力，不过价格的变化往往先于公司盈利的变化。公司盈利之所以有如此大的影响作用，关键在于它是公司分配股利的基础。根据前面的公式，公司预期收益上涨可以推动股票交易价格的同向变化。股份公司的经营状况是股票价格的基石，公司经营状况的好坏是影响股价变动的根本因素。公司的经营状况是由以下因素来决定的：公司资产净值、盈利水平、公司的股利政策、增资和减资、销售收入、原材料供应及价格变化、主要经营者更替、公司改组或合并以及意外灾害。

（2）外部因素。这是影响股票价格的重要因素。它包括宏观经济因素、中观经济因素以及市场因素。

宏观经济因素是股票市场的背景和后盾，也是影响股票价格的重要因素。作为市场经济"晴雨表"的股票交易价格，是在众多外部经济因素的影响下发生经常性变动的。宏观经济因素既包括商业周期波动这种单纯的经济因素，也包括政府经济政策及特定的财政金融行为等混合因素，如经济周期、财政收支状况、利率水平高低、货币政策、税收政策、物价水平等都会影响股价的变动。再如主要经济指标的变动，即国内生产总值、经济增长率、市场利率、通货膨胀、汇率变动、国际收支状况等指标，是对国民经济总体状况的反映，它无疑也会影响股票市场行情。

中观经济因素是指某一行业的经济状况对股票价格的影响，又称行业因素，主要包括行业生命周期、行业经济波动等因素。

市场因素是指证券市场上投资者对股票走势的心理预期会对股票价格的走势产生重要的影响。市场中的散户投资者往往有从众心理，对股市产生助长助跌的影响。

（3）政治性因素和投机性因素。这往往是导致股票交易价格暴涨暴跌的原因。国内外的政治形势、政治活动、政局变化、国家机构和领导人的更迭、国家政治经济政策与法律的公布或改变、国家或地区间的战争与军事行为等，都可以引起股票市场行情的变化，影响股票交易价格。

三、股票的理论价格

股票价格（Stock Market Price），也称作股票行市，通常是指在证券市场买卖股票的价格。股票有优先股和普通股之分，由于优先股是一种固定收入的证券，因而其价格的确定方法比较简单。而普通股的收益主要来源于企业的盈利和股息，它具有不确定性，受多种因素的影响，因而其价格确定比较复杂，有许多不同的计量模型或计算方法。下面介绍现金流贴现模型。

现金流贴现模型是应用收入的资本化方法来决定普通股票内在价值的方法。按照收入的资本化定价方法，任何资产的内在价值是由拥有资产的投资者在未来所接受的现金流所决定的。由于现金流是未来时期的预期值，因此必须按照一定的贴现率折现成现值。对股票来说，预期现金流就是预期未来支付的股息。因此，贴现现金流模型一般公式如下：

$$P = \frac{D_1}{(1+k)^1} + \frac{D_2}{(1+k)^2} + \cdots + \frac{D_\infty}{(1+k)^\infty} = \sum_{t=1}^{\infty} \frac{D_t}{(1+k)^t}$$

式中：P 为股票期初的内在价值；k 为贴现率；D_t 是时期 t 末的股息。

（一）零增长模型

零增长模型假定股息增长率等于零，即 g＝0，也就是说，未来的股息按一个固定数量支付。根据这个假定，我们用 D_0 来替换 D_t，得：

$$P = \sum_{t=1}^{\infty} \frac{D_0}{(1+k)^t} = D_0 \sum_{t=1}^{\infty} \frac{1}{(1+k)^t}$$

因为 $k > 0$，由此可得：

$$P = \sum_{t=1}^{\infty} \frac{D_0}{(1+k)^t} = \frac{D_0}{k}$$

式中：P 为股票期初的内在价值；k 为贴现率；D_0 是未来每期支付的股息。

［例5－2］

某股票的股利预期增长率为零，每股股票刚收到了 1.50 元的股息（按年付息），市场贴现率为 15%，则普通股的价值是多少？

P＝D/k＝1.50/0.15＝10.00（元）

（二）固定增长模型

固定增长模型（Constant Growth Model）是假定股息永远按不变的增长率增长，这样一来就可以建立固定增长模型。假设时期 t 的股息为：

$$D_t = D_{t-1}(1+g) = D_0(1+g)^t$$

将 $D_t = D_0(1+g)^t$ 代入现金流贴现模型的一般公式得：

$$P = \sum_{t=1}^{\infty} \frac{D_0(1+g)^t}{(1+k)^t} = D_0 \sum_{t=1}^{\infty} \frac{(1+g)^t}{(1+k)^t}$$

如果 $k > g$，可得：

$$P = D_0 \frac{1+g}{k-g} = \frac{D_1}{k-g}$$

［例5－3］

某股票的股利预期增长率为 5%，每股股票刚收到了 1.50 元的股息（按年付息），市场贴现率为 15%，则该种普通股的价值是多少？

$D_1 = 1.50(1+0.05) = 1.575$（元）

$P = D_1/(k-g) = 1.575/(0.15-0.05) = 15.75$（元）

（三）分阶段增长模型

分阶段增长模型（Multi-Step Growth Model）有二阶段增长模型、三阶段增长模型等。下面主要介绍二阶段增长模型。二阶段增长模型假定在时间 L 以前，股息以 g_1 的速度增长；在时间 L 以后，股息以 g_2 的速度增长。这样就可以建立二阶段增长模型，公式如下：

$$P = \sum_{t=1}^{L} \frac{D_0(1+g_1)^t}{(1+k)^t} + \sum_{t=L+1}^{\infty} \frac{D_L(1+g_2)^{t-L}}{(1+k)^t}$$

$$= \sum_{t=1}^{L} \frac{D_0(1+g_1)^t}{(1+k)^t} + \frac{1}{(1+k)^L} \times \frac{D_{L+1}}{(k-g_2)}$$

其中，$D_{L+1} = D_0(1+g_1)^t \times (1+g_2)$

[例 5-4]

某股票在前 3 年的股利增长比率为 16%，在以后年度为 8%。每股股票刚收到 3.24 元的股息（按年付息），市场贴现率为 15%，则普通股的价值是多少？

首先，确定每年应得到的股利。

$D_0 = 3.24$

$D_1 = D_0(1+g_1)^1 = 3.24(1.16)^1 = 3.76$

$D_2 = D_0(1+g_1)^2 = 3.24(1.16)^2 = 4.36$

$D_3 = D_0(1+g_1)^3 = 3.24(1.16)^3 = 5.06$

$D_4 = D_3(1+g_2)^1 = 5.06(1.08)^1 = 5.46$

其次，确定现金流的现值。

$PV(D_1) = D_1(PVIF15\%, 1) = 3.76(0.870) = 3.27$

$PV(D_2) = D_2(PVIF15\%, 2) = 4.36(0.756) = 3.30$

$PV(D_3) = D_3(PVIF15\%, 3) = 5.06(0.658) = 3.33$

$P_3 = 5.46/(0.15-0.08) = 78$

$PV(P_3) = P_3(PVIF15\%, 3) = 78(0.658) = 51.32$

最后，计算所有现金流现值之和，得出内在价值。

$$P = \sum_{t=1}^{3} \frac{D_0(1+0.16)^t}{(1+0.15)} + \left[\frac{1}{(1+0.15)^n} \right] \left[\frac{D_4}{0.15-0.08} \right]$$

$P = 3.27 + 3.30 + 3.33 + 51.32$

$P = 61.22$（元）

（四）股票价格计算方法——市盈率估算法

市盈率（Price-Earnings Ratio），又称价格收益比或本益比，是每股价格除以每股税后净利润，其计算公式为：

$$市盈率 = \frac{每股价格}{每股收益}$$

市盈率估算法就是通过预估出股票的市盈率和每股收益，由公式计算出股票价格的方法。一般来说，对股票市盈率估计，主要有以下两种方法：①简单估计法。简单估计法是对评估公司处于同一行业、同等规模、竞争地位相当的公司，利用历史数据进行估计或由市场预期回报率的倒数法和市场规律决定法来估计出市盈率的方法。②回归分析法。回归分析法是利用回归分析的统计方法，通过考察股票价格、收益、增长、风险、货币的时间价值和股息政策等各种因素变动与市盈率之间的关系，得出能够最好解释市盈率与这些变量间的线性关系的方程，再根据这些变量的给定值对市盈率的大小进行预测的方法。

四、股票价格的修正——除息和除权

股份公司每年股利的分配方式有全部发放现金股息、全部派发股票股息或现金股息与股票股息搭配发放等。另外，公司为增资也会给股东优先认股权，此外公司需要办理除息和除权手续。以上这几种情况，都会使股票市场价格发生变动，除息和除权就是对股票价格的一种修正。

（一）除息

除息（Ex-Dividend）是指除去交易中股票领取股息的权利。当股份公司决定对股东发放现金股息时就要对股票进行除息处理。

1. 几个与除息相关的日期

从股份公司决定发放现金股息直至实际发放的一段日期中，为了确定具体发放对象，使派息工作顺利进行，必须规定几个与股息发放有关的日期。

（1）宣布日（Announcement Date）。在经过股东大会审议通过后，董事会宣布在将来某个具体日期发放股息，同时向股东们宣布股权登记日。

（2）派息日（Payment Date）。股东领取股息的时间，一般有一个时限范围。

（3）股权登记日。确认和登记交易中股票附有领取本次股息权利的日期。

（4）除息日（Ex-Dividend Date）。又叫除息基准日，是除去交易中股票领取股息权利的日期。

2. 除息基准价

为了保证股票交易的连续性和股票价格的公正性，必须对除息日的股票交易价格进行技术处理，把这一天的股票价格减去本次派发的现金股息，作为开盘指导价，也称除息基准价。除息基准价以公式表示为：

除息基准价＝除息日前一天收盘价－现金股息

由于对除息日当天的股票价格作了技术处理，除息日前一天的股票收盘价与除息日的开盘价之间会出现一个价格缺口，股票的含息越大，即本次发放的现金股息数额越大，价格缺口也越大。除息以后，股价可能向两个方向变动，若股价上涨并很快将除息后的缺口填满甚至超越，称填息；若股价不涨或上涨幅度有限，未能将缺口填满就转而下跌，称为贴息。

除息基准价仅是具有理论意义的参考价，除息日的开盘价可能高于或低于除息基准价，这要取决于投资者的预期和市场供求关系。

[例5—5]

某股份公司于某年5月26日召开股东大会，审议通过了公司上年度财务报告和盈利分配方案，并宣布8月15日发放每股1.50元的现金股息，同时规定8月8日为股权登记日，8月9日为除息日，即在8月9日以前买入股票的股东可以得到这次现金股息，在8月9日及以后买入股票则得不到本次股息。如果8月8日该股票的收盘价为每股16元，则除息报价应为14.50元。

（二）除权

除权（Ex-Right）是指除去交易中股票配送股的权利。当股份公司发放股票股息及对原有股东按一定比例配股时要对股票进行除权处理。

1. 与除权有关的几个日期

在股份公司决定对股东发放红股和配股的时候，为了确定具体发放对象，同样要规定几个有关的日期，即宣布日、股权发放日或配股日、股权登记日、除权日。其中除权日又叫除权基准日，是除去交易中股票取得本次送配股权的日子，除权日以前的股票称为含权股，除权日以后的股票称为除权股。

2. 取得股权的途径和方式

不考虑股东从二级市场买进股票的因素，股东直接从公司分配中取得新的股权的途径主要有三个：第一是股票股息，俗称红股。股票股息的资金来自公司当年税后净利，公司可以提取当年税后盈利的部分或全部以股票方式对全体股东进行分配，实现当年留存收益资本化减少现金流出的目的。第二是公积金转赠，当公司将累积的资本公积金和盈余公积金转为资本项目时，以送股的方式给股东回报。第三是增资配股，当公司为扩大业务或改善财务结构而增资配股时，股东可以按原有的持股比例以及较优惠的价格认购新股。

股东取得新股权的方式有以下几种：一是无偿方式，即送红股；二是有偿方式，即增资配股；三是有偿无偿搭配方式，即公司既送红股又进行现金增资配股；四是连息带权方式，可有现金股息加送股、现金股息加配股、现金股息加送配股。

除权基准价是以除权前一日该股票的收盘价除去当年所含股息的股权。除权基准价同样是一种开盘指导价，除权日的开盘价可能等于、也可能高于填权；反之，称为贴权。

除权报价的计算不像除息报价那样简单，它因股份公司送配新股权的方式不同而有以下几种情况。

（1）无偿送股方式。

$$除权基准价 = \frac{除权日前一天收盘价}{1 + 无偿送股率}$$

[例 5－6]

某股份公司本年度以每 10 股送 5 股的比例向全体股东派发红股，8 月 19 日为除权日，除权日前一个营业日 18 日的收盘价为 16 元，则：

$$除权基准价 = \frac{16}{1 + 0.5} = 10.67（元）$$

（2）有偿增资配股方式。

$$除权基准价 = \frac{除权日前一天收盘价 + 新股每股配股股价 \times 新股配股率}{1 + 新股配股率}$$

[例 5－7]

某公司向现有股东按每 10 股配 3 股的比例进行配股，配股价为每股 4.00 元。8 月 19 日为除权日，8 月 18 日该股票收盘价为 16.00 元，则：

$$除权基准价 = \frac{16.00 + 4.00 \times 0.3}{1 + 0.3} = 13.23（元）$$

（3）无偿送股与有偿配股搭配方式。

$$除权基准价 = \frac{除权日前一天收盘价 + 新股每股配股股价 \times 新股配股率}{1 + 新股配股率 + 无偿送股率}$$

[例 5－8]

某公司的分配方案为按每 10 股送 5 股和每 10 股配 3 股的比例向全体股东送配股，配股价为每股 4.00 元。8 月 19 日为除权日，19 日该股票收盘价为 16.00 元，则：

$$除权基准价 = \frac{16.00 + 4.00 \times 0.3}{1 + 0.5 + 0.3} = 9.56（元）$$

（4）连息带权搭配方式。按照惯例，公司除息安排在除权之前，所以除息除权要单独进行，但有的公司为求简便，将除息除权合并在一天进行，因此需要计算除息除权报价。连息带权搭配分为现金股息与送红股搭配、现金股息与增资配股搭配、现金股息与送配股搭配三种。下面列出一个总的计算公式，若在公司分配方案中不包含某一项内容，可将该项定为零。

$$除权基准价 = \frac{除权日前一天收盘价 - 现金股息 + 新股每股配股股价 \times 新股配股率}{1 + 新股配股率 + 无偿送股率}$$

[例 5－9]

某公司按每 10 股送现金股息 10 元、送红股 5 股的比例向全体股东派发股息和红股，向公司现有股东按 10 股配 3 股的比例进行配股，配股价为 4.00

元。8 月 19 日为除息除权日，8 月 18 日该股票收盘价为 16.00 元，则：

$$除权基准价 = \frac{16.00 - 1.00 + 4.00 \times 0.3}{1 + 0.5 + 0.3} = 9.00（元）$$

第五节　股票价格指数

一、股票价格指数的作用

在股票交易市场上，有成千上万种股票在进行不断的买进卖出，股票价格各不相同，价格种类又多种多样——卖出价、买入价、最低价、最高价、开盘价、收盘价，股票价格水平此起彼落，变幻不定。在瞬息万变的股票交易市场中，用一种股票价格的变化是无法说明整个股市的情况的，因此需要有一个总的尺度标准来衡量股市价格的涨落。而股票价格指数反映了股票市场的整体变化，于是股票价格指数的概念就在股票市场的发展中产生了。用股票价格的平均数的指标来衡量整个股票市场的发展趋势，从而有利于投资者进行投资决策和观察、分析经济形势。

股票价格指数（Stock Price Index）能及时全面地反映市场上股票价格水平的变动，从它的上涨或下跌，可以看出股票市场变化的趋势，同时也能从一个侧面灵敏地反映国家经济、政治的发展变化情况。股票价格指数的作用远远超过一般统计数字。一般认为股票价格指数上涨时，经济、政治形势看好；指数下跌时，经济、政治形势往往不妙。因此，认真研究股票价格指数，对于投资者进行股票投资，对于投机者买卖股票获利，对于政府官员、研究人员研究一个国家经济发展的现状和趋势，都具有很重要的意义。

二、股票价格指数的编制方法

各种股价指数的计算方法虽有不同，但不外乎都运用了如下的三种方法，它总括了股票指数所有的计算方法。这三种方法是：简单算术平均数法、加权算术平均数法和调整算术平均数法。

1. 简单算术平均数法

它是从股票市场上选定几十种或几百种有代表性的股票，作为所有股票的样本，将其市场收盘时的市价相加，再用抽样股票数来除，得到该时期的价格水平，将各个时期的价格水平相对比就可以求得简单算术平均数股价指数。其计算公式为：

$$m = \frac{\sum\limits_{i=1}^{n} P_i}{n}$$

式中：m 为股价平均数，P_1，P_2，…，P_n 为各抽样股票的收盘价格，n 为抽样股票数，$\sum$ 为各种股票的价格总和。

[例 5－10]

抽样获得的股票为 A、B、C、D、E 五种，在某一交易日的收盘价分别为 10 元、35 元、20 元、25 元和 15 元，则它们的简单算术平均数为：

$$m = \frac{\sum\limits_{i=1}^{5} P_i}{n}$$

$$= (10+35+20+25+15) / 5 = 21 （元）$$

这样算出的是某个时期的股票价格平均数。各个时期的价格水平是不一样的，将各个时期的价格水平相对比就可以求得简单算术平均数的股价指数，其计算公式为：

$$I = \frac{1}{n} \sum\limits_{i=1}^{n} \frac{P_{1i}}{P_{0i}}$$

式中：P_{0i} 为基期第 i 种股票的价格，P_{1i} 为报告期第 i 种股票的价格，I 为股票价格指数，其他符号的含义与上述公式相同。

[例 5－11]

以例 5－10 的数值为报告期的价格，分别为 $P_1 = 20$ 元、$P_2 = 45$ 元、$P_3 = 25$ 元、$P_4 = 30$ 元、$P_5 = 40$ 元，基期的价格分别为 $P_{01} = 10$ 元、$P_{02} = 35$ 元、$P_{03} = 20$ 元、$P_{04} = 25$ 元、$P_{05} = 15$ 元，如 $I = \frac{1}{n} \sum\limits_{i=1}^{n} \frac{P_{1i}}{P_{0i}}$

将其数值代入公式得：

$$= 1/5 [(20/15) + (45/35) + (25/20) + (30/25) + (40/15)]$$

$$= 1.5471 \text{ 或 } 154.71\%$$

计算结果表明，报告期的股价是基期股价的 154.71%，股价上升了 54.71%。

在计算不同时期的股价指数时，一定要采用同一的价格单位。这样，各个时期的价格指数才具有可比性。例如，上例的计算单位为元，那么，今后任何时候计算这个指数时都应以元为计价单位，以保证指数的可比性。

2. 加权算术平均数法

它是以每种已发行的股票数量作为权数的加权算术平均数。一种股票价格指数中包含着若干种股票，有的股票在市场上的发行量大，而有的发行量则小。发行量大对股票的影响就大，反之就小。但用简单算术平均数法计算股价指数时反映不出这一点，因为计算时考虑的只是股票的价格。为了解决这个问题，就应该考虑采用加权算术平均数法来计算股价指数。这个指数不仅考虑了股票价格的因数，而且考虑到了发行量这个具有权衡轻重的因数。例如，上海证券交易所股票价格指数就是采用这种方法计算出来的。用这种方法计算出来的股价平均数，通常把当时的发行量作为权数，其计算公式为：

$$m = \frac{\sum_{i=1}^{n} P_i Q_i}{\sum_{i=1}^{n} Q_i}$$

式中：m 为股价平均数，P_i 为各种股票的价格，Q_i 为各种股票的发行量。

[例 5—12]

例 5—11 中，报告期的发行量分别为 A＝200 股、B＝250 股、C＝220 股、D＝190 股、E＝360 股，而价格分别为 A＝10 元、B＝35 元、C＝20 元、D＝25 元、E＝15 元，则代入上面公式得：

$$m = \frac{\sum_{i=1}^{n} P_i Q_i}{\sum_{i=1}^{n} Q_i}$$

$$= (10 \times 200 + 35 \times 250 + 20 \times 220 + 25 \times 190 + 15 \times 360) / (200 + 250 + 220 + 190 + 360)$$

$$= 20.7377 （元）$$

上述计算的是加权算术平均数，而不是加权算术平均数股价指数。如果要计算股价指数，只需将报告期的平均数除以基期的平均数就行。但这里如采用权数的基准不同，就可以得出两种不同的股价指数。

(1)以基期成交量或上市量为权数的计算方法称为拉斯拜尔法 (Laspeyre's Weighted Aggregative Method)。其计算公式为：

$$I = \frac{\sum P_1 Q_0}{\sum Q_0} / \frac{\sum P_0 Q_0}{\sum Q_0} = \frac{\sum P_1 Q_0}{\sum P_0 Q_0}$$

(2)以报告期成交股数（或上市量）为权数的计算方法则称为派许法 (Parshall's Weighted Aggregative Method)。其计算公式为：

$$I = \frac{\sum P_1 Q_1}{\sum Q_1} / \frac{\sum P_0 Q_1}{\sum Q_1} = \frac{\sum P_1 Q_1}{\sum P_0 Q_1}$$

式中：Q_0、Q_1 分别表示基期和报告期成交股数（或上市量）。

拉斯拜尔法偏重于基期的交易量（或上市量），而派许法则偏重于报告期的交易量（或上市量）。目前世界上大多数股价指数都是通过派许法计算出来的，属于派许指数。只有德国法兰克福证券交易所的股价指数是用拉斯拜尔法计算出来的，属于拉斯拜尔指数。

3. 调整算术平均数法

为了克服在拆股时平均数发生不合理下降的现象，有必要用调整的方法来计算算术平均数。

[例 5－13]

当某种股票发生拆股时，会导致平均数发生不合理的下跌。仍以例 5－12 为例，价格分别为 A＝10 元、B＝35 元、C＝20 元、D＝25 元、E＝15 元。当 C 股以 1 股拆为 2 股时，股价要从 20 元调整为 10 元（即 20/2＝10 元）。这时其平均数就成为 19 元［即（10＋35＋10＋25＋15）/5＝19 元］。也就是说，在影响股价变动的因数之间仅仅由于 C 股拆股技术上的变化，会导致股价平均数从 21 元下降为 19 元，这显然是违背事实的。因此，出现拆股时，股价平均数必须调整。

调整的办法一般有两种，即股价调整法和除数修正法。

（1）股价调整法。它是指将拆股后的股价还原为拆股前的股价。如下面公式中第 i 项的股票发生拆股，在拆股前该种股票价格为 P_1，拆股后新增的股份数为 S，股价为 P_1'，则调整后的股价平均数计算公式为：

$$m = \frac{1}{n}\left[(1+S)\,P_1' + P_2 + \cdots + P_n\right]$$

上例的计算结果为：

m＝1/5［10＋35＋（1＋1）×10＋25＋15］＝21（元）

计算结果表明，调整后的股价平均数就不会因为拆股而导致股价的下跌了。

（2）除数修正法。它是将原来的股票总数 n 这个除数调整为新的除数 n′，借以修正平均数所发生的偏差。新的除数计算公式为：

新除数（n′）＝拆股后的股票价格总数/拆股前即旧的股票价格平均数

m＝拆股后即新的股票价格总数/n′

将上例数据代入上述公式得：

n′＝（10＋35＋10＋25＋15）/21＝4.52381

m＝（10＋35＋10＋25＋15）/4.52381＝21（元）

运用除数修正法进行计算，股价水平也就不会因为拆股而发生变化了。

三、世界上几种权威性的股价指数

目前世界范围影响最大、最具有代表性的股价指数有以下几种。

（一）道·琼斯工业平均股价指数（The Dow Jones Industrial Average）

道·琼斯股价指数是目前人们最熟悉、历史最悠久、权威性最大的一种股价指数。它是由美国道·琼斯公司的创办人查理斯·道在 1884 年开始编制的。最初只包括 11 种成份股，采用最简单的算术平均法计算，1928 年对计算方法进行了调整。调整后的指数以 1928 年 10 月 1 日为基期，计算方法也由原来的算术平均法改为除数修正法，即不是直接用基期的股价平均数作除数，而是先根据成份股为变动情况计算出一个新除数，然后用该除数除报告期股价总额，得出新的股价指数。

目前，道·琼斯工业平均股价指数共分四组：第一组是工业平均数，由 30 种具有代表性的大工业公司的股票组成；第二组是运输业 20 家铁路公司的股票价格指数；第三组是 15 家公用事业公司的股价指数；第四组为综合指数，是用前三组 65 种股票进行计算得出的指数。目前常用的道·琼斯指数指的是道·琼斯工业平均数。

（二）美国芝加哥标准普尔 500 种指数（Standard and Poor's 500 Index）

标准普尔股价指数是由标准普尔公司 1957 年开始编制的。最初的成份股由 425 种工业股票、15 种铁路股票和 60 种公用事业股票组成。从 1976 年 7 月 1 日开始，其成份股改由 400 种工业股票、20 种运输业股票、40 种公用事业股票和 40 种金融业股票组成。它采用加权平均法进行计算，以 1941 年至 1942 年为基期，以股票上市量为权数，按基期进行加权计算。

标准普尔股价指数的特点是：①成份股包括的股票种类比较全面，是根据纽约证交所中大约 90% 的普通股股价计算出来的，具有较好的代表性。②考虑了许多影响股价变动的因数。③采用加权平均法进行计算，精确度较高，比较合理地反映了股市的走势，并且具有较好的连续性。

（三）美国纳斯达克（NASDAQ）指数（National Association of Securities Dealers Automatic Quotations）

纳斯达克是美国证券交易商协会于 1968 年着手创建的自动报价系统名称的英文简称。纳斯达克的特点是收集和发布场外交易非上市股票的证券商报价，它现已成为全球最大的证券交易市场。目前的上市公司有 5200 多家。纳斯达克又是全世界第一个采用电子交易的股市，它在 55 个国家和地区设有 26 万多个计算机销售终端。

纳斯达克指数是反映纳斯达克证券市场行情变化的股票价格平均指数，基本指数为 100。纳斯达克的上市公司涵盖所有新技术行业，包括软件和计算机、电信、生物技术、零售和批发贸易等。世人瞩目的微软公司便是通过纳斯达克上市并获得成功的。1971 年 2 月 8 日，纳斯达克股市建立，最初的指数为 100。

（四）英国金融时报工业普通股票指数（Financial Times Industrial Ordinary Index）

它是由英国《金融时报》于 1935 年开始编制的一种股份指数，其成份股由在伦敦股票交易所上市的具有代表性的 30 家工业公司的股票构成。它最初是以 1935 年 7 月 1 日为基期，后来调整为以 1962 年 4 月 10 日为基期，基期的股价指数为 100，采用几何平均法计算。该指数的特点是能即时反映伦敦股市的走势。

（五）日本经济新闻道式股价指数（Nikkei 225 Index）

东京证券交易所重建于第二次世界大战以后，1950 年开始模仿美国道·琼斯股票价格指数编制自己的股价指数，1975 年 5 月日本经济新闻社正式向道·琼斯公司买进商标，将自编指数定名为日本道式平均股票价格指数，包括在东京证交所上市的 225 种股票。

东京证券交易所使用的另一个股票指数是 1969 年编制的包括 250 种有代表性股票的加权平均股价指数，以 1968 年 1 月 4 日为基础，定基期指数为 100。

（六）香港恒生股票指数（Hang Seng Index）

恒生指数是由香港恒生银行于 1969 年 11 月 24 日开始编制的一种股票价格指数。其成份股由在香港上市的比较有代表性的 33 家公司的股票构成，其中金融业 4 种、公用事业 6 种、地产业 9 种、其他行业 14 种。恒生指数最初是以 1964 年 7 月 31 日为基期，采用加权平均法进行计算的。后由于技术原因改为以 1984 年 1 月 13 日为基期，基期指数为 975.47。恒生指数是反映香港政治、经济和社会状况的最为重要的参考标准。

四、上海证券交易所股价指数

1. 指数系列

上海证券交易所股价指数系列共包括 3 类 10 项指数，其中最有影响的是上证综合指数。

第一类，样本指数类（即成份股指数）：①上证 180 指数。②上证 50 指数。

第二类，综合指数类：①上证综合指数。②上证 A 股指数。③上证 B 股指数。

第三类，分类指数类：①上证工业类指数。②上证商业类指数。③上证房地产业类指数。④上证公用事业类指数。⑤上证综合企业类指数。

2. 基日、基期（除数）与基期指数

上证指数系列均以"点"为单位。

（1）上证 180 指数，对原上证 30 指数进行了调整并更名而成的，其样本股是在所有 A 股股票中抽取最具市场代表性的 180 种样本股票，自 2002 年 7 月 1 日起正式发布。以 1996 年 1 月至 3 月的平均流通市值为基期，基期指数定为 1000 点。

（2）上证 50 指数，以 2003 年 12 月 31 日的平均流通市值为基日，基点为 1000 点，自 2004 年 1 月 2 日正式发布。

（3）上证综合指数，以 1990 年 12 月 19 日为基日，以该日所有股票的市价总值为基期，基期指数定为 100 点，自 1991 年 7 月 15 日起正式发布。

（4）上证 A 股指数，以 1990 年 12 月 19 日为基日，以该日所有 A 股的市价总值为基期，基期指数定为 100 点，自 1992 年 2 月 21 日起正式发布。

（5）上证 B 股指数，以 1992 年 2 月 21 日为基日，以该日所有 B 股的市价总值为基期，基期指数定为 100 点，自 1992 年 2 月 21 日起正式发布。

（6）分类指数类指数，以 1993 年 4 月 30 日为基日，以该日相应行业类别所有股票的市价总值为基期，基期指数统一定为 1358.78（该日上证综合指数收盘值），自 1993 年 6 月 1 日起正式发布。

3. 计算范围

（1）纳入指数计算范围的股票称为指数股。纳入指数计算范围的前提条件

是该股票在上海证券交易所挂牌上市。

（2）上证 180 指数的样本股是在所有 A 股股票中抽取最具市场代表性的 180 种样本股票。

（3）上证 50 指数的样本股是在上证 180 指数样本股中抽取最具市场代表性的 50 种样本股票。

（4）综合指数类的指数股是全部股票（A 股和 B 股）。全部股票（A 股和 B 股）用于计算上证综合指数，全部 A 股用于计算上证 A 股指数，全部 B 股用于计算上证 B 股指数。

（5）分类指数类是相应行业类别的全部股票（A 股和 B 股）。

4. 选样原则

（1）上证 180 指数样本股的资格，根据以下原则确定：行业代表性、流通市值的规模、交易活跃的程度、财务状况和经营业绩、地区代表性。在同等条件下，优先考虑下述股票：股本规模较大的股票、成长性较好的股票、已发行 H 股或 B 股的股票。

定出符合资格的股票后，再根据以下原则作出最终评选：行业分布、地区分布、流通市值排名、成交金额排名。

（2）上证 180 指数样本股的调整方法。

上证 180 指数的样本股将根据市场情况，由专家委员会按照样本稳定与动态跟踪相结合的原则适时调整。样本股调整的程序为：根据股票的市场交易情况，结合上市公司的财务状况和经营业绩，由上证指数编制小组提出初步的调整名单，经专家委员会审核，决定是否调整并确定最终的调整名单。

5. 计算公式

（1）上证指数系列均采用派许加权综合价格指数的基本公式计算，即以指数股报告期的股本数作为权数进行加权计算。

（2）指数的权数。上证 180 指数：股本数取样本股的流通股数，总市值取流通市值。其中：

流通市值 $= \sum$（样本股股价 × 样本股流通股数）

综合指数类和分类指数类：样本股取指数股的发行股数，总市值取市值总值。其中：

市值总值 $= \sum$（指数股股价 × 指数股发行股数）

（3）B 股价格单位。指数股中的 B 股在计算上证 B 股指数时，价格采用美元计算；在计算其他指数时，价格按适用汇率（中国外汇交易中心每周最后一个交易日人民币兑美元的中间价）折算成人民币。

五、深圳证券交易所股价指数

1. 指数种类

深圳证券交易所股价指数共有 3 类 14 项，其中最有影响的是深证成份指数。

第一类：综合指数类，包括深证综合指数、深证 A 股指数、深证 B 股指数。

第二类：成份股指数类，包括深证成份指数、成份 A 股指数、深证 100 指数、成份 B 股指数。成份 A 股指数又分为：工业分类指数、商业分类指数、金融分类指数、地产分类指数、公用事业指数、综合企业指数。

第三类：中小板指数。

2. 基日与基日指数

（1）深证综合指数以 1991 年 4 月 3 日为基日，1991 年 4 月 4 日开始发布。基日指数为 100。

（2）深证 A 股指数以 1991 年 4 月 3 日为基日，1992 年 10 月 4 日开始发布。基日指数定为 100。

（3）深证 B 股指数以 1992 年 2 月 28 日为基日，1992 年 10 月 6 日开始发布。基日指数定为 100。

（4）成份指数以 1994 年 7 月 20 日为基日，1995 年 1 月 23 日开始发布。基日指数定为 1000。

（5）深证 100 指数以 2002 年 12 月 31 日为基日，2003 年 1 月 2 日开始发布。基日指数定为 1000。

（6）中小板指数以 2005 年 6 月 7 日为基日，2005 年 12 月 1 日开始发布。基日指数定为 1000。

3. 计算范围

（1）纳入指数计算范围的股票称为指数股。

（2）综合指数类的指数股是深圳证券交易所上市的全部股票。全部股票均用于计算深证综合指数，其中的 A 股用于计算深证 A 股指数，B 股用于计算深证 B 股指数。

（3）成份股指数类的指数股（即成份股）是从上市公司中挑选出来的 40 家成份股。成份股中所有 A 股和 B 股全部用于计算深证成份指数，其中的 A 股用于计算成份 A 股指数，B 股用于计算成份 B 股指数。成份股按其行业归类，其 A 股用于计算行业分类指数。

4. 成份股选取原则

纳入成份股指数类计算范围的成份股的一般选取原则是：

（1）有一定的上市交易日期。为了考察上市股票的市场表现和代表性，需要股票有一定的上市交易日期。

（2）有一定的上市规模。以每家公司一段时期内的平均流通市值和平均总市值作为衡量标准。

（3）交易活跃。以每家公司一段时期内的总成交金额作为衡量标准。

根据以上标准定出初步名单后，再结合下列各项因素评选出 40 家上市公司（同时包括 A 股和 B 股）作为成份股，计算深证成份指数。

（1）公司股份在一段时间内的平均市盈率。

（2）公司的行业代表性及所属行业的发展前景。

（3）公司近年的财务状况、盈利记录、增长展望及管理素质等。

（4）公司的地区代表性等。

5. 计算方法

（1）综合指数类和成份股指数类均为派许加权价格指数，即以指数股的计算日股份数作为权数，采用连锁公式加权计算。

（2）两类指数的权数：综合指数类是指股份数为全部上市公司的总股份数，成份股指数类是指股份数为成份股的可流通股本数。

（3）指数股中的 B 股用外汇平均汇率将港币换算为人民币，用于计算深证综合指数和深证成份指数。深证 B 股指数和成份 B 股指数仍采用港币计算。

此外，出上海证券交易所和深圳证券交易所联合编制的沪深 300 指数于 2005 年 4 月 8 日正式发布。沪深 300 指数样本股全是 A 股，首次发布的样本股中沪市 179 只，深市 121 只，并且定期调整样本股。在沪深 300 指数的编制方式上更注重流动市值的覆盖率、流动性特征、与现有市场指数相关性以及业绩优质股票等方面。

第六节　认股权证

（一）认股权证的定义

认股权证，又称"认股证"或"权证"，其全称为股票认购授权证，其英文名称为 Warrant，故在香港又俗译"涡轮"。在证券市场上，Warrant 是指一种具有到期日及行使价或其他执行条件的金融衍生工具。而根据美国证券交易所的定义，Warrant 是指一种以约定的价格和时间（或在权证协议里列明的一系列期间内分别以相应价格）购买或者出售标的资产的期权。认股权证实质上是一种股票的长期看涨期权（买入期权）。

（二）认股权证的要素

认股权证包括认股数量、认股价格和认股期限三要素。

1. 认股数量

认股数量是指认股权证认购股份的数量，它可以用两种方式约定：一是确定每一种单位认股权证可以认购普通股的数量，二是确定每一单位认股权证可以认购普通股的金额。

2. 认股价格

认股权证在发行时，发行公司就要确定其认股价格。认股价格的确定，一般在认股权证发行时该公司普通股票价格的基础上浮 10%～30%。如果出现公司股份增加或减少等情况，一般要对认股权证的认股价格进行调整。

3. 认股期限

认股期限是指认股权证的有效期。在有效期内，认股权证的持有人可以随时认购股份；超过期限，认股权自动失效。认股期限的长短因不同国家、不同地区以及不同市场而差异很大，主要根据投资者和股票发行公司的要求而定。一般来说，认股期限多为 3～10 年。认股期限越长，其认股价格就越高。

（三）认股权证的发行

认股权证一般采取共同发行和单独发行两种方式，共同发行是最常见的方式。

共同发行是发行人在发行优先股份或公司债券时对投资者发行认股权证的方式。由于投资者认购认股权证无须支付认购款项，从而可增强公司优先股份或债券对投资者的吸引力。共同发行的认股权证将随优先股份或债券凭证一同给予认购者，在无纸化交易制度下，认股权证将随优先股份或债券一并由中央登记结算公司划入投资者账户。

单独发行认股权证与优先股份或债券的发行没有内在的联系。而是发行人对老股东的一种回报，按老股东的持股数量以一定比例发放。

（四）认股权证的交易

认股权证的交易既可以在交易所内进行，也可以在场外交易市场上进行，交易方式与股票类似。如：认股权证的最低交易量为一手，有买入价和卖出价，交易双方要支付佣金、印花税、交易证费和特别证费，在交易后 24 小时内交割。

认股权证交易中最常见的价格是认股权证行使价，它是指一认股权证换取普通股的成本价。计算公式为：

$$行使价 = \frac{认股权证的市价 \times 每手认股权证的数目}{每手认股权证可换的普通数目} + 认股价$$

（五）认股权证的价值

1. 内在价值

认股权证的内在价值是指持有认股权证的潜在收益，它与发行人的普通股票价格与认股权证的认购价格之间的差价相关。认股权证内在价值的计算公式为：

V＝（P－E）×N

式中：V——认股权证的内在价值。

P——公司发行的每股普通股的市场价格。

E——认股权证的每股普通股的认购价格。

N——换股比例，即每张认股权证可购买的普通股票数量。

由上式可以看出，影响认股权证价值的因素主要有：

（1）普通股的市价。市价高于认购价格越多，认股权证的价值越大；市价波动幅度越大，市价高于认购价格的可能性越大，认股权证的价值就越大。

（2）剩余有效期间。认股权证的声誉有效期间越长，市价高于认购价格的可能性越大，认股权证的价值也越大。

（3）换股比例。认股权证的换股比例越高，其价值越大；反之，则越小。

（4）认股价格。认股价格越低，认股权证的持有者为换股而付出的代价就越小，而普通股市价高于认股价格的机会就越大，因而认股权证的价值也就越大。

2. 投资价值

从认股权证内在价值的决定看，如果普通股的市价高于或等于认股价格，则认股权证的内在价值就可能等于零；当普通股的市价低于认股价格时，认股权证的内在价值小于零，但它的市场价格仍可能大于零，因为认股权证本身还有投机价值。这就是说，普通股的市价低于认股价格的现象只是暂时的，只要认股权证没有到期，普通股的价格就仍有超越认股价格的机会，其内在价值就会大于零。

另外，认股权证也有杠杆作用，即认股权证价值的变化幅度大于股价的涨跌幅度，这也是其投机价值的一种表现。

[例 5—14]

上海宝山钢铁股份有限公司（600019）发行认股权证进行股权分置改革对价支付，其普通股票每股市价是 4.62 元，认股权证（580000）的购股价格为 4.50 元，每张认股权证可以购买 1 股普通股票。计算确定认股权证理论价值是多少？

宝山钢铁股份有限公司认股权证理论价值是：

$$V = (P-E) N$$
$$= (4.62-4.50) \times 1$$
$$= 0.12 （元）$$

如果普通股市价低于其执行价格，认股权证的理论价值为负数，但在此时，认股权证的持有者不会行使其认股权。所以，当出现这种情况时，设定认股权证的理论价值为零。

通常情况下，认股权证的理论价值是出售认股权证的最低价值，即底价。如果认股权证的市场价格低于其理论价值，则套利行为就会产生，即购入认股权证，凭证购买股票，再将买来的股票抛售出去。当套利行为大量发生时，套利的最终收益应等于零。

案例分析

（一）竞价过程中最终发行价格的确定办法举例。[①]

1. 假设：某发行人（公司）

（1）拟发行 A 股 5000 万股。

（2）主承销商与发行人协商发行底价为 10 元/股。

（3）事先确定并公告的扣除比例为 10%。

（4）事先确定并公告的申购倍率为 90 倍。

2. 实际申购统计数据

（1）申购总金额 1000 亿元。

（2）申购价格区间为 10～20 元/股。

（3）自最高申购价 20 元向下累计至 100 亿元申购量（占申购总量的 10%）时的价位为 18 元/股。

---

① 资料来源：《新股发行上网竞价方式指导意见》。

（4）中位价为 15 元。

（5）算术平均价为 16 元。

（6）加权平均价为 14 元。

（7）自最高申购价 20 元向下累计至刚好满足 5000 万股发行量时的申购价格为 19 元/股。

（8）申购价格分布如下：

低 14　15　16　17　18　19　20 高

因此，实际发行价格与新股配售情况如下：

1）申购倍率改进法：在扣除 10％ 高价申购之后，经过统计在 12～18 元之间（含临界价格）的实际申购量总额为 45 亿股，达到确定的申购倍率 90 倍。则报价在 12～18 元的所有申购者均按 1/90≈1.11％ 的相同比例配售新股，发行价格为 12 元/股。

2）基准价格法——中位价格法：按照前述规则，以中位价格 15 元为中心，以 0.10 元为单位向上下对称移动扩大价格区。当价格区间达到 14.20～15.80 元（含临界价格）时，刚好满足 5000 万股发行量。则发行价格确定为 14.20 元/股，申购价格在 14.20～15.80 元的所有申购者均按其实际申购数量配售新股。

3）基准价格法——算术平均价格法：按照前述规则，以算术平均价格 16 元为中心，以 0.10 元为单位向上下对称移动扩大价格区。当价格区间达到 15.10～16.90 元（含临界价格）时，刚好满足 5000 万股发行量。则发行价格确定为 15.10 元/股，申购价格在 15.10～16.90 元的所有申购者均按其实际申购数量配售新股。

4）基准价格法——加权平均价格法：按照前述规则，以中位价格 14 元为中心，以 0.10 元为单位向上下对称移动扩大价格区。当价格区间达到 13.30～14.70 元（含临界价格）时，刚好满足 5000 万股发行量。则发行价格确定为 13.30 元/股，申购价格在 13.30～14.70 元的所有申购者均按其实际申购数量配售新股。

5）完全竞价法：发行价格最后确定为 19 元/股，所有申购价格在 19 元以上的（含临界价格）申购者均按其实际申购数量配售新股。发行人实际募集资金超出资金需求 3.5 亿元，超出 58.33％，须公告这部分资金的投向。

思考问题：

（1）简述我国新股发行定价方式的发展沿革。

（2）简述影响股票发行价格的因素。

（3）简述我国股票发行定价的方式、过程。

（二）G 武钢（600005）2005 年 12 月 16 日每股 2.74 元收盘价，武钢认股权证 JTP1（580999）收盘价 0.988 元，武钢认购权证 JTB1（580001）收盘价 0.951 元为例，说明券商创设武钢两权证套利过程。

作业题

一、名词解释

股票　记名股票　不记名股票　有面额股票　无面额股票　普通股票　优先股票　国家股　法人股　公众股　外资股　票面价值　账面价值　清算价值　内在价值　股票价格　股票价格指数　除息　除权　认股权证

二、问答题

1. 股票有哪些基本特征？

2. 普通股股东有哪些基本权益？

3. 优先股与普通股有什么不同？优先股有什么作用？

4. 影响股票价格变动的因素有哪些？

5. 股票价格指数的编制方法有几种？它们各有什么特点？

6. 什么是除息？什么是除权？如何计算除息报价、除权报价、权值？

7. 简述上海证券交易所股价指数。

8. 简述深圳证券交易所股价指数。

三、单项选择题

1. 股票具有下列性质（　　）。

A. 有价证券、要式证券、证权证券、资本证券、综合权利证券

B. 有价证券、要式证券、证权证券、资本证券、物权证券

C. 有价证券、要式证券、设权证券、资本证券、综合权利证券

D. 有价证券、要式证券、设权证券、资本证券、债权证券

2. 记名股票和不记名股票的差别在于（　　）。

A. 股东权利　　　B. 股东义务　　　C. 出资方式　　D. 记载方式

3. 股票可能为投资者带来经济利益的损失，这是股票的（　　）特征。

A. 风险性　　　B. 收益性　　　C. 流动性　　　D. 参与性

4. 投资股票的收益来源于（　　）。

A. 买卖差价　　　B. 公司分红　　　C. 股息　　　D. 以上都是

5. 股票持有人有权参与公司重大决策的特性，属于股票的（　　）特征。

A. 风险性　　　B. 收益性　　　C. 流动性　　　D. 参与性

6. 股票是一种资本证券，它属于（　　）。

A. 实物资本　　　B. 真实资本　　　C. 虚拟资本　　　D. 风险资本

7. 股票的理论价格是指股票的(　　)。

A. 市场价格 　　　　　　　　　B. 投资者心理价格

C. 内在价值 　　　　　　　　　D. 票面价值

8. 股票的理论价值用公式表示是(　　)。

A. 预期股息/市场利率　　　　　B. 市场利率/预期股息

C. 市场价格/市场利率　　　　　D. 每股收益/市场利率

9. 每股净资产又称为股票的(　　)。

A. 票面价值 　　　B. 账面价值 　　　C. 清算价值 　　　D. 内在价值

10. 股票有不同分法，按照股东权益的不同可以分为(　　)。

A. 记名股票与不记名股票　　　B. 普通股票与优先股票

C. 有面额股票与无面额股票　　D. A 股与 B 股

11. 在上海证交所上市的股票中 B 股是以人民币标明面值的，以(　　)买卖的。

A. 人民币 　　　B. 美元 　　　C. 港元 　　　D. 欧元

12. 股票的市场价格主要由股票的内在价值所决定，同时也受许多其他因素影响，其中最直接的影响因素是(　　)。

A. 供求关系 　　B. 心理因素 　　C. 政策因素 　　D. 庄家炒作

13. 我国《公司法》规定，股票发行价格不能(　　)票面金额。

A. 高于 　　　B. 等于 　　　C. 低于 　　　D. 不等于

14. 股票的市场价格主要由股票的内在价值所决定，同时也受许多其他因素影响，其中最直接的影响因素是(　　)。

A. 供求因素 　　B. 心理因素 　　C. 政策因素 　　D. 庄家炒作

15. 对股东表决权的论述，不正确的是(　　)。

A. 普通股股东对公司重大决策参与权是平等的

B. 股东每持有一份股份，就有一票表决权

C. 对于各个股东来说，其表决权的数量视其购买的股票份数而定

D. 普通股股东只能自己出席股东大会，不得委托他人代为行使表决权

16. 深证综合指数(　　)。

A. 以 1992 年 2 月 28 日为基期 　　　B. 以全部 A 股为样本股

C. 以全部 B 股为样本股 　　　　　　D. 以全部上市股票为样本股

17. 上证成份指数不是(　　)。

A. 遵循规模、流动性、代表性三项指标选择样本股

B. 只有 30 样本股票

C. 以样本股的调整股本数为权数

D. 采用特许权综合价格指数公式计算

18. 深证成份股指数（　　）。

A. 从深证交易所所有 A 股股票中选取 40 家作为成份股

B. 从深证交易所所有上市公司中选取 40 家作为成份股

C. 以成份股的发行量为权数

D. 以成份股的成交量为权数

19. 我国最早的基金指数是（　　）。

A. 深证基金指数　　　　　　　　B. 上海基金指数

C. 沈证基金指数　　　　　　　　D. 新基金指数

20. 道·琼斯指数是一组（　　）平均数。

A. 重工业股价　　B. 轻工业股价　　C. 服务业股价　　D. 工业股价

四、多项选择题

1. 股票交易中的竞价方式主要有（　　）。

A. 口头竞价　　　B. 信函竞价　　　C. 书面竞价　　　D. 电脑竞价

2. 为了保证证券交易的（　　），证券交易所制定了交易原则和交易规则。

A. 公开　　　　　B. 充分　　　　　C. 公平　　　　　D. 公正

3. 每股股票所代表的实际资产的价值，可称为（　　）。

A. 内在价值　　　B. 账面价值　　　C. 每股净资产　　D. 股票净值

4. 股票收益包括（　　）。

A. 股息收入　　　B. 资本利得　　　C. 红利　　　　　D. 清算价值

5. 普通股股东的义务（　　）。

A. 遵守公司章程

B. 依其所认购的股份和入股方式缴纳股金

C. 除法律、法规规定的情形外不得退股

D. 必须参加每次股东大会

6. 下列关于股票的描述，正确的有（　　）。

A. 股票是一种有价证券

B. 股票是股份有限公司发行的凭证

C. 股票是证明投资者权益的凭证

D. 股票发行人定期支付利息并到期偿付本金

7. 目前，在中国沪深证券市场流通交易的股票包括（　　）。

A. A 股　　　　　B. B 股　　　　　C. H 股　　　　　D. N 股

8. 股票具有的特征包括（　　）。

A. 风险性　　　　B. 收益性　　　　C. 流动性　　　　D. 参与性

9. 投资股票的收益来源于（　　）。

A. 公司分红　　　　B. 买卖差价　　　　C. 资本增值　　　　D. 退还股本金

10. 股东权利包括（　　）。

A. 公司重大决策的参与权　　　　　　B. 公司盈余及剩余资产分配权

C. 优先认股权　　　　　　　　　　　D. 要求退还股票出资额的权利

11. 不标明票面金额的股票叫做（　　）。

A. 比例股票　　　　B. 无面额股票　　　　C. 特种股票　　　　D. 份额股票

12. 股票从性质来看有（　　）的性质。

A. 要式证券　　　　B. 设权证券　　　　C. 证权证券　　　　D. 资本证券

13. 证券投资者参与证券投资的目的有（　　）。

A. 获取高于银行利息的收益　　　　　B. 保值增值

C. 参与公司管理　　　　　　　　　　D. 赚取市场差价

14. 股票价格指数具有的功能有（　　）。

A. 指导资金流动的指挥棒

B. 从宏观上反映一个国家甚至全球范围内的经济活动状况

C. 从微观上反映企业生产经营状况是否正常

D. 当股票价格指数上涨时，股票市场对投资者就会越来越有吸引力

15. 股息的派发方式为（　　）。

A. 派发现金　　　　　　　　　　　　B. 派发股票

C. 送股的同时配股　　　　　　　　　D. 派送公司债

第六章 证券投资工具——债券

　　学习目标： 通过本章学习，了解债券的概念、性质和特征，掌握不同类型债券的不同特点，掌握债券的定价原理，了解债券的评级。

第一节　债券概述

一、债券的概念

　　债券（Bond）是一种有价证券，是社会各类经济主体为筹措资金而向债券投资者出具的承诺按一定利率定期支付利息，并到期偿还本金的债权债务凭证。

二、债券的性质

1. 债券属于有价证券

　　首先，债券反映和代表一定的价值。债券本身有一定的面值，通常它是债券投资者投入资金的量化表现。另外，持有债券可按期取得利息，利息也是债券投资者收益的价值表现。其次，债券预期代表的权利联系在一起，拥有债券也就拥有了债券所代表的权利，转让债券也就将债券代表的权利一起转移。

2. 债券是一种虚拟资本

　　债券尽管有面值，代表了一定的财产价值，但它也只是一种虚拟资本，而非真实资本。因为债券的本质是证明债权债务关系的证书，在债权债务关系建立时所投入的资金已被债务人所占用，债券是实际运用的真实资本的证书。债券的流动并不意味着它所代表的实际资本也同样流动，债券独立于实际资本之外。

3. 债券是债权的表现

债券代表债券投资者的权利，这种权利不是直接支配财产权，也不以资产所有权表现，而是一种债权。以公司为例，在某种意义上，财产所有人可以视作公司的内部构成分子，而债权人是与公司相对立的。债权人除了按期取得本息外，对债务人不能作其他干预。

三、债券的特征

1. 流动性

债券有规定的偿还期限，短则几个月，长则十几年甚至几十年，到期前不得兑付。但是，债券持有人在债券到期之前需要现金时，可以在证券交易市场上将债券卖出，也可以到银行等金融机构以债券为抵押获得抵押贷款。因此，债券具有及时转换为货币的能力，即流动性。

2. 收益性

债券持有者可以按规定的利息率定期获得利息收益，并有可能因市场利率下降等因素导致债券价格上升而获得债券升值收益。债券的这种收益是债券的时间价值与风险价值的反映，是对债权人暂时让渡资金使用权和承担投资风险的补偿。

3. 风险性

债券投资具有一定的风险，这种风险主要表现在三个方面。

（1）因债务人破产不能全部收回债券本息所遭受的损失。

（2）因市场利率上升导致债券价格下跌所遭受的损失。

（3）通货膨胀风险，由于债券利率固定，在出现通货膨胀时，实际利息收入下降。

当然，与股票投资相比，债券的风险较低，这是因为：

第一，债券的利率大都是固定的，除非企业破产。债权人的利息收入不受企业盈利状况的影响。

第二，为了确保债券的还本付息，各国在商法、财政法、抵押性公司债信托法、公司法及其他特别法中对此都有专门规定。

第三，债券的发行者须经过有关部门的严格选择，只有那些有较高信用度的筹资人才能获准发行债券。通常由中央和地方政府、公共团体及与政府有关的特殊法人发行的债券都能保障还本付息。由民间企业、公司发行的债券，只要投资者购买信用级别较高的债券，也较少有不能还本付息的可能。

4. 返还性

债券到期后必须还本付息。

债券的上述特征是债券投资所具有的优点，但这些优点不可能同时体现于一种债券上。一般来说，债券的风险性、收益性、流动性之间具有相互补偿的关系。如果风险小、流动性强，收益率则较低；反之，如果风险大、流动性差，收益率则相对较高。例如，国债的风险相对较小，其收益则低于很多安全性相对较差的公司债券。因此，投资人应该根据其投资目的、投资期限、财务状况、资金来源及其对市场的分析预测，有选择地进行投资，以期获得最佳投资效益。如果投资人准备进行长期投资，一般要选择安全性和收益性较好而流动性小的债券；相反，如果投资人准备进行短期投资，通常要选择流动性较好的债券，以便能在需要的时候及时变现。

四、债券的种类

债券的发行已有很长的历史，而且种类越来越多。根据不同的标准可有不同的分类方法，同一债券也可能归于不同种类。不同的分类如下：

（1）按债券发行主体不同，可分为政府债券、金融债券和公司债券等，这是最主要、最常用的分类方式。

1）政府债券：即一般所称"公债"，是政府为筹集资金面向投资者出据并承诺在一定时期支付利息和到期还本的债务凭证。

2）金融债券（Financial Bond）：银行和其他金融机构除吸收存款、发行大额可转让存单等方式吸收资金外，经特别批准，可以以发行债券方式吸收资金。这种由银行和金融机构发行的债券为金融债券。

3）公司债券：公司债券有广义和狭义之分，广义的公司债券泛指一般企业和股份公司发行的债券，狭义的公司债券仅指股份公司发行的债券。

公司债券（Corporate Bond）是企业筹措长期资金的重要方式，其期限较长，大多为 10～30 年。公司债券的风险相对较大，因此其利率一般高于政府债券和金融债券。公司债券的票面一般应载明：企业的名称、住所；债券的总额和每张债券的票面额；债券的票面利率；还本期限和方式；债券发行日期和编号；发行企业的印记和企业法定代表人的签章；审批机关批准发行的文号、日期；债券是否有担保等。

公司债券的种类繁多，按照不同的标准，可以把公司债券划分为不同的类别。

（2）根据偿还期限的长短，债券可以分为短期债券、中期债券、长期债券和可展期债券。但对具体年限的划分，不同的国家又有不同的标准。

1）短期债券（Treasury Bill）。一般来说，短期债券的偿还期为1年以下。如美国短期国库券的期限通常为3个月或6个月，最长不超过1年。英国的国库券通常为3个月。日本的短期国债为2个月。

2）中期债券（Treasury Note）。中期债券的偿还期为1～10年。如美国联邦政府债券中1～10年期的债券为中期债券。日本的中期附息票债券的期限为2～4年，贴现国债的期限为5年。中国发行的国库券大多为3～5年的中期债券。

3）长期债券（Treasury Bond）。长期债券的偿还期为10年以上。如美国联邦政府债券中的10～30年期债券为长期债券。日本的长期附息票债券的期限为10年。英国的长期金边债券为10年以上。在日本，偿还期在30年左右的债券则被称为超长期债券。

4）可展期债券。这是欧洲债券市场的债券种类之一。债券期满时，可由投资者根据事先规定的条件把债券的到期日延长，且可以多次延长。这种债券的期限一般较短。

（3）按照利息支付方式的不同，债券可分为单利债券、复利债券、贴现债券和累进利率债券。

1）单利债券（Simple Interest Bond）是指在计算利息时不管债券的期限长短，只按本金计算利息的债券。

2）复利债券（Compound Interest Bond）与单利债券相对应，是指计算利息时，按一定期限将所产生利息加入本金中再计算利息，逐期滚算的债券，复利债券包括了货币的时间价值。

3）贴现债券（Discount Bond）是指在票面上不规定利率，发行时按某一折扣率，以低于票面金额的价格发行，到期时仍按面额偿还本金的债券。

4）累进利率债券是指以利率逐年累进方法计息的债券。累进利率在偿付期内利率是可变的，并且是随着时间的推移而递增的，后期利率比前期利率高，成累进状态。

（4）按债券有无担保可以分为无担保债券和有担保债券两大类。

无担保债券亦称信用债券，指不提供任何形式的担保，仅凭筹资人信用发行的债券。政府债券属于此类债券。这种债券由于其发行人的绝对信用而具有坚实的可靠性。除此之外，一些公司也可发行这种债券，即信用公司债券。但为了保护投资人的利益，发行这种债券的公司往往受到种种限制，只有那些信誉卓著的大公司才有资格发行。此外，有的国家还规定，发行信用公司债券的公司还须签订信托契约，在该契约中约定一些对筹资人的限制措施，如公司不得随意增加其债务；在信用债券未清偿前，公司股东分红须有限制等。这些限制措施由作为委托人的信托投资公司监督执行。信用公司债券一般期限较短，利率很高。

有担保债券又可分为抵押债券、质押债券、保证债券等多种形式。

抵押债券，指筹资人为了保证债券的还本付息，以土地、设备、房屋等不动产作为抵押担保物所发行的债券。如果筹资人到期不能还本付息，债券持有人（或其受托人）有权处理抵押担保物作为抵偿。一般担保实物的现行价值总值要高于债券发行总额。抵押债券在现代公司债券中所占比例最大，是公司债券中最重要的一种。

质押债券，亦称抵押信托债券，指以公司的其他有价证券（如子公司股票或其他债券）作为担保发行的公司债券。发行质押债券的公司通常要将作为担保品的有价证券委托信托机构（多为信托银行）保管，当公司到期不能偿债时，即由信托机构处理质押的证券并代为偿债，这样就能够更有利地保障投资人的利益。在美国，这种债券被称为"抵押品信托债券"。以各种动产或公司所持有的各项有价证券为担保品而发行的公司债券统称为"流动抵押公司债券"或"担保信托公司债券"。

保证债券，指由第三者担保偿还本息的债券。担保人一般是政府、银行及公司等。

（5）根据债券是否记名可分为记名债券和无记名债券。

记名债券是载明债券持有人姓名的债券。债券持有人凭印鉴领取本息，需要转让时须向债券发行人登记过户。由于持券人须凭印鉴才能领取本息，因此可以防止冒领现象，且在债券被窃或遗失时，可向债券发行人挂失，减少请求补发债券的费用。这种债券转让时，受让人除了支付买卖手续费外，还需办理过户手续，并支付过户手续费，所以记名债券的流动性较差。

无记名债券是不预留债券持有人的印鉴的债券。无记名债券可以自由转让，转让时只需直接交付债券，不需要在债券上背书，因而流通较方便。但这种债券一旦遗失或被窃，不可挂失，所以投资风险大于记名债券。对个人发行的债券多采取无记名方式。

（6）按债券募集方式划分，可分为公募债券和私募债券。

公募债券是指按法定手续，经证券主管机构批准在市场上公开发行的债券，这种债券的认购者可以是社会上的任何人。发行者一般有较高的信誉，而发行公募债券又有助于提高发行者的信用度。除政府机构、地方公共团体外，一般企业必须符合规定的条件才能发行公募债券。由于发行对象是不特定的广泛分散的投资者，因而要求发行者必须遵守信息公开制度，向投资者提供各种财务报表和资料，并向证券主管部门提交有价证券申报书，以保护投资者的利益。各国法律对公募发行都有较严格的规定。

私募债券是指在指定范围内，向特定的对象发行的债券。私募债券的利率比公募债券高，发行的范围很小，一般不上市，发行者无须公布其财务状况。私募债券的流动性较差，其转让要受到很多限制。如日本对私募债券的转让规定了以下限制：日元债券在发行后的两年内不得转让；债券仅限于在同行业投资者之间转让；债券转让须事先取得发行者的同意。

（7）根据债券票面额所使用的货币种类的不同，可分为本币债券、外币债券、复货币债券、双重货币债券等。

本币债券是指在国内发行的以本国货币为面额的债券。

外币债券是以外国货币为面额在国内发行的债券。如以美元计价的债券称美元债券，以日元计价的债券称日元债券。

复货币债券是欧洲债券之一。这种债券还款时用一种货币，支付利息时用另一种货币。在通常情况下，这种债券的本金部分不受汇率变动影响，发行人只需对利率部分在远期外汇市场上进行套期保值。

双重货币债券指用一种货币发行，按固定的汇率用另一种货币支付利息的债券。在债券到期时，也可用另一种货币偿还本金。

（8）按债券本金的不同偿还方式，可分为偿债基金债券、分期偿还债券、通知（可提前）偿还债券、延期偿还债券、可转换债券、永久债券等。

偿债基金债券是指债券发行者在债券到期之前，定期按发行总额在每年盈余中按一定比例提取偿还基金，逐步积累。债券到期后，用此项基金一次偿还。由于这种债券对债券持有人有较可靠的还款保证，因此，对投资者很有吸引力。而且，这种债券也具有可以提前偿还债券的性质，即按市场价格的变动情况决定偿还或购回，所以此种债券对发行者也是有利的。处理偿债基金的一般方法是：债券发行人定期将资金存入信托公司，信托公司将收到的资金投资到的证券利息也作为偿债基金分期偿还债券亦称序列偿还债券。发行者在发行债券时就规定，在债券有效期内，确定某一种时间偿还一部分本息，分次还清。一般是每隔半年或一年偿还一批，这样则能减轻集中一次偿还的负担。还本期限越长，利率也越高。

分期偿还债券一般采用抽签方式或按照债券号数的次序进行。此外，还可以用购买方式在市场上购回部分债券，作为每期应偿还的债券。

通知偿还债券亦称可提前偿还债券，是指债券发行者于债券到期前可随时通知债权人予以提前还本的债券。提前偿还可以是一部分，也可以是全部。如果是一部分，通知用抽签方法来确定。这种债券大多附有期前兑回条款，使发行者可以在市场利率下降时提前兑回债券，以避免高利率的损失。当发行者决定偿还时，必须在一定时间前通知债权人，通常是 30～60 天。

延期偿还债券是指可以延期偿本付息的债券，它有两种形式：一种是指发行者在债券到期时无力偿还，也不能借新款还旧债时，在征得债权人的同意后，可将到期债券予以延期。对于延期后的债券，发行者可根据具体情况，对其利率进行调整，可以调高，也可以调低。另一种是指投资者于债券到期时有权根据发行者提出的新利率，要求发行人给予延期兑付的债券。这种债券一般期限较短，投资者可以要求多次延长。

永久债券亦称不还本债券或利息债券。一般是指由政府发行的不规定还本日期，仅按期支付利息的公债。当国家财政较为充裕时，可以通过证券市场将此种债券买回注销。此外，还有永久公司债券。永久公司债券的持有人，除因发行公司破产或有重大债务不履行等情况外，一般不能要求公司偿还，而只是定期获得利息收入。实际上，这种债券已基本失去了一般债券的性质，而具有股票的某些特征。

可转换债券指可以兑换成股票或其他债券的债券。这种债券在发行时就附有专门条款，规定债权人可选择对于自己有利时机，请求将债券兑换成公司的股票。不希望换成股票时，也可继续持有，直到偿还期满时收回本金，还可以在需要时售出。可转换债券具有公司债券和股票的双重性质。在未转换之前，公司债券是纯粹的债券，债权人到期领取本金和利息收入，其利息是固定的，不受公司经营状况的影响。在转换之后，原来的持券人就成为公司的股东，参加公司红利的分配，其收益多少就要受到公司经营状况的影响。当股利收入高于债券收入时，将公司债券兑换成股票对债权人有利。可转换债券可以流通转让，其价格受股票价格的影响。股票价格越高，可转换债券的价格也随之上升；反之，则下跌。

（9）根据债券发行的地域，可以将债券分为国内债券和国际债券两大类。

国内债券（Domestic Bond）是指一国政府、企业或金融机构在本国国内，以本国货币为面额发行的债券。

国际债券（Cross-Border Bond）是指政府、公司、团体或国际机构在本国以外发行的债券，即债券发行人属于一个国家，而发行地点在另一个国家，且债券面额不用发行者所在国的货币计值，而是以外币计值。发行国际债券的主要目的在于：弥补发行国政府的国际收支逆差，弥补发行国政府的国内预算赤字，筹集国家大型工程项目的资金，实行国际金融组织的开发计划，增加大型工商企业或跨国公司的经营资本以扩大经营范围等。

五、我国债券的发展历史

新中国成立以后，曾于 20 世纪 50 年代发行过几次债券，如 1950 年国家发行的人民胜利折实公债和 1954～1958 年由中央人民政府发行的经济建设公债等。但由于历史条件的限制，人们购买债券并非是投资，而是为了支援社会主义建设。公债只是一种特殊形式的定期储蓄，因此，当时不可能形成和发展为证券市场。改革开放以后，我国的金融市场得以建立和发展，其中的债券市场也逐步形成。目前我国的债券主要有四大类，即政府债券、金融债券、企业债券和外国债券。

1. 政府债券

我国发行的政府债券。包括两部分，一部分是由财政部发行的国家债券，另一部分是由国家有关部门发行的国家代理机构债券。国家债券主要有：1950年人民胜利折实公债、1954～1958 年经济建设公债、1981 年开始发行的国库券、1987 年重点建设债券、1988 年财政债券、1988 年国家建设债券、1989 年保值公债、1989～1992 年特种国债等。国家代理机构债券主要有基本建设债券和 1988 年重点企业债券等。在 1991 年之前发行国库券主要采用行政摊派的发行方式，从 1991 年开始引入承购包销的发行方式，从 1996 年开始引入招标发行方式，并于 2002 年开始在沪深交易所推广并挂牌交易。

2. 金融债券

金融债券指金融机构发行的债券。我国金融债券的发行始于北洋政府，新中国成立之后的金融债券发行始于 1982 年。中国国际信托投资公司率先在日本的东京发行，此后，国有四大商业银行以及政策性银行相继发行。

3. 企业债券

企业债券是指企业和公司发行的债券（包括可转换公司债券）。

4. 外国债券

我国在国外发行的债券，目前已有几十种。

六、公司债券

1. 公司债券的概念

所谓公司债券指的是由股份公司发行并承诺在一定时期内还本付息的债权债务凭证。

2. 公司债券的基本特点

公司债券除具有债券的一般性质外，与其他债券如公债券、金融债券相比，有其自身的特点。

（1）收益较高。

（2）风险性相对较大。

（3）与公司股票相比，持有人权利内容不同。公司债券持有人只是公司的债权人，而不是股东，因而无权参与公司的经营管理决策，但在收益分配顺序上优先于股东。

3. 公司债券的分类

（1）按是否记名，分为记名公司债券和不记名公司债券。我国目前发行的债券大多属于不记名式的。

（2）按债券持有人的受益程度和方式不同，分为参加公司债和非参加公司债。

（3）按有无抵押担保，分为有抵押担保公司债券和无抵押担保公司债券。有抵押担保公司债券又分为不动产抵押公司债券、动产抵押公司债券和信托抵押公司债券。

（4）按偿还期限不同，分为短期公司债券、中期公司债券和长期公司债券。

（5）按可否转换股票，分为可转换债券和不可转换债券。

4. 可转换债券

企业可转换债券（Convertible Bond）是指发行债券的股份有限公司许诺，在一定条件下，债券的持有者可以将其转换成公司的股票。

可转换债券一般是在企业初创阶段，需要大量中长期发展资金而获得较少，但预计今后效益看好的情况下发行的。发行这一债券的目的是让公众在一段时间内只得到较低的利息，但债券一旦转换成了股票，那么，就能得到较为丰厚的收益。在此利益驱动下，投资者就会踊跃购买债券。这样，企业就能以较少的代价获得所需要的资金。

企业可转换债券是一种潜在的股票，在发行时要明确转换的时间、转换的比例、转换时按面值还是按市价等事项，以防转换时发生纠纷。

当然，购买这种企业可转换债券还是有一定风险的，如果企业发展情况不好，那么，换成股票后，其收益就很小。

可转换债券价格的制定。制定可转换债券价格要考虑四个因素：

（1）转换率。指每一张可转换债券能够转换多少股票。转换率＝股票数/可转换债券数。

（2）转换价格。它说明股票价格达到什么水平转换才是合算的。转换价格

＝可转换债券面值/转换率。

（3）转换价值。指债券发行时就进行转换的债券的市场价值。转换价值＝转换率×股票的市场价格。

（4）转换溢价。转换溢价＝可转换债券的价格－转换价值。它是转换价值的升水（溢价），可用溢价占转换价值的百分比来表示。

假定某公司普通股每股售价 10 元，该公司平价发行 1 张可转换普通股 90 股的面值为 1000 元的债券，则转换率为 90。因此，转换价格为 1000/90＝11.11（元）。可见，转换率为已知，即等于转换价格为已知，反之亦然。这个转换价格意味着股票每股市价在目前 10 元的基础上至少涨至 11.11 元，才能使转换成为不亏损的交易。债券发行时的转换价值为 $90×10＝900$（元）。这样，转换溢价就是 1000－900＝100（元），用百分比表示的转换溢价是 100/900＝11.11%。假定某公司每股市价上升为 15 元，则转换价值＝$90×15＝1350$（元）。可转换债券仍可以继续以 1300 元以上的超面值的价格销售。这说明，即使股价在转换价格 11.11 元之上，可转换债券的市场价格很可能超过债券的转换价值。

[例6—1]

某公司发行可兑换 50 股普通股的面值为 1000 元的可转换债券。发行时，公司普通股的售价为每股 18.25 元，债券的转换溢价是多少？

解：转换溢价＝1000－（18.25×50）
　　　　　　＝1000－912.5＝87.5（元）

为什么在制定可转换债券市场价格时要加一个溢价？换句话说，为什么可转换债券通常以溢价或升水出售？因为它不仅可以像其他债券一样获得固定收入，而且在最终转换成股票时有利可图，投资者愿意赋予这种转换权以一定价值。转换溢价实际就是转换权的价值。

在制定可转换债券市场价格时，应增加多大的一个溢价呢？影响转换溢价的因素有：

1）交易成本。一般说来，因为不需要支付经纪人的手续费，购买可转换债券的费用比直接购买股票要低。

2）人寿保险公司等机构投资者购买普通股会受到法律限制，这些机构对可转换债券的需求促进债券价格上升。

3）行使转换权的期限。期限越长，债券未来的价值越大，其溢价越高。

4）发行公司普通股的红利。如果是股票股息和拆细会导致股价下跌，从而使可转换债券价格有下降压力。

在股票拆细和发放股票股息的情况下，可转换债券的转换率应加以调整，以便使转换债券的持有者不受损失。如某公司的最初的转换率为 90，在公布 10% 的股票股息后，转换率应调整为 100。在支付现金股息的情况下，则不需要调整转换率。但是，在支付股息后，可转换债券持有者预期转换价值可能会因股价下跌而往往会在支付现金红利前进行兑换。其实，大量的现金红利正是公司在没有要求赎回的条件下，迫使债券持有者进行转换的一种方法。

七、债券与股票的区别

1. 性质不同

债券是一种表明债权债务关系的凭证，债券持有者是证券发行单位的债权人，与发行单位是一种借贷关系。而股票则是股权证书，股票持有者是股份公司的股东，股票所表示的是对公司的所有权。

2. 发行主体不同

债券的发行主体可以是股份公司，也可以是非股份公司、银行和政府，而股票发行主体必须是股份公司和以股份制形式创办的银行。

3. 发行期限不同

债券有固定的期限，到期还本付息；而股票是无期限的，不存在到期还本的问题。

4. 本金收回的方法不同

债券持有者可以在约定日期收回本金并取得利息；股票不能退股，但持有者可以通过转让出售股票收回资金。

5. 取得收益的稳定性不同

债券持有者获得固定利息，取得的收益相对稳定，风险较小。但当公司盈利很大时，债权人的利益却不能随之增加；而股票持有者的收益不固定，收益多少因公司的经营情况和利润而定，具有较大的风险性。

6. 责任和权利不同

债券的购买者无权参与公司的经营决策，对其经营状况亦不付任何责任；而股票的持有者有权参与公司的经营管理和决策，并享有监督权，但也必须承担公司经营的责任和风险。

7. 交易场地不同

债券的交易大部分是通过场外交易市场进行，而股票大都在证券交易所内进行。

8. 付息办法不同

债券利息的分配是累积性的，而且是税前开支；而股票则是按股权分配的股息在税后利润中支付。

八、债券的发行

1. 债券的发行条件

债券的投资价值是由面值、利率、偿还期限和发行价格这四方面决定的，这四个要素也称为债券的发行条件。面值、利率、偿还期限是债券发行的基本因素，这三个要素决定债券的基本投资价值，所以通常决定债券的面值、年限和利率。但由于市场利率水平经常变动，为使发行条件的决定具有一定的弹性，保留发行价格这一要素，可以根据发行时的市场利率水平进行微调，通过市场决定债券的发行价格。若发行价格为面值时，称为平价发行，发行价格在面值以下的称作折价发行，发行价格在面值以上的称作溢价发行。

2. 债券的发行方式

债券的发行方式分为直接发行和间接发行两种。直接发行就是发行体自身完成发行手续，进行募集的方式。间接发行是发行体通过中介人进行债券的发行事务。现代债券的发行大部分采用间接发行的方式。发行方式又包括集团认购、招标发行和私募等。

第二节　债券的定价

一、债券价格的决定因素分析

债券价格的确定，取决于债券到期值（即本金加利息）、债券还本期限和市场利率水平。债券到期值是根据债券的面值、票面利率和还本期限计算得来的。例如，假定某种债券的期限为 10 年，年利率为 5%，面值为 100 元，则该债券到期值为 $100 \times (1+10 \times 5\%) = 150$（元）。

债券的期限具有两层含义：①有效期限，即债券自发行之日至偿还日止的时间。②待偿还期限或剩余期限，即债券转让成交之日至偿还日止的时间。在计算债券的发行价格（发售价格）时，应使用有效期限，而在计算债券的转让价格时，应使用待偿还期限或剩余期限。上例中，若持有人在持有 4 年时出售，那么该债券的待偿还期则为 6 年。

市场利率水平是指证券市场上大多数投资者要求某种债券所能提供的最低利率水平。不同的债券，由于风险、期限和流动性不同，市场利率各不相同。

二、债券定价的各种模型

债券的定价，因债券的付息方式和付息次数不同，而具有不同的定价模型。

（一）付息发行和期满一年还本付息的债券定价模型

$$P = M\left(\frac{1}{1+r}\right)^n$$

式中：P 代表债券价格，M 为债券的期值或面值，r 为市场利率，n 为债券的期限（年限）。

[例 6—2]

某种债券期限为 10 年，年利率为 5%，面额为 100 元，则该债券的期值为 150 元。持有人在持有 4 年时出售，求该债券的转让价格是多少？

解：

$$P = M\left(\frac{1}{1+r}\right)^n$$

$$= 150\left(\frac{1}{1+5\%}\right)^6$$

$$= 111.93 \text{（元）}$$

（二）贴现付息发行和到期偿还票面金额的债券定价模型

$$P = M - M \times r \times n$$

式中：P 代表债券价格，M 代表债券的面值，r 代表贴现利率，n 代表期限。

（三）有效期限内分次付息的债券定价模型

$$P = \sum_{t=1}^{n} I\left(\frac{1}{1+r}\right)^t + M\left(\frac{1}{1+r}\right)^n$$

式中：P 代表债券的价格，I 代表每年支付的利息金额，即 I = 票面利率×面值，M 代表面值或期限，r 代表市场利率，n 代表期限。

[例 6—3]

某公司发行债券，每年支付利息为 100 元，债券面值为 1000 元，利率为 10%，到期年限为 10 年，试计算该公司债券的发行价格？

解：

$$P = 100 \sum_{t=1}^{10} \left(\frac{1}{1+10\%}\right)^t + 1000 \left(\frac{1}{1+10\%}\right)^{10}$$

$$=614.46+385.54$$

$$=1000（元）$$

从以上各例计算中可得出如下两个结论：①债券价格与市场利率成反比关系。市场利率上升，债券价格下降；市场利率下降，债券价格上升。反之亦然，即债券价格上升，意味着市场利率上升。②债券的价格变动取决于期值、待偿还期限和市场利率三个变动因素的影响。

三、债券收益率曲线与利率的期限结构理论

（一）利率期限结构的概念

收益率曲线（Earnings Yield Curve）是更好地理解债券收益率的工具。收益率曲线是在以期限为横轴，以到期收益率为纵轴的坐标平面上，反映在一定时点上不同期限债券的收益率与到期期限之间的关系。债券的利率期限结构是指债券的到期收益率与到期期限之间的关系。该结构可通过利率期限结构图表示，图6－1中的曲线即收益率曲线。

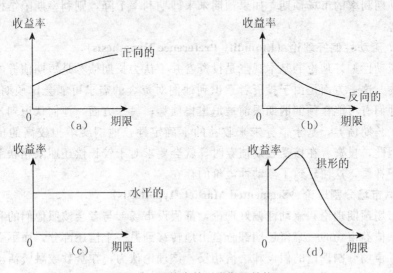

图6－1　债券的利率期限结构

（二）利率期限结构的类型

利率期限结构主要包括四种类型。在图 6－1 中，图（a）显示的是一条向上倾斜的利率曲线，表示期限越长的债券利率越高，这种曲线形状被称为"正向的"利率曲线。图（b）显示的是一条向下倾斜的利率曲线，表示期限越长的债券利率越低，这种曲线形状被称为"相反的"或"反向的"利率曲线。图（c）显示的是一条平直的利率曲线，表示不同期限的债券利率相等，这通常是正利率曲线与反利率曲线转化过程中出现的暂时现象。图（d）显示的是一条拱形利率曲线，表示期限相对较短的债券，利率与期限呈正向关系；期限相对较长债券，利率与期限呈反向关系。从历史资料来看，在经济周期的不同阶段可以观察到所有这四条利率曲线。

（三）利率期限结构的理论

不同收益率曲线的形成和变化揭示了不同期限债券的收益率相对水平和相互关系的变化。对未来利率变动方向的预期、债券预期收益中可能存在流动性溢价、市场效率低下或者资金从长期（或短期）市场向短期（或长期）市场流动可能存在的障碍。利率期限结构理论就是基于这三种因素分别建立起来的。

1. 市场预期理论（Anticipated Term Structure Hypothesis）

市场预期理论，又称"无偏预期"理论，认为利率期限结构完全取决于对未来即期利率的市场预期。如果预期未来即期利率下降，则利率期限结构呈下降趋势。

2. 流动性偏好理论（Liquidity Preference Hypothesis）

流动性偏好理论的基本观点是投资者并不认为长期债券是短期债券的理想替代物。这一方面是由于投资者意识到他们对资金的需求可能会比预期的早，因此他们有可能在预期的期限前被迫出售债券；另一方面，他们认识到，如果投资于长期债券，基于债券未来收益的不确定性，他们要承担较高的价格风险。因此，投资者在接受长期债券时，就会要求对于较长偿还期限相联系的风险给予补偿，这便导致了流动性溢价的存在。

3. 市场分割理论（Segmented Market Hypothesis）

市场预期理论和流动性偏好理论，都假设市场参与者会按照他们的利率预期，从债券市场的一个偿还期部分自由地转移到另一个偿还部分，而不受任何阻碍。市场分割理论的假设却恰恰相反。该理论认为，在贷款或融资活动进行时，贷款者和借款者并不能自由地在利率预期的基础上，将证券从一个偿还期部分替换成另一个偿还期部分。在市场存在分割的情况下，投资者和借款人由于偏好或者某种投资期限习惯的制约，他们的贷款或融资活动，总是局限于一些特殊的偿还期部分；而且在其最严格的限制形式下，即使现行的利率水平说明，如果他们进行市场间的转移会获得比实际要高的预期利率，投资者和借款人也不会离开自己的市场而进入另一个市场。

四、债券定价定理

从债券定价模型我们得知，引起债券市场价格不断波动的主要原因是市场利率的变动。但是，当市场利率发生变动时，不同债券对市场利率变化的反应程度不尽相同。马奇尔（B. G. Malkiel）研究了债券价格与债息率、到期年限和到期收益率之间的关系后，得出了债券价格波动的五条规律，即马奇尔的债券价格五定理，[①] 债券定价定理的主要内容是：

（1）债券的市场价格与到期收益率呈反方向变动，债券的价格上涨，则收益率下降；如果债券价格下降，则收益率上升。这一定理对债券投资分析的价值在于，当投资者预测市场利率将要下降时，应及时买入债券，因为利率下降，债券价格必然上涨；反之，当预测利率将上升时，应卖出手中持有的债券，待价格下跌后再买回。

（2）如果债券的收益率在整个有效期内不变，则折价或溢价的大小将随到期日的临近而逐渐减少，直至到期日时价格等于债券面额。这一定理也可理解为，若两种债券的其他条件相同，则期限较长的债券销售折价或溢价较大，债券价格对市场利率变化较敏感，一旦市场利率有所变化，长期债券价格变动幅度大，潜在的收益和风险较大。

（3）如果一种债券的收益率在整个有效期内不变，则其折价或溢价减少的速度将随着到期日的临近而逐渐加快。这一定理说明，债券价格变化的百分率随着到期年限的临近而增大，两者之间存在着正函数关系，但债券价格变化百分率的增幅是递减的。由于债券价格变动的百分率可以表示债券价格对市场的敏感度，因此这一定理也说明债券价格对市场利率的敏感度随着到期日的接近而以递减的比例增加。对投资者而言，如果预测市场利率将下降，在其他条件相同的前提下，应选择离到期日较远的债券投资。

（4）市场利率的下降会引起债券价格上升，且上升幅度要超过债券收益率以同样比率上升而引起的债券价格下跌的幅度。这一定理说明债券价格对市场利率下降的敏感度比利率上升更大，这将帮助投资者在预期债券价格因利率变

---

① 戈登·亚历山大，威廉·夏普. 证券投资原理. 成都：西南财经大学出版社

化而上涨或下跌能带来多少收益时做出较为准确的判断,或者说,在市场利率分别以相同幅度下降与上升时,投资者应明白,在这两次投资决策中,买入债券持有的收益将大于卖出债券的那次。

(5) 如果债券的息票利率越高,则由其收益率变化引起的债券价格变化的百分比就越小。或者说,息票利率越低的债券,其价格对市场利率变化越敏感。这一定理告诉投资者,对于到期日相同且到期收益率也相同的两种债券,如果投资者预测市场利率将下降,应选择买入票面利率较低的债券,因为一旦利率下降,这种债券价格上升的幅度较大。值得注意的是,这一定理不适用于一年期的债券和永久债券。

很显然,投资者在预测债券价格将如何对利率变动做出反应时,债券定价五定理对债券投资分析和投资决策很有帮助。

五、债券投资风险种类

债券投资包括以下风险:[①]

1. 利率风险

利率风险 (Interest Rate Risk) 指的是,由于市场利率波动带来的债券投资收益的不确定性。通常,债券价格与市场利率反方向变化:当市场利率上升时,债券价格下跌;市场利率下降时,债券价格上升。如果债券价格上升,投资者将获得资本收益。

2. 再投资收益率风险 (Investment Yield Risk)

通常,债券持有期内获得的利息收入将会用来进行再投资。当投资策略既定时,再投资收益取决于再投资时的市场利率水平。投资者为了实现与购买债券时所确定的收益相等的收益,再投资收益率不能低于购买债券时所确定的收益率。如果市场利率下降,投资者不得不以较低的收益率进行再投资,导致最终实现的收益比购买债券时所确定的收益要低,这种风险就是再投资风险。

3. 违约风险 (Default Risk)

违约风险又称信用风险,是指债券发行人在规定的时间不能及时支付利息或偿还本金从而使投资者遭受损失的风险。

4. 流动性风险 (Liquidity Risk)

流动性风险又称变现风险,是指债券不能以合理的价格及时出售,而带来的风险。

---

① 曹凤歧. 证券投资学. 北京:北京大学出版社,2005

5. 购买力风险（Purchasing Power Risk）

购买力风险又称通货膨胀风险。通常，债券的名义收益率等于预期实际收益率加上预期通货膨胀率。如果通货膨胀率发生意外变化，将影响到债券投资的实际收益率：若实际通胀率高于预期通胀率，则实际收益率低于预期收益率；反之，若实际通胀率低于预期通胀率，则实际收益率高于预期收益率。这种由通货膨胀的意外变化带来的风险称为购买力风险。

6. 外汇风险（Currency Risk）

投资者购买外币债券时，其投资收益受外汇的影响。这种由于外汇汇率波动而导致的风险称为外汇风险。购买本币债存在外汇风险。

此外，债券投资还具有政治风险、法律风险及事件风险等。

第三节　债券的投资策略

在投资者对投资债券的种类、期限以及风险承受能力确定之后，投资者就可以选择与之相适应的投资策略。

债券投资策略分为被动投资策略和主动投资策略两大类。

一、被动投资策略

被动投资策略又称消极型投资策略，是一种不依赖于市场变化而保持固定收益的投资方法，其基本思想是相信市场是有效率的，投资者并不主动寻找所谓好的投资机会以求获得超额投资收益。因此，投资者在买入债券后到卖出前，不做或很少有买卖行为，只要求获取稳定的债券利息收入和到期安全收回本金。常用的被动投资策略有购买并持有策略和免疫策略。

（一）购买并持有策略

对于一般的个人投资者来说，消极的投资策略主要就是买入债券并持有到期。特点是投资者只要选取信用程度较高的债券以规避信用风险，这种策略所带来的收益率和现金流就都是确定的。

常用的购买并持有策略技巧为梯形投资法，就是每隔一段时间，在债券发行市场认购一批相同期限的债券，每一段时间都如此，接连不断，这样，投资者在以后的每段时间都可以稳定地获得一笔本息收入。

[例 6—4]

小王在 2002 年 9 月购买了 2002 年发行的 3 年期的债券，在 2003 年 9 月购买了 2003 年发行的 3 年期的债券，在 2004 年 9 月购买 2004 年发行的 3 年期债券。

这样，在 2005 年 7 月，小王就可以收到 2002 年发行的 5 年期债券的本息和，此时，小王又可以购买 2005 年发行的 3 年期国债，这样，他所持有的三种债券的到期期限又分别为 1 年、2 年和 3 年。如此滚动下去，小王就可以每年得到投资本息和，从而既能够进行再投资，又可以满足流动性需要。

（二）免疫策略

免疫策略是指投资者通过持有不同期限结构的债券组合，以期在得到未来相对稳定的现金流出的同时，免于遭受未来利率下降的不利影响。

[例 6—5]

假设某投资者 2 年后需要支付 1000000 用于买房，又假定市场上仅有一种 1 年期票面利率为 8% 的债券和一种 3 年期票面利率为 10% 的债券。他可以把全部资产用于购买 1 年期债券，债券到期后再继续购买下一年 1 年期的债券，但如果下一年利率下降，投资者不得不购买收益率较低的债券。投资者也可以全部资产购买 3 年期债券，在第二年将其变现，但如果 2 年后市场利率上升，投资者就不得不蒙受债券价格下跌的损失。此时，投资者可以通过构造上述两种债券的适当组合来规避市场利率变动的风险。

二、主动投资策略

主动投资策略又称为积极投资策略，这种投资策略着眼于债券市场价格变化所带来的资本损益，并充分利用市场价格变化来取得差价收益，以获得超过市场平均收益率的超额投资利润。

常用的主动投资策略有利率预测法、积极部位持有法和控制收益率曲线法。

（一）利率预测法

这种方法的基本出发点是设法预测市场利率的变化趋势，利用债券价格随市场利率变化的规律牟利。其关键在于能够准确预测市场利率的变化方向及幅度，从而能准确预测出债券价格的变化方向和幅度，进而采用抛售一种国债并购买另一种国债的方式来获得差价收益。预期利率变动的策略是风险最大的策略，因为市场状况经常变化，很难预测，所以投资者必须具有较强的市场判断能力和较高的风险承受能力。

[例 6—6]

投资者小王持有 5 年期和 15 年期国债，如果他预测长期趋势利率会上升，那么他就会卖出 15 年期国债而购买更多的 5 年期国债。

（二）积极部位持有法

这种方法是在市场行情变化时，通过调整持有债券的久期值而达到增加收益或减少损失的目的，又称久期平衡法。当投资者预计市场总体利率水平降低时，将持有的债券组合的久期值延长，如增加期限长或票面利率低或到期收益率低的债券的比例，一旦利率真的下降，则久期值长的债券价格上升的幅度更大。相反，当投资者预计市场利率升高时，相应缩短所持有债券组合的久期值，一旦利率上升，久期值短的债券价格下降幅度较小。

（三）控制收益率曲线法

这种方法基于债券收益率和持有期关系理论，具体表现为投资人购买债券持有一段时间后，在期满前卖出。再投资于另一个同样期限的债券，从而能够始终获得较高的收益率。

[例 6—7]

假定市场有票面利率为 5％的 2 年期附息债券，投资者持有一年后出售的收益率为 6％，此时如果投资者将债券售出并购买相同的 2 年期债券，投资者将获得 1％的超额收益。

主动投资策略要求投资者对债券和市场有较深的认识，具有丰富的国债投资知识及市场操作经验，并且要支付相对比较多的交易成本。同时，市场价格的频繁变动也为主动投资提供了前提条件。

第四节　债券信用评级

债券信用评级是对债券的偿还可靠性程度进行评定，因此一切具有偿还不确定性的债券都是债券评级的对象。特别指出的是债券信用评级与债券发行单位资信评价是两码事，不可混为一谈。债券信用评级是对债券本身的评价，当然对债券进行评价时要以该企业的偿还能力为前提，但是最终评价的是债券本身。例如，同一个公司同时发行两种债券，一种有财产抵押或第三者担保，另一种为无担保债券，则前者评定级别要高于后者。

债券信用评级是由专门的评级机构进行的，例如美国的穆迪公司和标准普尔公司，日本的公社债研究所、日本投资者服务公司等。为了使评级工作公正，评级机构应保持其自身的中立性和独立性，尽量使自己的人员和资金不与有利害关系的各方（债券发行单位、承销公司、委托公司、投资者等）以及政府或金融机构发生任何关系。我国近年来成立的信用评级机构大部分是以银行为主体或以银行为依托组建的，并存在地区分割局面，与国际上对债券评级机构客观性和中立性的要求尚有较大的差距。我国认可的企业债券资信评估机构有长城资信评估有限公司、上海远东资信评估公司、大公国际资信评估有限责任公司、诚信证券评估有限公司、云南省资信评估事务所、辽宁省资信评估有限公司、江苏国际咨询评估公司、福建省资信评级委员会、深圳市鹏元资信评估有限公司。

一、债券信用评级的目的

债券信用评级是按一定的评比标准来对债券还本付息的可靠性做出公正客观的评价。债券信用评级的目的是把该债券的信用程度以评定的信用等级形式告之于众，让投资者了解各种债券的风险程度，然后由投资者自己选择是否投资该债券。

（1）债券的信用评级对证券市场的健康发展有着积极的意义。证券市场的顺利发展有赖于投资者的信心，如果没有信用评级，市场上债券的发行、流通将在投资者完全不了解该债券信用的情况下进行，发行者一旦到期违约，无能力还本付息，将严重挫伤投资者对整个证券市场的信心。对债券进行信用评级，让债券的信用程度为市场所有参与者所了解，让市场来决定该债券的发行和交易条件，可有效地保证债券市场的稳定，保护了债券市场的投资者。

（2）债券的信用评级沟通了筹资者和投资者信息交流的渠道，有利于整个社会投融资机制的顺利运转。证券市场上，不同的市场参与者掌握的信息是不对称的。债券的发行者充分了解该债券的有关情况，而投资者知之甚少。由于不了解债券的质地，投资者不敢贸然购买，这种情况对发行者相当不利，它会造成债券发行的困难，并提高了融资成本。对公开发行的债券由公认的资信机构进行信用评级，由于信息公开，投资者能了解其信用程度，有利于做出投资选择。高级别的债券可以以较低的筹资成本（如降低票面利率），顺利地向社会发行，使整个社会的投融资渠道变得畅通。

（3）债券信用评级的制度有利于提高债券市场管理者的管理质量。在债券市场发展初期，不少国家为了保证投资者的利益，常采用"额度限制"来控制发行数量、"有担保发行"来保障还本付息。但在证券市场迅速发展后，由于上市的债券越来越多，上述措施均流于形式。为了加强对债券的管理，证券市场的管理者也需要有一种比较客观公正的评价指标来正确反映债券的质量，便于管理者对证券进行审批和管理。同时，客观公正的评价标准有利于杜绝债券审批过程中的钱权交易、内幕交易。一些发达证券市场的债券在公开发行前要申报有权机构审批。上报的审批文件中，一家公认的资信机构的评级报告是必不可少的。

二、债券信用评级的程序

债券信用评级的程序大致分为以下几个阶段：

（1）由债券发行单位向债券评级机构提交"评级委托书"提出评级申请，并根据评级机构的要求提供详细的书面材料。

（2）评级机构在分析研究债券发行单位提供的书面材料的基础上与发行单位的主要负责人面谈，就有关问题进行深入了解。

（3）评级机构组成评级小组，对书面及面谈情况进行综合分析。

（4）评级委员会通过投票决定债券的级别，并与债券发行单位联系，取得同意后，即将评级结果汇编成册，公开发行。

（5）评级机构根据申请评级单位的财务、经营状况的发展变化等，定期调整债券级别。

三、债券级别的划分

债券级别一般根据债券风险的大小分为 10 个等级，最高是 AAA，最低是 D 级。各个级别的符号及表示的内容详见表 6-1。

表 6-1　债券级别一览表

等级符号	符号意义	说　明
AAA	最高级	安全性最高，本息具有最大保障，基本无风险
AA	高级	安全性高，风险性较高，等级略差，但没有问题
A	中高级	安全性良好，还本付息没问题，但保障性不如以上两种债券

等级符号	符号意义	说　明
BBB	中级	安全性中等，目前安全性、收益性没问题，但不景气时有可能影响本息安全
BB	中低级	中下品质，具有一定投机性，不能保证将来的安全性
B	半投机性	具有投机性，不适合作投资对象，还本付息缺乏适当保障
CCC	投机性	安全性极低，债息虽能支付，但有无法还本付息的危险
CC	低端投机性	安全性极差，可能已处于违约状态
C	充分投机性	信誉不佳，无力支付本息
D	最低等级	品质最差，不履行债务，前途无望

以上 10 个等级的债券可以分为两大类，前 4 个等级为投资级债券（Investment Grade Bond），BB 级及其以下被认为是投机级债券（Speculation Grade Bond），即垃圾债券，很少进行公募发行。

案例分析

1. 2005 年计账式（十三期）国债于 2005 年 11 月 25 日发行，到期日：2012 年 11 月 25 日，起息日：2005 年 11 月 25 日，年利率 3.01%，按年付息。于 2005 年 12 月 6 日挂牌交易，2008 年 6 月 18 日收盘价 95.50 元，分析该债券的投资价值。图 6-2 是该债券的走势。

2. 邯郸钢铁股份有限公司于 2003 年 11 月 26 日发行可转换债券，到期日：2008 年 11 月 25 日，起息日：2005 年 11 月 26 日，年利率 1.300%，按年付息，期限 5 年。于 2003 年 12 月 11 日挂牌交易，2005 年 12 月 16 日收盘价 103.58 元，邯郸钢铁（600001）收盘价 3.10 元，转股价 3.36 元，分析该可转换债券的投资价值。图 6-3 是该债券的走势。

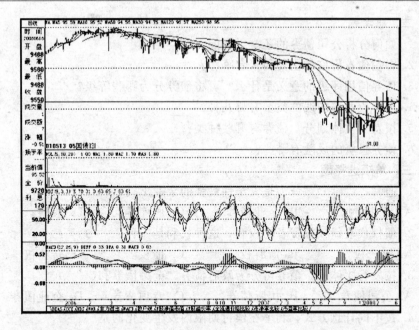

图 6—2

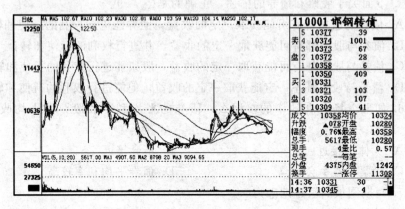

图 6—3

作业题

一、名词解释

债券　政府债券　金融债券　公司债券　可转换债券　债券收益率曲线
利率的期限结构　债券评级

二、思考题

1. 如何分析公司债券的还本付息能力？

2. 影响债券价格的主要因素有哪些？

3. 债券信用评级的意义是什么？可将债券分为哪些等级？

4. 债券收益率曲线的类型有哪几种？

5. 按发行主体划分，债券有哪些种类？

6. 债券投资的风险有哪些？

三、单项选择题

1. 通常，（　　）被认为是安全性最强的金融工具。

A. 商业票据　　　　B. 企业债券　　　　C. 国库券　　　　D. 股票

2. 债权代表债权投资者的权利，这种权利是一种（　　）。

A. 财产权　　　　B. 所有权　　　　C. 债权　　　　D. 转让权

3. 按发行主体分，债券可分为政府债券、金融债券和（　　）。

A. 公司债券　　　　B. 国际债券　　　　C. 专项债券　　　　D. 企业债券

4. 按不同计息方式，利率在偿付期限内发生变化的是（　　）。

A. 单息债券　　　　B. 复利债券　　　　C. 贴现债券　　　　D. 累进利率债券

5. 下面关于股票和债券的描述，正确的是（　　）。

A. 债券与股票都有可能获取一定的收益，债券能进行权利的行使和转让

B. 债券与股票都有可能获取一定的收益，并进行权利的行使和转让

C. 债券与股票都有可能获取一定的收益，股票能进行权利的行使和转让

D. 债券与股票都不一定能获取一定的收益，但能进行权利的行使和转让

6. 如果市场是有效率的，那么，债券的平均利率和股票的平均收益率会（　　）。

A. 大体上接近　　　　　　　　B. 不会接近

C. 股票收益率会较高　　　　　　D. 债券平均利率较高

7. 短期国债的偿还期限为（　　）。

A. 小于等于一年　　　　　　　B. 小于等于六个月

C. 小于等于两年　　　　　　　D. 大于一年小于两年

8. 我国银行和其他金融机构发行金融债券始于（　　）。

A. 1950 年　　　　B. 1952 年　　　　C. 1985 年　　　　D. 1982 年

9. 中国国际信托投资公司第一次在（　　）发行了外国金融债券。

A. 日本　　　　B. 美国　　　　C. 英国　　　　D. 荷兰

10. 债券是发行人依照法定程序发行，并约定在一定期限还本付息的有价证券。它反映的是（　　）的关系。

A. 契约　　　　B. 所有权使用权　C. 债券债务　　D. 权利义务

11. 债券的票面价值中，要规定票面价值的（　　）。

A. 币种、利率　　B. 币种、金额　　C. 利率、金额　D. 期限、利率

12. 从债券的特征来看，债券区别于股票的最主要的特征是债券具
　　有（　　）。

A. 偿还性　　　　B. 流动性　　　　C. 安全性　　　D. 收益性

13. 复利债券区别于单利债券的主要方面是（　　）。

A. 复利债券利息包含了货币的时间价值

B. 复利利率一般比较高

C. 单利利率一般比较高

D. 复利的收益较单利大

14. 可转换公司债券是指发行人依照法定程序发行、在一定期限内依据约
　　定的条件可以转换成股份的公司债券。这种债券享受转换特权，在转
　　换前与转换后的形式分别为（　　）。

A. 股票、公司债　　　　　　　B. 公司债、股票

C. 都属于股票　　　　　　　　D. 都属于债券

15. 国际债券投资人主要有（　　）。

A. 银行　　　　　　　　　　　B. 其他金融机构

C. 各种基金会　　　　　　　　D. 工商财团

16. 标准格式的实物债券面上，一般印有（　　）。

A. 债券面额　　　　　　　　　B. 债券利率

C. 债券期限　　　　　　　　　D. 债券发行人全称

17. 按利率分，债券可分为（　　）。

A. 固定利率债券　　　　　　　B. 浮动利率债券

C. 贴现债券　　　　　　　　　D. 贴水债券

18. 弥补赤字的手段有（　　）。

A. 发国债　　　　　　　　　　B. 增加税收

C. 向中央银行透支　　　　　　D. 动用历年结余

19. 国际债券的特征是（　　）。

A. 资金来源广　　　　　　　　B. 发行规模大

C. 存在汇率风险　　　　　　　D. 有国家主权保障

20. 国际债券计价货币是（　　）。

A. 美元　　　　　　B. 英镑　　　　C. 欧元　　　D. 日元

四、多项选择题

1. 债券的基本性质（　　）。

A. 债券属于有价债券　　　　　　　B. 债券是一种虚拟资本

C. 债券具有票面价值　　　　　　　D. 债券是债权的表现

2. 债券票面上的基本要素是（　　）。

A. 债券的偿还期限　　　　　　　　B. 债券的票面价值

C. 债券的票面利率　　　　　　　　D. 债券的发行者名称

3. 债券的特征是（　　）。

A. 偿还性　　　　B. 安全性　　　　C. 流动性　　　　D. 收益性

4. 按计息方式分类，可以分为（　　）。

A. 单利债券　　　B. 复利债券　　　C. 贴现债券　　　D. 累进利率债券

5. 债券与股票的相同点是（　　）。

A. 两者面对的投资群体相同　　　　B. 两者都是筹措资金的手段

C. 两者都属于有价证券　　　　　　D. 两者的收益率相互影响

6. 债券与股票的区别是（　　）。

A. 权利不同　　　B. 目的不同　　　C. 期限不同　　　D. 收益不同

7. 金融债券的特征（　　）。

A. 专用性　　　　B. 集中性　　　　C. 利率较高　　　D. 流动性

8. 公司债券的特征是（　　）。

A. 契约性　　　　B. 优先性　　　　C. 风险性　　　　D. 通知偿还性

9. 发行人在确定债券期限时，要考虑多种因素的影响，主要有（　　）。

A. 资金使用方向　　　　　　　　　B. 市场利率变化

C. 债券变现能力　　　　　　　　　D. 资金回收情况

10. 债券的有价证券属性主要表现为（　　）。

A. 债券可以赎回　　　　　　　　　B. 债券本身有一定的面值

C. 持有债券可按期取得利息　　　　D. 债券是虚拟资本

11. 债券的收益性表现为以下几个方面（　　）。

A. 债券以哪种币种发行

B. 债权人将债券一直保持至期满日为止，并可按照约定条件取得利息

C. 债券发行时约定的利率

D. 债权人在债券期满之前的债券转让差价收益

12. 金融债券的特征是（　　）。

A. 资金运用具有专用性　　　　　　B. 筹资具有集中性

C. 筹资成本较高　　　　　　　　　D. 可以在证券市场上流通

13. 标准格式的实物债券券面上，一般印有(　　)。

A. 债券面额
B. 债券利率
C. 债券期限
D. 债券发行人全称

14. 按利率分，债券可以分为(　　)。

A. 固定利率债券
B. 浮动利率债券
C. 贴现债券
D. 贴水债券

15. 关于影响债券利率因素的论述，不正确的是(　　)。

A. 债券流动性差，利率就低

B. 债券期限长，利率就可低一些

C. 筹资者资信状况好，债券利率可低些

D. 市场利率高，债券利率相应高

第七章 证券投资工具——投资基金

　　学习目标：掌握投资基金的概念、特点和分类，掌握开放式基金和封闭式基金的各自特点，了解新型开放式基金的特点，了解投资基金的管理和投资基金的业绩衡量。

第一节　投资基金概述

一、投资基金的概念

　　投资基金发源于西方经济发达国家，在英国称为信托单位（Trust Unit），在美国称为共同基金或互惠基金（Mutual Fund），是一种证券投资的信托行为。投资基金是指分散的投资者通过购买受益凭证方式，将资金交专业性投资机构进行管理，投资机构将资金分散投资于各种有价证券和其他金融商品，所取得的收益按投资者出资份额进行分配。根据我国《证券投资基金法》的规定，证券投资基金是指一种利益共享、风险共担的集合证券投资方式，即通过发行基金单位，集中投资者的资金，由基金托管人（一般是信誉卓著的银行）托管，由基金管理人（即基金管理公司）管理和运用资金，从事股票、债券等金融工具投资。基金投资人享受证券投资的收益，也承担因投资亏损而产生的风险。投资基金的运作结构如图 7－1 所示。

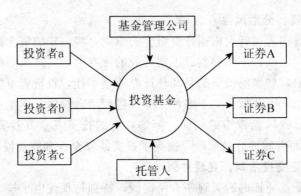

图 7—1　投资基金运作结构

二、投资基金的特点

投资基金具有分散风险、专家管理、帮助工薪阶层间接投资证券、节省大量的人力等特点。正是由于投资基金具有上述优点，使投资基金在世界各发达国家普遍推广和运用。

投资基金是一种间接的投资工具，与其他投资工具相比具有以下特点。

1. 获得规模投资的收益

通常，投资基金管理公司为适应不同阶层个人投资者的需要，设定的认购基金的最低投资额不高，投资者以自己有限的资金购买投资基金的受益凭证，基金管理公司积少成多，汇集成巨大的资金，由基金管理公司经验丰富的投资专家进行运作，获得规模经济效益。

2. 专家理财，回报率高

投资基金是一种专家投资，投资于基金就等于聘请了专业的投资专家，投资基金的投资决策都是由受过专业训练，具有丰富的金融理论知识，证券研究和大资金的投资经验的专家进行的。基金管理公司有发达的通信网络，随时掌握各种市场信息，并有专门的调查研究部门进行国内外宏观经济分析，以及对产业、行业、公司经营潜力有系统的调研和分析。最大限度地避免投资决策的失误，提高投资成功率。对于那些没有时间，或者对市场不太熟悉，没有能力专门研究投资决策的中小投资者来说，投资于基金，实际上就可以获得专家们在市场信息、投资经验、金融知识和操作技术等方面所拥有的优势，从而尽可能地避免盲目投资带来的失败。因此专家理财的回报率通常会强于个人投资者。

3. 组合投资，分散风险

投资基金管理人通常会根据投资组合的原则，将一定的资金按不同的比例分别投资于不同期限、不同种类、不同行业的证券上，实现风险的分散。中小投资者资金有限，如果所投资的某几种证券业绩不佳，投资者可能蚀本。基金则有雄厚的资金，可分散投资于多种证券，进行组合投资，不至于出现因某几种证券损失而导致满盘皆输的局面。例如，有的投资基金其投资组合不少于20个品种，从而有效地分散风险，提高了投资的安全性和收益性。

4. 基金凭证交投活跃，变现性强

投资基金受益凭证的购买程序方便快捷，特别是现代电子技术和通信网络的发达，使人们可以在网上查询和完成交易。因此，持有基金凭证，或者可以在基金管理公司直接办理交易手续，或者可委托投资顾问代理机构或证券营业机构，随时随地方便地进行交易，从而获得了比持有其他金融资产更高的变现性。

5. 品种繁多，选择性强

当今世界经济一体化，金融国际化，世界上只要有金融投资的地方，就有投资基金存在的可能。国际资本流动和市场一体化，使许多基金都进行跨国投资或离岸投资。任何一种市场看好的行业或产品，都可以通过设立和购买投资基金得到开发和利用。所以，投资基金这一投资工具为投资者提供了非常广阔的选择余地。

6. 投资小、费用低

在我国，每份基金单位面值为人民币1元。证券投资基金最低投资额一般较低，投资者可以根据自己的财力，多买或少买基金单位，从而解决了中小投资者"钱不多、入市难"的问题。

基金的费用通常较低。根据国际市场上的一般惯例，基金管理公司就提供基金管理服务而向基金收取的管理费一般为基金资产净值的 $1\% \sim 2.5\%$，而投资者购买基金需缴纳的费用通常为认购总额的 0.25% 左右，低于购买股票的费用。此外，由于基金集中了大量的资金进行证券交易，通常也能在手续费方面得到证券商的优惠。而且为了支持基金业的发展，很多国家和地区还对基金的税收给予优惠，使投资者通过基金投资证券所承担的税负不高于直接投资于证券须承担的税负。

7. 基金资产保管与运作安全性高

不论是何种投资基金，均要由独立的基金保管公司保管基金资产，以充分保障投资者的利益，防止基金资产被挪作他用。基金管理人和保管人的这种分权与制衡，通过基金章程或信托契约确立，并受法律保护。

在成熟的基金市场上，有一套完整的和完善的监管体制，其内容包括：法律监督、主管部门监督、基金行业自律、基金管理人与基金保管人相互监督、投资者监督五个方面，从而确保投资基金的安全性。

三、投资基金的分类

根据不同标准可将投资基金划分为不同的种类。

（1）根据基金单位是否可增加或赎回，投资基金可分为封闭式基金和开放式基金。封闭式基金是指基金规模在发行前已确定，在发行完毕后的规定期限内，基金规模固定不变但可上市交易的投资基金。开放式基金是指基金设立后，投资者可以随时申购或赎回基金单位、基金规模不固定的投资基金。

（2）根据组织形态的不同，投资基金可分为公司型投资基金和契约型投资基金。公司型投资基金是具有共同投资目标的投资者组成以盈利为目的的股份制投资公司，并将资产投资于特定对象的投资基金。契约型投资基金也称信托型投资基金，是指基金发起人依据其与基金管理人、基金托管人订立的基金契约，发行基金单位而组建的投资基金。

（3）根据投资风险与收益的不同，投资基金可分为成长型投资基金、收入型投资基金和平衡型投资基金。成长型投资基金是指把追求资本的长期成长作为其投资目的的投资基金，收入型基金是指以能为投资者带来高水平的当期收入为目的的投资基金，平衡型投资基金是指以支付当期收入和追求资本的长期成长为目的的投资基金。

（4）根据投资对象的不同，投资基金可分为股票基金、债券基金、货币市场基金、期货基金、期权基金等。股票基金是指以股票为投资对象的投资基金，债券基金是指以债券为投资对象的投资基金，货币市场基金是指以国库券、大额银行可转让存单、商业票据、公司债券等货币市场短期有价证券为投资对象的投资基金，期货基金是指以各类期货品种为主要投资对象的投资基金，期权基金是指以能分配股利的股票期权为投资对象的投资基金。

此外，还有一些特殊种类基金，较常见的有：投资于可转换公司债的可转换公司债基金、根据市场指数的采样成份股及比重来决定基金投资组合中个股的成分和比重的指数基金和对冲基金。

四、投资基金的发展历程

投资基金作为一种信托业务历史悠久，起源最早可追溯到 19 世纪初的荷兰。投资基金产生于英国，发展于美国，第二次世界大战后迅速进入日本、德国、法国及东南亚等地，在全球范围内蓬勃发展。

投资基金作为社会化的理财工具，真正起源于英国。1868 年，英国经过第一次产业革命后，生产力得到极大发展，殖民地和贸易遍及世界各地，社会和个人财富迅速增长。但由于国内资金积累过多，投资成本日益升高，促使许多商人纷纷将个人财产和资金转移到海外。由于投资者本身缺乏国际投资知识，对海外投资环境缺乏了解，于是萌发了集合众多投资者的资金，委托专人经营和管理的想法。这一想法得到了英国政府的支持，于是由政府出面组成投资公司，委托具有专门知识的理财专家代为投资，让中小投资者可以分享国际投资的丰厚收益，并分散风险。于是，早期的投资信托公司便应运而生。

早期的英国投资基金是非公司组织，由投资者和代理人之间，通过信托契约的形式，规定双方的权利和义务。因此，契约型投资基金是最早出现的投资基金形态。公司型投资基金的产生，始于 1879 年英国《公司法》颁布后。投资基金开始脱离原来的契约形态，发展成为股份有限公司组织，这是信托投资历史上一次大飞跃。公司型投资基金是依据股份有限公司的有关法律设立的一种投资基金形式，它与一般的企业股份有限公司一样，通过发行股票的方式募集资金，但其投资对象是证券和金融产品，投资收益由股东分享。

从 1870~1930 年，英国共成立了 200 多个基金公司。1931 年，英国出现了世界上第一只以净资产值向投资者买回基金单位的基金，它成为现代投资基金的里程碑。1943 年，"海外政府信托契约"组织在英国成立。该基金除规定基金公司应以净资产值赎回基金单位外，还在信托契约中明确了基金灵活的投资组合方式，标志着现代投资基金发展的开始。基金的成熟与发展经历了从以封闭式基金为主，到封闭式与开放式并存，最终过渡到以开放式基金为主的历程。

投资基金起源于英国，却盛行于美国。第一次世界大战后，美国取代了英国成为世界经济的新霸主，从资本输入国一跃变为主要的资本输出国。随着美国经济运行的大幅增长，日益复杂化的经济活动使得一些投资者越来越难以判断经济动向。为了有效促进国外贸易和对外投资，美国开始引入投资信托基金制度。1926 年，波士顿的马萨诸塞金融服务公司设立了"马萨诸塞州投资信托公司"，成为美国第一个具有现代面貌的共同基金。在此后的几年中，基金在美国经历了第一个辉煌时期。到 20 世纪 20 年代末期，所有的封闭式基金总资产已达 28 亿美元，开放式基金的总资产只有 1.4 亿美元，但后者无论在数量上还是在资产总值上的增长率都高于封闭式基金。20 世纪 20 年代每年的资产总值都有 20% 以上的增长，1927 年的成长率更超过 100%。

在 1929 年全球股市的大崩盘中，刚刚兴起的美国基金业遭受了沉重的打击。随着全球经济的萧条，大部分投资公司倒闭，残余的也难以为继。但比较而言，封闭式基金的损失要大于开放式基金。此次金融危机使得美国投资基金的总资产下降了 50％左右。此后的整个 20 世纪 30 年代中，证券业都处于低潮状态。面对大萧条带来的资金短缺和工业生产率低下，人们投资信心丧失，再加上第二次世界大战的爆发，投资基金业一度裹足不前。

危机过后，美国政府为保护投资者利益，制定了 1933 年的《证券法》、1934 年的《证券交易法》，之后又专门针对投资基金制定了 1940 年《投资公司法》和《投资顾问法》。《投资公司法》详细规范了投资基金组成及管理的法律要件，为投资者提供了完整的法律保护，为日后投资基金的快速发展，奠定了良好的法律基础。

第二次世界大战后，美国经济恢复强劲增长势头，投资者的信心很快恢复起来。投资基金在严谨的法律保护下，特别是开放式基金再度活跃，基金规模逐年上升。进入 20 世纪 70 年代以后，美国的投资基金又爆发性增长。在 1974～1987 年的 13 年中，投资基金的规模，从 640 亿美元增加到 7000 亿美元。与此同时，美国基金业也突破了半个多世纪内仅投资于普通股和公司债券的局限，于 1971 年推出货币市场基金和联储基金，1977 年开始出现市政债券基金和长期债券基金，1979 年首次出现免税货币基金，1986 年推出国际债券基金。到 1987 年底，美国共有 2000 多种不同的基金，为将近 2500 万人所持有。由于投资基金种类多，各种基金的投资重点分散，所以在 1987 年股市崩溃时期，美国投资基金的资产总数不仅没有减少，反而在数目上有所增加。

20 世纪 90 年代初，美国股票市场新注入的资金中约有 80％来自基金，1992 年时这一比例达到 96％。从 1988 年到 1992 年，美国股票总额中投资基金持有的比例由 5％急剧上升到 35％。到 1993 年，在纽约证券交易所，个人投资仅占股票市值的 20％，而基金则占 55％。截至 1997 年底，全球约有 7.5 万亿美元的基金资产，其中美国基金的资产规模约 4 万亿美元，已超过美国商业银行的储蓄存款总额。从 1990 年到 1996 年，投资基金增长速度为 218％。在此期间，越来越多的拥有巨额资本的机构投资者，包括银行信托部、信托公司、保险公司、养老基金以及各种财团或基金会等，开始大量投资于投资基金。目前，美国已成为世界上基金业最发达的国家。

经过一个多世纪的发展，投资基金已从单纯的私人理财工具发展为大众化证券投资新方式，成为国际资本流动的一条重要渠道和发展中国家吸收外资发展本国经济的有效方式，投资基金正朝着大众化和国际化的方向发展。

在我国，随着证券市场规模的扩大，证券行业对外开放的趋势日益显现。

中国证监会于 1997 年 11 月 4 日发布《证券投资基金管理暂行办法》，对基金的发起、管理、托管以及信息披露作出了严格的规定，为中国真正意义上的基金行业的发展拉开了序幕。1998 年 3 月 5 日，国泰基金管理有限公司成为在《暂行办法》出台后第一家成立的基金管理公司。基金业成功构建了运作的基础平台，系统地建立了监管、运营和托管等机制，并通过吸收、改并先前那些问题严重的老基金，使证券投资基金逐渐为投资者所认可。与此同时，新的基金管理公司在规范运营中初步培养了一支基金管理的队伍，为日后的国际化发展打下了基础。2001 年，证监会正式批准设立国内首家契约型开放式基金——华安创新证券投资基金，随后开放式基金的规模和数量大大超过封闭式，并且发行了交易型开放式基金（ETF）。基金公司由过去的封闭式的内部管理转为开放式管理，工作重心也由资产管理转向与客户服务并重，这对公司内部的资源整合、对市场的把握都提出了新的要求和挑战。监管部门的思路也相应发生了变化，从原先较被动地查处违规变为鼓励创新，推动基金公司在发展中规范自己。

自从 2001 年以来，我国证券投资基金业取得了快速发展，在推动证券市场和金融体系的发展和完善方面发挥了积极作用。证券投资基金法草案的起草始于 1999 年 4 月，经过 2003 年 10 月 23 日召开的十届人大常委会第五次会议的第三次审议，于 28 日提交本次常委会表决获得通过。于 2004 年 6 月 1 日施行，这是我国证券投资基金业发展的重要里程碑。

第二节　开放式基金

一、基金资产净值

基金资产净值是指在某一基金估值时点上，按照公允价格计算的基金资产的总市值扣除负债后的余额，该余额是基金单位持有人的权益。按照公允价格计算基金资产的过程就是基金的估值。单位基金资产净值，即每一基金单位代表的基金资产的净值。单位基金资产净值计算的公式为：

单位基金资产净值＝（总资产－总负债）/基金单位总数

其中，总资产是指基金拥有的所有资产（包括股票、债券、银行存款和其他有价证券等）按照公允价格计算的资产总额。总负债是指基金运作及融资时所形成的负债，包括应付给他人的各项费用、应付资金利息等。基金单位总数是指当时发行在外的基金单位的总量。

基金估值是计算单位基金资产净值的关键。基金往往分散投资于证券市场的各种投资工具，如股票、债券等，由于这些资产的市场价格是不断变动的，因此，只有每日对单位基金资产净值重新计算，才能及时反映基金的投资价值。

二、封闭式基金与开放式基金的差异

封闭式基金（Close-End Fund）是指基金规模在基金的发起人设立基金时就已确定，在发行完毕后和规定的期限内，基金规模固定不变的投资基金。开放式基金（Open-End Fund）是指基金发起人在设立基金时，基金单位的总数不是固定的，而是可以根据市场供求情况发行新份额，或被投资者赎回的投资基金。两者的区别主要体现在：

（1）从基金规模看，封闭式基金的规模相对而言是固定的，在封闭期限内未经法定程序许可，不能再增加发行。而开放式基金的规模是处于变化之中的，没有规模限制，一般在基金设立一段时期后（多为 3 个月），投资者可以随时提出认购或赎回申请，基金规模将随之增加或减少。

（2）从基金的期限看，封闭式基金一般有明确的存续期限（我国规定为不得少于 5 年）。当然，在符合一定条件的情况下，封闭式基金也可以申请延长存续期。而开放式基金一般没有固定期限，投资者可随时向基金管理人赎回基金单位。

（3）从基金单位的交易方式看，封闭式基金单位的流通采取在证券交易所上市的办法，投资者买卖基金单位是通过证券经纪商在二级市场上进行竞价交易的方式进行的。而开放式基金的交易方式在首次发行结束后一段时间（多为 3 个月）后，投资者通过向基金管理人或中介机构提出申购或赎回申请的方式进行买卖。

（4）从基金单位的买卖价格形成方式看，封闭式基金的买卖价格并不必然反映基金的净资产值，受市场供求关系的影响，常出现溢价或折价的现象。而开放式基金的交易价格主要取决于基金每单位净资产值的大小，不直接受市场供求的影响。

（5）从基金投资运作的角度看，封闭式基金由于在封闭期间内不能赎回，基金规模不变，这样基金管理公司就可以制定一些长期的投资策略与规划。而开放式基金为应付投资者随时赎回基金单位变现的要求，就必须保持基金资产的流动性，要有一部分以现金资产的形式保存而不能全部用来投资或全部进行长线投资。同时由于开放式基金随时面临赎回的压力，所以更注重流动性等风险管理，并要求基金管理人具有更高的投资管理水平。由于开放式基金规模的可变性，基金管理公司的管理绩效对开放式基金的规模有较大影响。表现好的基金可以吸引更多的资金投资，从而扩大规模；表现差的基金可能引起投资者的赎回，导致基金规模减小，甚至清盘。此外，基金管理公司的客户服务对基金的规模也会产生一定影响。所以，相对封闭式基金而言，开放式基金对基金管理公司改进投资管理和客户服务的压力和动力更大。

三、开放式基金

1. 对开放式基金的投资限制

根据有关法规，基金投资组合有以下限制：1个基金投资于股票、债券的比例，不低于本基金资产总值的80%；1个基金持有一家上市公司的股票，不超过本基金资产净值的10%；同一基金管理人管理全部基金持有一家公司发行的证券，不超过该证券的10%；1个基金投资于国家债券的比例，不得低于该基金资产净值的20%；基金名称显示投资方向的，基金的非现金资产应当至少有80%属于该基金名称所显示的投资内容；中国证监会规定的其他比例限制。

与此同时，有关法规禁止用基金资产从事以下行为：基金之间相互投资；基金管理人以基金的名义使用不属于基金名下的资金买卖证券；动用银行信贷资金从事基金投资；将基金资产用于担保、资金拆借或者贷款；从事证券信用交易；以基金资产进行房地产投资；从事可能使基金资产承担无限责任的投资；将基金资产投资于与基金托管人或者基金管理人有利害关系的公司发行的证券；当时有效的法律、法规、规章、中国证监会及《基金契约》规定禁止从事的其他行为。

2. 开放式基金的分类

证券投资基金运作管理办法中把基金分为以下几种：60%以上的基金资产投资于股票的，为股票基金；80%以上的基金资产投资于债券的，为债券基金；仅投资于货币市场工具的，为货币市场基金；投资于股票、债券和货币市场工具，并且股票投资和债券投资的比例低于股票基金和债券基金要求的，为混合基金。

3. 开放式基金的收益

开放式基金获取收益的来源主要有下列几种：投资上市公司股票时，配发的股票股利或现金股息；投资国债、企业债、金融债、银行存款等工具时，产生的利息收益；投资上市公司股票或债券时，由买卖价差所产生的利得；因运用基金资产带来的成本或费用的节约计入收益。

4. 开放式基金的费用

和其他投资方式一样，投资开放式基金也需支付一些费用，具体的费用种类及费率标准投资者可以查阅有关基金的契约或招募说明书。一般说来，从投资者购买开放式基金到赎回为止，涉及的主要费用包括：

(1) 投资者直接负担的费用，这部分费用由投资者直接支付。

认购费：在基金设立募集期购买基金称为认购。认购费是向在基金设立募集期内购买基金的投资者收取的费用。为了鼓励投资者在设立募集期内购买基金，许多基金设定的认购费率比基金成立后的申购费率有一定的优惠。

申购费：在基金成立后购买基金称为申购。申购费是在投资者申购时收取的费用。我国法律规定，申购费率不得超过申购金额的 5%。目前国内的开放式基金的申购费率一般为申购金额的 1%～2%，并且设多档费率，申购金额大的适用的费率也较低。

赎回费：赎回费是在投资者赎回时从赎回款中扣除的费用，我国法律规定，赎回费率不得超过赎回金额的 3%，赎回费收入在扣除基本手续费后，余额应当归基金所有。目前国内开放式基金的赎回费率一般在 1% 以下。

(2) 基金运作费用。基金运作费用是为维持基金的运作，从基金资产中扣除的费用，不由投资者直接支付。

基金管理费：是支付给基金管理人的费用，以负担管理基金发生的成本。基金管理费每日计提，年费率一般在 1%～3% 之间，我国目前一般为 1.5%。

基金托管费：是支付给基金托管行的费用，以负担保管基金资产等发生的支出。基金托管费每日计提，年费率一般在 0.25% 左右。

其他费用：主要包括投资交易费用、基金信息披露费用、与基金相关的会计师费和律师费、持有人大会召开费用等，这些费用也作为基金的运营成本直接从基金资产中扣除。

5. 开放式基金的认购和申购

认购是指投资者在开放式基金设立募集期内购买基金单位的行为。申购是指开放式基金成立后，向基金管理人购买基金单位的行为。

认购费用和认购份额的计算公式是：

认购费＝认购金额×认购费率

认购份额＝（认购金额－认购费）/基金单位面值

申购费用和申购份额的计算公式是：

申购费＝申购金额×申购费率

申购份额＝（申购金额－申购费）/基金单位净值

在一般情况下，基金管理人为了吸引较大的投资者，让申购费率随申购数量的增加而递减。

6. 开放式基金的赎回

基金赎回采取份额赎回的方式，即投资者申请赎回一定份额的基金单位，基金管理人根据申请当日的基金单位净值计算投资者的赎回总额，再扣除赎回费用后即为投资者应得的赎回金额。赎回金额的计算公式为：

赎回总额＝赎回当日基金单位资产净值×赎回份额

赎回费＝赎回金额×赎回费率

赎回金额＝赎回总额－赎回费

[例 7－1]

甲投资者想赎回某个开放式基金 170 万份，当日基金净值为 1.5 元，赎回费率为：持有时间在 90 日以内的，赎回费率 1％；持有时间在 91～365 日的，赎回费率 0.5％；持有时间在 366～730 日的，赎回费率 0.25％；持有时间在 731 日以上的，免收赎回费。根据上述规定的赎回费率，赎回费和赎回金额的计算见表 7－1。

表 7－1

次数	持有期	数量	适用费率	赎回数量	赎回金额	赎回费
第一次	1000 天	100 万份	0％	100 万份	150 万元	0
第二次	400 天	50 万份	0.25％	50 万份	75 万元	0.1875 万元
第三次	50 天	50 万份	1％	20 万份	30 万元	0.3 万元

赎回费总额＝0＋0.1875＋0.3＝0.4875（万元）

赎回金额＝（150＋75＋30）－0.4875＝254.5125（万元）

四、交易型开放式基金

1. 交易型开放式基金的运作

交易型开放式基金（ETFs，Exchange Traded Funds），又称交易所交易基金，是一种在交易所上市交易的开放式证券投资基金产品，交易手续与股票完全相同。ETF 管理的资产是一揽子股票组合，这一组合中的股票种类与某一特定指数，如华安 180 指数，包含的成份股票相同，每只股票的数量与该指数的成份股构成比例一致，ETF 交易价格取决于它拥有的一揽子股票的价值，即单位基金资产净值。

　　ETF 基金属于一种基金创新产品，它是在封闭式基金、开放式基金的基础上发展起来的一种基金混合产品，兼具封闭式基金与开放式基金的特点。一方面，ETF 基金可以向封闭式基金一样，在交易所挂牌上市交易。另一方面，机构投资者又可以向开放式基金一样，在一级市场向基金管理公司进行基金股份/单位的申购与赎回。不一样的是，ETF 基金的申购与赎回，不是采用现金，而是采用一揽子股票（或者债券），即申购时，是以一揽子证券进行，赎回时，投资者得到的也是一揽子证券。

2. 交易型开放式基金的优势

　　与封闭式基金相比，交易型开放式基金克服了封闭式基金折价交易的缺陷。封闭式基金折价交易是全球金融市场的共同特征，由于封闭基金的折价交易，全球封闭式基金的发展总体呈日益萎缩状态，其本来具有的一些优点也被掩盖。ETF 基金由于投资者既可在二级市场交易，也可直接向基金管理人以基金净值为基础进行申购与赎回，套利机制的存在，将会抑制基金二级市场价格与基金净值的大幅偏离，从而使二级市场交易价格与基金净值保持基本一致。

　　相对于开放式基金而言，交易型开放式基金具有交易成本低、交易方便、交易效率高、信息公开化程度高的特点。投资者如果投资交易型开放式基金，可以像股票、封闭式基金一样，直接通过交易所按照公开报价进行交易，资金次日就能到账。此外，由于交易型开放式基金一般采用指数化投资策略，跟踪某一具有代表性的标的指数，可以让投资者以较低的成本投资于一揽子标的指数中的成份股票，以实现充分分散投资，从而有效地规避股票投资的非系统性风险。

五、上市开放式基金（LOF）

1. 上市开放式基金（LOF）简介

　　LOF 英文全称是 "Listed Open-Ended Fund"，汉语称为 "上市开放式基金"，兼具封闭式基金交易方便、交易成本较低和开放式基金价格贴近净值的优点。投资者既可以通过基金的代销或直销网点进行一般开放式基金的申购赎回，也可以通过二级市场买卖已存在的基金份额。其优势在于，与目前的开放式基金相比，可使投资者避免 "申购费率和赎回费率" 带来的高成本；与封闭式基金相比，则可以避免高额折价和溢价的现象发生。不过投资者如果是在指定网点申购的基金份额，想要上网抛出，须办理一定的转托管手续。同样，如果是在交易所网上买进的基金份额，想要在指定网点赎回，也要办理一定的转托管手续。

2. 上市开放式基金主要特点

上市开放式基金主要特点：

（1）上市开放式基金本质上仍是开放式基金，基金份额总额不固定，基金份额可以在基金合同约定的时间和场所申购、赎回。

（2）上市开放式基金发售结合了银行等代销机构与深交所交易网络二者的销售优势。银行等代销机构网点仍沿用现行的营业柜台销售方式，深交所交易系统则采用通行的新股上网定价发行方式。

（3）上市开放式基金获准在深交所上市交易后，投资者既可以选择在银行等代销机构按当日收市的基金份额净值申购、赎回基金份额，也可以选择在深交所各会员证券营业部按撮合成交价买卖基金份额。

基金在银行等代销机构的申购、赎回操作程序与普通开放式基金相同。上市开放式基金在深交所的交易方式和程序则与封闭式基金基本一致，买入申报数量为 100 份或其整数倍，申报价格最小变动单位为 0.001 元。上市开放式基金交易价格的形成方式和机制与 A 股一致。

3. 上市开放式基金的主要优势或对投资者的意义

（1）减少交易费用。投资者通过二级市场交易基金，可以减少交易费用。目前封闭式基金的交易费用为三部分：交易佣金、过户费和印花税，其中过户费和印花费不收，交易佣金为 3‰，可以视交易量大小向下浮动，最低可到 1‰左右。对比开放式基金场外交易的费用，开放式基金按类型有所不同。按双向交易统计，场内交易的费率两次合并为 6‰，场外交易申购加赎回股票型基金为 15‰以上，债券型基金一般也在 6‰以上。场外交易的成本远大于场内交易的成本。

（2）加快交易速度。开放式基金场外交易采用未知价交易，T＋1 日交易确认，申购的份额 T＋2 日才能赎回，赎回的金额 T＋3 日才从基金公司划出，需要经过托管银行、代销商划转，投资者最迟 T＋7 日才能收到赎回款。

LOF 增加了开放式基金的场内交易，买入的基金份额 T＋1 日可以卖出，卖出的基金款如果参照证券交易结算的方式，当日就可用，T＋1 日可提现金，与场外交易比较，买入比申购提前 1 日，卖出比赎回最多提前 6 日。减少了交易费用和加快了交易速度直接的效果使基金成为资金的缓冲池。

（3）提供套利机会。LOF 采用场内交易和场外交易同时进行的交易机制，为投资者提供了基金净值和围绕基金净值波动的场内交易价格，由于基金净值是每日交易所收市后按基金资产当日的净值计算，场外的交易以当日的净值为准采用未知价交易，场内的交易以交易价格为准，交易价格以前一日的基金净值作参考，以供求关系实时报价。场内交易价格与基金净值价格不同，投资者就有套利的机会。

需要注意的是，由于套利过程中进行跨系统转登记手续的时间较长，加上手续费的存在，当一、二级市场的价格差异并不明显时，套利行为可能并不能获利。

第三节　投资基金的管理

一、投资基金管理的内涵

投资基金管理公司的管理，是指投资基金管理机制是一种全面的、系统的、科学的、艺术的、充满哲理的投资管理理念和投资管理运作体系。

投资基金管理的内涵包括以下几个方面：

（1）基金管理公司管理的全面性。体现在其设立合法性，它必须是经过中国证监会审查批准的，具备中国证监会所要求的各项条件，能够依法承担各项基金管理人职责，能够以"诚实信用、勤勉尽责"的原则管理和运用基金资产。

（2）基金管理公司的管理的系统性。体现在其具备完善的法律法规保障，各方当事人之间遵从基金契约，会按照《基金章程》及《基金托管协议》等相关法律法规，享有权利承担义务，尽职尽责，相互监督，互相制约，从而达到保护投资者合法权利，使基金资产保值增值的目的。

（3）基金管理公司的管理的科学性。体现在专家们经过认真调查研究，运用现代资产组合理论，通过计算机模型测试和交易决策支持系统，进行科学合理的投资管理。

（4）基金管理公司的管理的艺术性。体现在专家个人智慧才能的充分发挥，与投资决策委员会集体智慧的结合，加上各项制度的保障，使投资管理适应市场变化，使投资决策不仅有科学性和制度保障，同时具有灵活多变的艺术性。

（5）基金管理公司的管理的哲理性。体现在其投资理念上，因而表现在其投资风格特色上，也是各个投资基金管理公司创造出不同的基金管理业绩的来源之一。

二、投资基金管理的决策程序

（一）投资目标

投资基金管理最重要的目标是为投资者减少和分散投资风险，确保基金资产的安全并谋求基金长期稳定的投资收益。基金管理公司进行投资的具体目标要依所管理的投资基金的性质和类型而定，即要符合《证券投资基金法》及实施细则的规定。

（二）投资决策程序

1. 决策依据

（1）根据宏观经济环境及其对证券市场的影响制定投资策略。

（2）根据货币政策的变化、利率的走势决定各国债品种占投资组合比重。

（3）根据对行业及上市公司的调查研究确定具体的股票投资组合。

2. 决策组织

（1）决策机构。投资决策委员会是基金管理公司的议事机构，由董事长、总经理、基金管理部经理及相关人员组成，定期召开会议，在紧急情况下可召开临时会议。主要工作是负责制定基金投资的投资计划、投资策略和投资目标，确定基金资产的分散程度和各项投资的比重。在风险控制委员会的监督下，采取防范和控制风险的措施，保障基金资产安全。

风险控制委员会是管理公司的另一个议事机构，由副总经理、监察稽核部经理及其他相关人员组成，负责对基金投资业务的风险监控。

（2）决策程序。研究发展部根据投资决策委员会及基金管理部的研究需求开展工作。通过对宏观经济政策、行业及上市公司的综合研究分析，为投资决策委员会提供研究报告。投资决策委员会对研究报告进行评估分析，作为制定投资策略、投资目标和投资计划的依据。

（3）决策实施。基金管理部负责执行投资决策委员会制定的投资计划并将执行计划情况及时反馈给投资决策委员会，以备投资计划的进一步完善。

（4）执行监督。风险控制委员会根据市场变化对投资计划的执行情况提出风险防范措施，投资计划执行完毕，基金管理部负责向投资决策委员会提交总结报告，经签署后存档备案。

（三）投资基金管理公司须遵从的原则

投资基金的投资应符合以下原则：

（1）分散风险、获取稳定收益原则。综合不同投资品种、不同行业和企业及不同投资期限等因素，确定投资组合，达到分散和降低投资风险，确保基金资产安全，谋求基金长期稳定收益的目的。

（2）稳健性和投资目标性原则。制定切实可行的投资目标。在运作过程中，以中长期投资为主，选择具有良好业绩、经营稳健、高成长、朝阳产业的上市公司进行长期投资，实现基金资产的长期增值。

（3）灵活性原则。关注市场的变化以及投资组合绩效的实现情况，通过对政策、经济周期、产业前景和企业经营状况的敏感度分析，建立动态的投资组合并随时进行调整，以保证投资目标的实现。

三、投资基金管理的运行理念

基金管理公司的运行理念包括管理理念和交易理念两部分。

（一）关于基金管理公司的管理理念

1. 基金管理公司在公众中的信誉与社会形象

投资者在选择投资基金管理公司时，都很注意其背景和声誉。信誉卓著的基金管理公司所管理基金的业绩回报出众，投资者才会信赖该基金管理公司的管理能力，对该基金管理公司所管理的基金有投资兴趣，才会将资金投向该基金公司。所以，著名基金管理公司在管理中很注重其基金管理公司的信誉与社会形象。

以巴菲特为例，他所管理的贝克夏哈斯维是美国著名的基金公司之一。在巴菲特的管理理念中，股东都是公司经营的参与者，公司的每一项决策都是从股东的利益出发，并征得主要投资者的同意，且从不向股东隐瞒公司经营中存在的弱点以及他本人在投资中的失误。所以广大股东信任他，也愿意与公司荣辱与共，共担风险损失，从而有利于公司的稳定发展。

2. 重视培养公司员工的敬业精神

投资基金管理作为一种高风险的行业，任何工作失误都有可能导致不可挽回的损失，一些著名投资基金管理公司特别强调对公司员工敬业精神的培养，以保证不发生无谓的损失。他们在提高员工敬业精神方面有一套自己独特而有效的机制。以当前国际著名的基金经理索罗斯为例,他所管理的量子基金从事的都是风险很大的金融投资与投机,索罗斯和公司的管理层人员都自愿将个人的投资收益加入到基金中,与基金和广大股东共命运,公司的每一个员工都以高度的责任感投入到工作中去。正因为如此,量子基金创立以来才会有平均每年 35% 的增长率。

3. 建立符合自己投资风格的基金管理机制

一般来说,基金管理公司投资策略的制定取决于基金经理的投资风格,而既定投资策略的成功与否很大程度上依赖于有效的基金管理机制。成功的基金经理懂得根据自己的投资风格,建立一套合适的管理机制,使自己在执行投资策略时得心应手,而不是盲目效仿某一固定的模式。

巴菲特的投资组合管理,并不像一般的基金管理那样的分散化投资,他的投资组合所选择的证券都是利用其投资理念精心挑选组合而成,数目最多也不过十种左右。事实证明,他的投资组合的风险并不比分散化投资组合的风险高,而收益却远远高于后者。

4. 投资风格的持续性

投资风格是一家基金管理公司的标志。投资者往往根据自己的投资偏好,去选择风格不同的基金管理公司。因此,许多基金经理在基金管理中,特别注重公司投资风格的持续性,以避免由于投资风格的变动而失去投资者的信任和支持。他们在选择助手和继承者时,都要求他们符合已有的投资风格,并经常向员工灌输自己的投资理念,以保证公司的投资风格得以贯彻和延续。

(二) 关于交易理念

1. 注重交易时机把握的准确性

投资基金的操作往往需要很高的技巧,这就要求基金管理人在操作时对入市时机和卖出时机能够较准确地把握,尤其在从事风险较大的投资时,一笔交易的时机把握不好,会使本来盈利的交易变为被迫斩仓。成功的基金经理往往都有多年的实战经验和深厚的投资功底,能够较准确地把握交易时机。

2. 交易手法的灵活性

随着国际金融市场的进一步发展,可供选择的投资工具日渐丰富。一个有经验的基金管理人,往往擅长灵活地运用各种投资工具达到其投资目的。索罗斯在从事金融投机时其操作手法灵活多样,既有买空,也有卖空;既有现货,也有期货。其资金往往同时分布于货币、股票、利率等多个市场,达到充分分散投资,以降低投资风险,取得高额回报。

3. 高度的自律

许多著名的基金经理经过多年的市场磨炼，大都形成了自己独特的投资原则。他们在交易时，能够严格地按照自己的投资原则进行交易，而不像一般投资者那样随波逐流，人云亦云。如美国著名基金经理欧内尔，他的风险控制原则是只要买入的证券损失达到 7％就坚决斩仓。通过对这一原则的严格执行，他多次免于灭顶之灾，其管理的基金年平均增长率达到 30％。

4. 强烈的自信

成功的基金经理们有一个共同特征，就是在交易时对自己的投资理念充满信心，只要分析表明自己所做出的投资选择是正确的，他们就坚持自己的理念，有时甚至不惜承担巨大风险。

5. 专家化人才队伍的形成

投资基金管理是一个专业性很强的工作。基金管理能否成功，能否实现基金投资目标，基金管理公司能否取得良好的收益和社会效益，均取决于基金管理人的才能和素质，而且由其所管理的基金的市场价格体现出来。基金管理人的业绩通常成为投资人选择基金时的重要参考。因此，作为基金管理公司的人才资源的投资基金管理专家是十分重要的，基金管理公司的人才主要有：管理人才、专门人才、调研分析人才、投资决策人才。境外有的基金管理公司中调研分析人才可占到总人数的 20％～30％。

6. 良好的投资管理服务

投资者投资于基金，享受的是基金管理公司提供的管理服务，基金管理人的行为应以基金章程、基金信托契约为目标和约束，根据市场状况设计和调整投资组合。因为，投资基金运作的好坏，直接关系到基金管理公司的生存与收益。因为，基金管理公司收取的管理费、基金投资专家的业绩奖励均与基金资产的增值挂钩，也关系到基金管理公司的业务发展。如果基金管理运作得越好，委托基金管理公司管理的基金数量就越多，基金管理公司的经营规模越大，管理费用成本越低，基金管理公司的收益越好，同时对投资人的收费可以降得越低，基金管理公司的社会形象越好，业务发展就越有优势。

第四节　投资基金的业绩衡量

对投资基金的业绩衡量，可以从基金对其投资组合的管理水平和投资基金业绩评价两方面进行。

一、投资组合的管理水平

我国的基金管理公司的投资组合，首先，应当符合《证券投资基金法》的有关规定。其次，基金管理公司进行投资组合管理时，应紧紧把握住所管理基金的投资组合原则。例如，稳健性原则、投资目标原则、灵活性原则。再次，投资组合的构成要合理。最后，基金管理公司的基金经理们，能够根据市场状况，在保持总体投资原则的前提下，适时进行投资组合调整。

基金管理公司投资组合的管理质量可以从以下具体指标中得到反映。

(1) 投资基金的收益率。获得较高收益和回报是投资者进行投资的目标，所以评价投资基金业绩时，首先应该评价投资基金的收益率。目前我国发行的基金都是封闭式基金，可以用来衡量投资基金的收益率。

(2) 投资基金的风险水平。投资者获得收益的同时也要承担一定的风险，这种风险包括市场风险（不可分散风险）和非市场风险（可以通过投资组合分散的风险），有效的证券组合可以使非市场风险极小化为零。

(3) 基金管理人的投资才能。基金投资收益率是基金业绩评价中非常重要的指标，但是仅仅有这项指标还不能满足基金业绩评价的要求。基金管理人的管理才能还表现在分散风险和降低风险的能力以及根据市场变化进行投资组合调整的能力。这些能力包括基金管理人对证券的选择和买卖证券的时机选择。

二、投资基金业绩评价的方法

1. 评价的方法

目前国外对基金业绩评价的方法主要有：夏普业绩指数法、特雷诺业绩指数法和詹森业绩指数法。

(1) 夏普业绩指数法。夏普业绩指数是基于资本资产定价模型基础上的。考察了风险回报与总风险的关系，计算公式如下：

$S = (Rp - Rf) / \sigma p$

其中：S 表示夏普业绩指数；Rp 表示某只基金的收益率；Rf 表示无风险利率；σp 表示投资收益率的标准差，它是总风险。

夏普业绩指数的含义就是每单位总风险资产获得的超额报酬（超过无风险利率 Rf）。夏普业绩指数越大，基金的表现就越好；反之，基金的表现越差。根据夏普业绩指数的高低不同，可以对不同基金进行行业业绩排序。

(2) 特雷诺业绩指数法。与夏普业绩指数类似，杰克·特雷诺也试图将基金的投资回报与投资风险联系起来。但与夏普不同的是，特雷诺认为足够分散化的组合没有非系统性风险，仅有与市场变动差异的系统性风险。因此，他采用基金投资收益率的 βp 系数作为衡量风险的指标，而不像夏普那样使用标准差。

$$T = (Rp - Rf)/βp$$

其中：T 表示特雷诺业绩指数；Rp 表示某只基金的投资收益率；Rf 表示无风险利率；βp 表示某只基金投资收益率的系统风险。

特雷诺业绩指数的含义就是每单位系统风险资产获得的超额报酬（超过无风险利率 Rf）。特雷诺业绩指数越大，基金的表现就越好；反之，基金的表现越差。

足够分散化的基金根据特雷诺业绩指数的排序与根据夏普业绩指数的排序相同或类似，而不够分散化的基金的特雷诺业绩指数排序高于夏普业绩指数的排序。

（3）詹森业绩指数法。与特雷诺业绩指数类似，但该指数采用了另一个指标，计算公式如下：

$$J = Rp - \{Rf + βp(Rm - Rf)\}$$

其中：J 表示超额收益，被简称为詹森业绩指数；Rm 表示评价期内市场的平均回报率；Rm－Rf 表示评价期内市场风险的补偿。

当 J 值显著为正时，表明被评价基金与市场相比较有优越表现；当 J 值显著为负时，表明被评价基金的表现与市场相比较整体表现差。根据 J 值的大小，我们也可以对不同基金进行业绩排序。

2. 晨星公司的评价方法

目前美国主要基金评价机构中比较著名的是晨星公司（Morning Star）基金业绩评价机构，该公司对各基金的评价主要有四个特点：一是既考察其总体排位，又考察其在相同类型基金中的排位。二是它考察基金的收益和风险，并设立了独立的风险评级指标。方法是首先计算出基金各期实际收益率减去国债收益率后为负的收益率，然后将它们相加再平均，以此作为计算下跌风险指标，再与所有基金的该指标的平均值相比，然后再对该风险指标进行调整并评级。三是评价各基金的投资风格。它是按成长型或价值型，即按所持股票的平均市盈率和市价与账面值之比评价的。四是测算现代组合理论中的标准差、均值和夏普比例。

三、我国基金的业绩评价

我国基金业绩评级研究起步比较晚，目前晨星公司和中信证券在国内定期对基金业绩进行评级，由于中国的新基金成立时间较短，并且成立时间又不一致，对于基金评价的研究和实践还处于起步阶段。但从长远来看，基金业绩评价对于我国基金业的长期稳定发展，对于广大投资者慎重选择投资是十分重要的。

从评价方法上看，可以按夏普业绩指数、特雷诺业绩指数和詹森业绩指数三类指标对基金分别进行打分，然后对各类指标给以不同的权数，以此计算各基金三类指标的总分值，最后按总分值对各基金进行排名评级。投资者可以根据自己对风险和收益的偏好，选择单个指数进行衡量，也可以根据总分来评价。

从评价机构的选择来看，应该委托一家在证券业中处于中立地位的中介机构进行基金的业绩评价，评价结果应该在中国证券业内具有权威地位的新闻媒体三大证券报上公布。

案例分析

1. 某基金发行概况（见表 7-2）。

表 7-2　某股票型证券投资基金概况

基金名称	某股票型证券投资基金
基金类型	契约型开放式股票型基金
投资目标	通过投资财务稳健、业绩良好、管理规范的公司来获得长期稳定的收益
投资范围	本基金的投资范围为具有良好流动性的金融工具，包括国内依法发行上市的股票、债券及法律法规或中国证监会允许基金投资的其他金融工具
收益分配	在符合有关基金分红条件的前提下，每年最少分配 1 次，最多为 6 次。投资者可选择现金分红或者红利再投资
基金单位面值	人民币 1.00 元
认购费用	前端认购费率不超过 1.2%，后端认购费率不超过 1.5%
认购金额限制	代销网点首次单笔最低认购金额为人民币 1000 元（含认购费），追加认购金额最低为人民币 1000 元（含认购费）；直销网点现场投资人首次单笔最低认购金额为人民币 10 万元（含认购费），追加最低认购金额为人民币 1000 元（含认购费）

续表

销售对象	本基金的募集对象包括中华人民共和国境内的个人投资者和机构投资者（法律、法规和有关规定禁止购买者除外）以及合格境外投资者
销售渠道	证券公司网点办理基金的账户开户、认购，也可到本公司设在上海的直销中心现场认购
申购开始时间	自基金合同生效之日起不超过三个月开始办理申购，具体业务办理时间在申购开始公告中规定
赎回开始时间	自基金合同生效之日起不超过三个月开始办理赎回，具体业务办理时间在赎回开始公告中规定
申购费用	前端申购费率不超过 1.5%，后端申购费率不超过 1.6%
申购金额限制	代销网点首次单笔最低申购金额为人民币 1000 元（含申购费），追加申购金额最低为人民币 1000 元（含申购费）；直销网点现场投资人首次单笔最低申购金额为人民币 10 万元（含申购费），追加最低申购金额为人民币 1000 元（含申购费）
赎回费用	赎回费率按持有期限递减，最高不超过赎回总额的 0.5%
赎回份额限制	单笔赎回最低份额为 100 份，若某笔赎回导致该持有人在该网点托管的基金份额余额少于 100 份，余额部分基金份额必须一起赎回
基金单位净值	T 日的基金单位净值在当天收市后计算，保留到小数点后三位，小数点后第四位四舍五入，于 T+1 日公告
基金认购份额计算	基金认购份额以四舍五入的方法保留小数点后两位，第三位四舍五入
基金申购份额计算	保留小数点后两位，小数点后第三位四舍五入，由此产生的误差在基金资产中列支
基金发起人	某基金管理有限公司
基金管理人	某基金管理有限公司
基金托管人	某银行
销售机构	证券公司等各网点
律师事务所	上海市海华永泰律师事务所
招募说明书签署日期	2005 年 11 月 18 日核准

2. 证券市场公开发行的首只混合型基金——华夏回报基金，华夏回报基金把追求每年较高的绝对回报作为投资目标，在分红政策上推出国内第一个"到点分红"的新概念，以一年期存款利率1.98%为参照指标，实现收益每达到这一标准，即可分红，而且每年分红不限定次数，追求多次分红。在资产配置方面，该基金契约规定，股票投资比例为0～80%，债券投资比例为20%～100%，现金比例为0～20%。

作业题

一、名词解释

投资基金　封闭式基金　开放式基金　基金资产净值　交易所交易基金（ETFs）

二、问答题

1. 证券投资基金有哪些特征？它与股票债券有何区别？

2. 公司式投资基金与契约型投资基金有何不同？

3. 封闭式投资基金与开放式投资基金有何不同？

4. 基金发起人、基金管理人、基金托管人在基金运作中各发挥什么作用？

5. 如何客观评价基金绩效？

6. 证券投资基金是如何发展的？

三、单项选择题

1. 证券投资基金反映的是（　　）关系。

A. 债权债务　　　　B. 所有权　　　　　C. 信托关系　　　D. 产权

2. 基金主要的投向是（　　）。

A. 实业　　　　　　　　　　　B. 上市公司的投资项目

C. 信贷　　　　　　　　　　　D. 有价证券

3. 一般情况下，投资风险由低到高顺序排列正确的是（　　）。

A. 债券　基金　股票　　　　　B. 基金　股票　债券

C. 股票　债券　基金　　　　　D. 股票　基金　债券

4. 基金投资收益分配原则（　　）。

A. 按基金投资者的投资资金比例分配

B. 基金管理人承担投资损失，收益归投资者

C. 按基金投资者的投资单位的数量所占比例进行分配

D. 按基金投资者的投资时间先后顺序进行分配

5. 基金管理人与基金托管人之间相互关系类似于下面哪种关系（　　）。

A. 股东大会与董事会　　　　　　B. 股东大会与监事会

C. 董事会与监事会　　　　　　　D. 董事会与经理室

6. 基金在进行收益分配时(　　)。

A. 当年亏损,但上年有盈余,且上年的盈余超过当年亏损,则必须分配

B. 当年收益,上年亏损,当年收益弥补上年亏损后必须分配

C. 当年收益不足弥补上年亏损时,仍应按当年收益进行分配

D. 只管当年有无收益,有则必须分配,没有则不必分配

7. 封闭式基金的基金发起人在设立基金时,基金单位的总数是(　　)。

A. 固定的　　　　　　　　　　　B. 不固定的

C. 可视投资者的需求追加发行　　D. 有时固定,有时不固定

8. 基金出现于(　　)。

A. 18 世纪末 19 世纪初　　　　　B. 19 世纪中期

C. 19 世纪末 20 世纪初　　　　　D. 18 世纪中期

9. 关于基金的单位资产净值与基金单位价格的关系,下列说法正确的
　　是(　　)。

A. 两者的变化完全同方向的

B. 两者的变化完全反方向的

C. 两者的数值完全是相等的

D. 有时两者的变化是同方向的,有时会受到其他因素的影响是反方向的

10. 关于封闭式基金与开放式基金的投资策略,下列说法正确的是(　　)。

A. 两者完全相同

B. 两者完全不同

C. 前者可以全部将资金用于投资,后者则不能,尤其是长期投资,但两
　　者在短期投资上的策略有时是相同的

D. 后者可以全部将资金用于投资,前者则不能,尤其是长期投资,且两
　　者在长期投资上的策略有时是相同的

11. 封闭式基金的投资者要想变现,不可以采取的方式是(　　)。

A. 封闭期内向基金管理人赎回　　B. 通过交易所转让

C. 通过柜台转让　　　　　　　　D. 通过协议转让给其他投资者

12. 基金买卖有价证券的手续费属于基金的(　　)。

A. 管理费用　　　　　　　　　　B. 清算费用

C. 运作费用　　　　　　　　　　D. 宣传费用

13. 一般情况下,下列基金中(　　)的年管理费率最高。

A. 货币基金　　　　　　　　　　B. 债券基金

C. 股票基金   D. 认股权证基金

14. 基金的托管费用通常按照基金（   ）的一定比例提取。

A. 资产净值   B. 资产总值

C. 现金余额   D. 现金流量总额

15. 当证券市场普遍上涨时，基金单位净值提升较快的是（   ）。

A. 规模大，持仓比例高   B. 规模小，持仓比例低

C. 规模大，持仓比例低   D. 规模中等，持仓比例中等

16. 关于基金的运作费用，下列说法正确的是（   ）。

A. 基金规模越小，操作费用比率越高

B. 基金规模越大，操作费用比率越高

C. 基金表现越不好，操作费用比率越低

D. 运作费用比率与基金规模无关

17. 根据我国现有规定，一个基金投资于股票、债券的比例不低于该基金
    资产总值的（   ）。

A. 10%   B. 20%   C. 75%   D. 80%

18. 根据我国现有规定，一个基金持有一家上市公司的股票，最高不得超
    过该基金资产净值的（   ）。

A. 5%   B. 10%   C. 15%   D. 20%

19. 根据我国现有规定，统一基金管理人管理的全部基金持有一家公司发
    行的证券最高不得超过该证券的（   ）。

A. 10%   B. 20%   C. 5%   D. 8%

20. 根据我国现有规定，一个基金投资与国家债券的比例最低不得低于该
    资金资产的（   ）。

A. 10%   B. 15%   C. 20%   D. 25%

四、多项选择题

1. 证券投资基金是一种（   ）的证券投资方式。

A. 利益共享、风险共担   B. 反映信托关系

C. 间接   D. 专业理财

2. 根据投资目标划分，基金可以划分为（   ）。

A. 成长型基金   B. 收入型基金

C. 产业型基金   D. 平衡型基金

3. 关于基金的资产净值，下列说法正确的是（   ）。

A. 基金资产净值是指某一段时间内某一投资基金每份单位实际代表的
   价值

B. 基金资产净值是基金单位价格的内在价值

C. 基金资产净值是衡量一个基金经营好坏的主要指标

D. 基金资产净值是基金单位交易价格的计算依据

4. 属于证券投资基金的功能的是（　　）。

A. 为中小投资者拓宽了投资渠道

B. 通过把投资转化为储蓄，有力地促进了产业发展和经济增长

C. 基金的发展有利于证券市场的稳定

D. 基金起到了丰富和活跃证券市场的作用

5. 基金的特点包括（　　）。

A. 集合投资　　　　　　　　　　B. 分散风险

C. 专业理财　　　　　　　　　　D. 分散投资

6. 按基金的组织形式不同，基金可分为（　　）。

A. 开放式基金　　　　　　　　　B. 封闭式基金

C. 契约式基金　　　　　　　　　D. 公司型基金

7. 基金收益的主要来源是（　　）。

A. 利息　　　　　　　　　　　　B. 股息红利

C. 资本利得　　　　　　　　　　D. 资本增值

8. 基金管理人的主要权利是（　　）。

A. 按照基金契约的规定，运用和管理基金资产

B. 获得基金管理人的报酬

C. 代表基金持有人行使股东或债权人权利

D. 代表基金签订与基金有关的合同，处理法律纠纷

9. 关于股票基金，下列说法正确的是（　　）。

A. 主要投资对象是股票

B. 投资目标侧重于追求资本利得和长期资本增值

C. 具有变现性强、流动性强的特点

D. 各国一般对其管理较严

10. 关于指数基金，下列说法正确的是（　　）。

A. 收益随证券价格指数上下波动

B. 收益始终保持当期的市场平均收益水平

C. 可以完全消除投资组合的非系统风险

D. 可以作为避险套利的重要工具

11. 成长型基金可以分为（　　）。

A. 稳健成长型基金　　　　　　　B. 积极成长型基金

C. 复合成长型基金　　　　　　　D. 平衡成长型基金

12. 基金估值的主要目的是(　　)。

A. 客观准确地反映基金资产的价值

B. 确定基金资产净值从而计算基金单位净值

C. 计算基金指数

D. 计算基金的流通市值

13. 影响封闭式基金市场价格的主要因素包括(　　)。

A. 基金资产净值　　　　　　　　B. 市场供求状况

C. 经济形势　　　　　　　　　　D. 政治环境

14. 根据我国规定，下列(　　)是基金投资的禁止行为。

A. 基金资产用于抵押

B. 基金资产用于贷款

C. 透支资金申购新股

D. 故意与证券承销商一起维持承销股票的价格

15. 对基金投资进行限制的主要目的包括(　　)。

A. 利用基金吸引储蓄的优势，为股市扩容提供方便

B. 发挥基金引导市场的积极作用

C. 引导资金进行分散投资，降低风险

D. 避免基金操纵市场

第八章　金融衍生工具——金融期货与金融期权

学习目标：通过本章学习，了解金融衍生工具的概念、特征和种类，了解金融期货、金融期权的定义、功能和种类。

证券市场经过多年的发展，随着市场的不断完善、投资者投资偏好和风险控制意愿的增强，市场又产生了股票指数期货、利率期货和期权等投资工具。

第一节　金融衍生工具概述

一、金融衍生工具的概念与特征

（一）金融衍生工具的概念

金融衍生工具（Financial Derivative Instruments）常用来描述这样一种金融工具或证券，这一工具（证券）的未来回报依赖于一个基础证券、商品、利率或是指数的值，而这一潜在的证券、商品、利率或指数被称为标的（基础）证券或标的资产。本章主要介绍金融期货与金融期权，前面章节已经介绍了认股权证和可转换债券。

（二）金融衍生工具的特征

1. 跨期交易

金融衍生工具是交易双方通过对利率、汇率、股价等因素变动趋势的预测，约定在未来某一时间按照一定条件进行交易或选择是否交易的合约。

2. 杠杆效应

金融衍生工具交易一般只需要支付少量的保证金或权利金就可签订远期大额合约或互换不同的金融工具。例如，期货交易保证金通常是合约金额的5%，也就是说，期货交易者可以控制 20 倍于所投资金额的合约资产，实现以小博大。

3. 不确定性和高风险

金融衍生工具的成败有赖于交易者对未来市场价格的预测和判断，金融工具价格的变幻莫测决定了金融衍生工具交易盈亏的不稳定性，这是金融衍生工具具有高风险性的重要诱因。

4. 套期保值和投机套利共存

金融衍生工具产生的直接动因是规避风险、进行套期保值，然而，要求保值的交易者不可能都恰好相互达成协议。金融衍生工具在集中了社会经济各种风险之后，需要释放和分配，需要有大量活跃的参与者承担风险，即投机者的加入。

二、金融衍生工具的分类

根据基础资产的不同，可以把金融衍生工具分为商品期货、金融期货和期权。

金融衍生工具可以按照基础工具的种类、交易形式以及自身交易方法的不同而有不同的分类。

（一）按照基础工具种类分类

金融衍生工具从其基础工具角度，可以划分为股权式衍生工具、货币衍生工具和利率衍生工具。所谓基础工具，就是能够产生衍生工具的传统金融工具。

1. 股权式衍生工具

股权式衍生工具是指以股票或股票指数为基础工具的金融衍生工具，主要包括股票期货、股票期权、股票指数期货、股票指数期权以及上述合约的混合交易合约。

2. 货币衍生工具

货币衍生工具是指以各种货币作为衍生工具的金融衍生工具，主要包括远期外汇合约、货币期货、货币期权、货币互换以及上述合约的混合交易合约。

3. 利率衍生工具

利率衍生工具是指以利率或利率的载体为基础工具的金融衍生工具，主要包括远期利率协议、利率期货、利率期权、利率互换以及上述合约的混合交易合约。

（二）按照基础工具的不同交易形式分类

金融衍生工具从其基础工具的交易形式角度，可以划分为风险收益对称型和风险收益不对称型两类。

风险收益对称型是交易双方都负有在将来某一日期按一定条件进行交易的义务，属于这一类的有远期合约、期货合约、互换合约。风险收益不对称型是交易双方中合约购买方有权选择是否履行合约。属于这一类的有期权合约、认股权证、可转换证等。

（三）按照金融衍生工具自身交易的方法及特点分类

金融衍生工具从其自身交易的方法和特点可以分为金融远期、金融期货、金融期权和金融互换。

1. 金融远期

金融远期是指合约双方同意在未来日期按照固定价格交换金融资产的合约。金融远期合约规定了将来交换的资产、交换的日期、交换的价格和数量，合约条款因合约双方需要不同而不同。金融远期合约主要有远期利率协议、远期外汇合约和远期股票合约。

2. 金融期货

金融期货是指买卖双方在有组织的交易所内以公开竞价的形式达成的，在将来某一特定时间交收标准数量特定金融工具的协议。主要包括货币期货、利率期货、股票指数期货和股票期货四种。

3. 金融期权

金融期权是指合约双方按约定价格，在约定日期内就是否买卖某种金融工具所达成的契约，包括现货期权和期货期权两大类。

4. 金融互换

金融互换是指两个或两个以上的当事人按共同商定的条件，在约定的市价内交换一定支付款项的金融交易，主要有货币互换和利率互换两类。

第二节　金融期货

　　期货交易是贸易形式发展的自然结果。从历史的角度看，人类社会有了生产，有了交换，便产生了商品货币交换关系，产生了各种形式的贸易活动。从总体上讲，交易活动大体上可分为现货交易和期货交易两大类。现货交易是一手交钱一手交货的交换。期货交易的对象是统一的标准合同，即期货合约。在交易成交后，并没有真正移交商品的所有权。在合同期内，交易的任何一方都可以及时转让合同，不需要征得其他人的同意。履约可以采取实物交割的方式，也可以采取对冲期货合约的方式。

一、金融期货交易的定义

　　期货（Futures）交易是买卖双方约定在将来某个日期按成交时双方商定的条件交割一定数量某种商品的交易方式。由于交易双方在成交时并未真正实现商品和价款的转移，而要到未来某个日期按原来达成的协议进行货款交割，因此双方需要就交易内容分别向对方做出承诺，并达成某种形式的书面协议，这一协议，就是期货合约。期货合约是交易双方约定在将来某个日期按双方商定的条件接受或付出一定标准数量和质量的某一具体商品的可转移的协议。

　　金融期货（Financial Futures）指以金融工具为标的物的期货合约。金融期货作为期货交易中的一种，具有期货交易的一般特点，但与商品期货相比较，其合约标的物不是实物商品，而是传统的金融商品，如证券、货币、汇率、利率等。金融期货交易是从 20 世纪 70 年代初开始的。1972 年芝加哥商品交易所率先推出外币汇率期货。1975 年陆续推出美国政府 91 天期国库券期货、美国政府长期公债期货、90 天期和 30 天期的商业票据期货、中期政府债券期货、欧洲美元期货、大面额存单期货、股票指数期货等。

　　金融期货市场形成后，以前所未有的速度飞速发展，品种层出不穷，数量日益增加。金融期货交易的出现不仅为防范各种风险提供了有效途径，也使金融资产的总量和品种有所发展，为证券市场提供了形式多样的交易工具和灵活方便的交易形式，还从多方面提高了市场效率和稳定性，因而受到很高的评价。

　　以金融资产为标的物的期货合约品种很多，目前主要有三大类，一是利率期货，即以利率为标的物的期货合约；二是货币期货，即以汇率为标的物的期货合约；三是股票指数期货，即以股票价格指数为标的物的期货合约。

二、金融期货交易的特征

金融期货交易是一种独立的交易方式，有着不同于金融现货交易的特征：

1. 交易对象不同

金融现货交易的对象是某一具体形态的金融工具，是代表着一定所有权或债权关系的股票、债券或其他金融商品，而金融期货交易的交易对象是期货合约。期货合约是由期货交易所设计的一种对指定金融商品的种类、规格、数量、交收月份都作出统一规定的标准化书面协议。

2. 交易目的不同

金融现货交易的目的是为了获得价值或收益权，为生产和经营筹集必要的资金或为暂时闲置的货币资金寻找生息获利的投资机会。金融期货交易主要是为了套期保值，即为不愿承担价格风险的生产者与经营者提供稳定成本、保住利润的条件，从而保证生产和经营活动正常进行。金融期货的交易价格是在交易过程中形成的，而且实际上这个交易价格是金融期货的未来价格，这相当于在交易的同时发现了金融期货标的的未来价格，因此，从这个意义上看，期货的交易过程也就是价格的发现过程。正是金融期货交易的这一特点，导致了在金融期货交易过程中蕴藏着巨大的投机获利的机会。

3. 结算方式不同

金融现货交易通常以证券与货币等金融商品的转手而结束交易活动。而在金融期货交易中，仅有极少数的合约到期进行实物或现金交割，差不多近98％的期货合约是通过做相反交易而进行对冲结算的。

三、金融期货的种类

金融期货又可细分为利率期货、外汇期货和股票指数期货。

（1）利率期货，指以利率为标的物的期货合约。世界上最先推出的利率期货是于1975年由美国芝加哥商业交易所推出的美国国民抵押协会的抵押证期货。利率期货主要包括以长期国债为标的物的长期利率期货和以两个月短期存款利率为标的物的短期利率期货。

（2）外汇期货，指以汇率为标的物的期货合约。货币期货是适应各国从事对外贸易和金融业务的需要而产生的，目的是借此规避汇率风险，1972年美国芝加哥商业交易所的国际货币市场推出第一张货币期货合约并获得成功。其后。英国、澳大利亚等国相继建立货币期货的交易市场,货币期货交易成为一种世界性的交易品种。目前国际上货币期货合约交易所涉及的货币主要有英镑、美元、德国马克、日元、瑞士法郎、加拿大元、法国法郎、澳大利亚元以及欧洲货币单位等。

(3)股票指数期货,指以股票指数为标的物的期货合约。股票指数期货是目前金融期货市场最热门和发展最快的期货交易。股票指数期货不涉及股票本身的交割,其价格根据股票指数计算,合约以现金清算形式进行交割。

四、金融期货交易的功能

金融期货交易最主要的功能是套期保值和价格发现。

1. 套期保值功能

套期保值(Hedging)指的是套期保值者借助期货交易的盈亏来冲销其资产或负债价值变动的行为,它是转移风险的重要手段。套期保值主要是为现货避免价格风险。价格的变化可能对持有的现货有利,也可能不利。只有当未来价格的变动对投资者拥有或准备拥有的现货产生不利影响时,才有必要进行套期保值。保值者是否能通过期货交易达到预期的保值目的,主要取决于市场价格的变化。

套期之所以能够保值,是因为同一种特定商品的期货和现货的交货日期前后不一,而它们的价格,则受相同的经济因素和非经济因素影响和制约,而且,期货合约到期必须进行实物交割的规定性,使现货价格与期货价格还具有趋合性,即当期货合约临近到期日时,两者价格的差异接近于零,否则就有套利的机会,因而,在到期日前,期货和现货价格具有高度的相关性。在相关的两个市场中,反向操作,必然有相互冲销的效果。

套期保值分为买入套期保值和卖出套期保值。买入套期保值(又称多头套期保值)是在期货市场中购入期货,以期货市场上的多头来保证现货市场的空头,以规避价格上涨的风险。卖出套期保值(又称空头套期保值)是在期货市场中出售期货,以期货市场上的空头来保证现货市场的多头,以规避价格下跌的风险。

2. 价格发现功能

价格发现是期货市场的又一重要功能。所谓价格发现功能是指在一个公开、公平、高效、竞争的期货市场中,通过期货交易形成的期货价格,具有真实性、预期性、连续性和权威性的特点,能够比较真实地反映出商品价格的变动趋势。

由于期货价格和现货价格走向一致并逐渐趋合，所以今天的期货价格可能就是未来的现货价格，是众多买卖双方对未来现货价格的合理预期。这一关系使得套期保值者、投机者以及生产加工企业、销售企业等都利用期货价格来衡量相关现货商品的近远期价格发展趋势，利用期货交易所形成的价格和传播的市场信息来制定各自的经营决策。当然，由于在期货交易中有投机因素及人的主观因素的作用，期货价格并非时时刻刻都能准确地反映市场供求情况。但是，这一价格克服了分散的各地市场价格的时间和空间上的局限性，具有公开连续的特点，比较真实地反映了在一定时期内供求状况影响下资产的价格水平。

五、金融期货的理论价格及影响因素

金融期货价格是由交易双方约定的、在未来某日期交割一定数量金融工具时所实际执行的价格。决定期货价格的方法主要有两种：一是根据现货价格和持有成本决定；另一种是由现货——持有套利来决定。

1. 持有成本与理论期货价格的决定

持有成本（Cost of Carry）是指投资者为持有现货金融工具至期货合约到期日所必须支付的净成本，即人们因持有现货金融工具而取得的收益减去因购买现货金融工具而付出的融资成本以后所得的差额。用一单利公式来表示金融期货理论价格。

设 t 为现在时刻，T 为期货合约的到期口，F_t 为期货的当前价格，S_t 为现货的当前价格，则期货的理论价格为：

$F_t = S_t(1 + R)$

式中：R——从 t 到 T 时刻持有现货的成本和时间价格。

基差（B）是指金融现货价格（S_t）和金融期货理论价格（F_t）的差额。$B = S_t - F_t$。

以股价指数期货为例，其理论价格具体可以表示为：

$F_t = S_t[1 + (r - d)(T - t)/360]$

式中：S_t——基础指数的现值；

　　　r——无风险利率；

　　　d——连续的红利支付率；

　　　$(r - d)(T - t)/360$——期货理论价格公式中的持有成本和时间价值。

2. 按现货——持有套利确定期货价格

现货——持有套利是指投资者在买进现货金融工具的同时，卖出以该金融工具为标的物的期货合约。

如果人们预期基差将扩大，则做现货——持有套利；如果预期基差减小，则做反向现货——持有套利。

从以上可以看出，影响期货价格的主要因素是持有现货的成本和时间，而且期货价格与现货价格经常不一致，故影响期货价格的因素比现货价格的因素要多得多，主要有市场利率、预期通货膨胀、财政政策、货币政策、现货金融工具的供求关系、期货合约的有效期、保证金要求、期货合约的流动性。

第三节　金融期权

金融期权交易最早开始于股票期权交易，在股票期权交易的基础之上发展了利率期权、外汇期权、股价指数期权等金融期权，金融期权交易与期货交易一样都是非常成功的金融创新工具。与传统的证券交易方式相比，期权交易有独特的交易规则、运行机制和市场功能。

一、金融期权的定义

期权（Option），又称选择权，是指它的持有者在规定的期限内具有按交易双方商定的价格购买或出售一定数量某种金融资产的权利。

金融期权（Financial Option），是指以金融商品或金融期货合约为标的物的期权交易形式。具体地说，其购买者在向出售者支付一定费用后，就获得了能在规定期限内以某一特定价格向出售者买进或卖出一定数量的某种金融商品或金融期货合约的权利。期权交易实际上是一种权利的单方面有偿让渡。期权的买方以支付一定数量的期权费为代价而拥有这种权利，但不承担必须买进或卖出的义务；期权的卖方则在收取了一定数量的期权费后，在一定期限内必须无条件服从买方的选择并履行成交时的允诺。

期权合约与期货合约不同，期货合约的多头和空头方在签订协议后，都是既有权利又有义务，按照约定的价格买入或卖出一定数量的资产；而期权合约的多头方获得了按合约约定买（或者卖）某种资产的权利，没有义务，而其空头方则只有按照多头方要求履行买卖的义务，全然没有权利。为此，期权合约的多头方必须事先向空头方缴纳期权费，才能获得相应的权利。这时候，期权合约中实际买卖的那个资产就是期权合约的标的资产。希望进行期权投资的交易者既可以在交易所进行标准化的期权交易，也可以在银行和其他金融机构的场外市场上找到相应的期权交易对手。

二、金融期权的基本类型

1. 看涨期权

看涨期权（Call option）又称买入期权，是指期权的买方具有在约定期限内按敲定价格买入一定数量金融资产的权利。投资者之所以买入看涨期权，是因为他预期这种金融资产的价格在近期内将会上涨。如果判断正确，按协议价买入该项资产并以市价卖出，可赚取市价与协议价之间的差额；如果判断失误，则损失期权费。

2. 看跌期权

看跌期权（Put option）又称卖出期权，是指期权的买方具有在约定期限内按敲定价格卖出一定数量金融资产的权利。投资者之所以买入看跌期权，是因为他预期该项金融资产的价格在近期内将会下跌。如果判断正确，可从市场上以较低的价格买入该项金融资产，再按协议价卖出，将赚取协议价与市价的差额；如果判断失误，将损失期权费。

此外，按照期权合约所规定的履约时间的不同，金融期权可分为欧式期权与美式期权。欧式期权只能在期权到期日执行，既不能提前，也不能推迟；而美式期权则可在期权到期日或到期日之前的任何一个营业日执行，当然，若超过到期日，美式期权也同样会作废。

三、金融期权的种类

1. 股票期权

股票期权是指买方在交付了期权费后，即取得在合约规定的到期日或到期日以前按协议价买入或卖出一定数量相关股票的权利。

2. 股票指数期权

股票指数期权以股票指数为标的物，买方在支付了期权费后，即取得在合约有效期内或到期时以协定指数与市场实际指数进行盈亏结算的权利。股票指数期权没有可作为实物交割的具体股票，采取现金轧差的方式结算。

3. 利率期权

利率期权是指买方在支付了期权费后，即取得在合约有效期内或到期时以一定的利率（价格）买入或卖出一定面额的利率工具的权利。利率期权合约通常以政府短期、中期、长期债券，欧洲美元债券，大面额可转让存单等利率工具为标的物。

4. 货币期权

货币期权又叫外币期权、外汇期权，是指买方在支付了期权费后即取得在合约有效期内或到期时以约定的汇率购买或出售一定数额某种外汇资产的权利。货币期权合约主要以美元、德国马克、日元、英镑、瑞士法郎、加拿大元及澳大利亚元等为标的物。

5. 金融期货合约期权

金融期货合约期权是一种以金融期货合约为交易对象的选择权，它赋予其持有者在规定时间内以协定价格买卖特定金融期货合约的权利。

四、金融期权的基本功能

金融期权与金融期货的功能类似，也就是说，金融期权是金融期货功能的延伸和发展，与金融期货一样具有套期保值和价格发现的功能。

五、金融期权定价

期权价格即权利金，它是由两个部分构成：一是内在价值；二是时间价值。

1. 内在价值

所谓内在价值，是指期权本身具有的价值，即期权的履约价格与该标的商品的现货价格的差额。

每一看涨期权在 z 时点的内在价值为：

$$EV_t = \begin{cases} (S_t - K) \cdot m & \text{如 } S_t > K \text{（价内）} \\ 0 & \text{如 } S_t \leqslant K \text{（价外或价平）} \end{cases}$$

每一看涨期权在 z 时点的内在价值为：

$$EV_t = \begin{cases} 0 & \text{如 } S_t \geqslant K \text{（价外或价平）} \\ (K - S_t) \cdot m & \text{如 } S_t < K \text{（价外）} \end{cases}$$

其中：EV_t 表示期权在 t 时点的内在价值，S_t 表示标的物在 t 时点的市场价格，K 表示协议价格，m 表示按一期权合约规定的标的物数量。

2. 时间价值

所谓时间价值（Time Value），也称外在价值，是指期权合约的购买者为购买期权而支付的权利金超过期权内在价值的那部分价值。期权购买者之所以愿意支付时间价值，是因为他预期随着时间的推移和市价的变动，期权的内在价值会增加。

内在价值决定于履约价格与现货价格的关系，而时间价值决定于投资者在合约到期前对市价变动的预期。

[例8—1]

投资者买入一份看涨期权，有效期6个月。当时该股票30元，合约规定他有权在6个月中任何一天可按协定价格每股32元购入该股票1000股，期权费每股3元。如若干天后，该股上升到40元，与此同时，期权价也上升到10元。请判断投资者如何操作才能获利最大？

假设1，他当初并未买什么期权，而是直接买10手股票，那么，现在账面盈利8000元，投资收益率达25%。

假设2，如案例所说，他现在决定执行合约，扣除成本共盈利5000元，投资收益率达166.67%。

假设3，他决定直接出售权利，获得7000元，投资收益率达233.33%。从这三种假定看，以直接出售期权收益率最高，属上策。当然，该投资者可以继续等待股价或期权价格的继续上扬，不过，这种等待是要承担风险的，万一行情反转，将有可能亏损。图8—1是该期权的盈亏图。

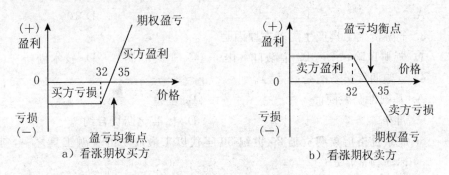

图8—1　看涨期权盈亏图

案例分析

投资者A和B分别为看涨期权的买方与卖方，他们就某公司股票达成看涨期权交易。期权约有效期为6个月，协议价格为10元1股，合约规定股票数量为1000股，期权费为1元1股。在未来的6个月中，投资者A可能有几种不同的选择，相应地也会有几种不同的盈亏情况，请你分析。

作业题

一、名词解释

金融衍生工具　期货　金融期货　利率期货　外汇期货　股价指数期货
期权　金融期权　看涨期权　看跌期权

二、问答题

1. 期货交易有哪些功能？为什么会有这些功能？
2. 什么是套期保值？如何制定一个套期保值计划？如何进行套期保值？
3. 什么是套期图利？套期图利有几种类型？如何进行套期图利？
4. 试述股票价格指数期货交易的意义和特点。

三、单项选择题

1. 金融衍生工具交易一般只需要支付少量的保证金就可以签约，这是衍生工具（　　）的特性。

A. 跨期性　　　　　　B. 风险性　　　　　C. 杠杆性　　　　D. 投机性

2. 若期货保证金比例是 5％，则期货投资者可以控制所投资金额的（　　）倍资产。

A. 5　　　　　　　　B. 20　　　　　　　C. 50　　　　　　D. 100

3. 金融衍生工具产生的基本原因是（　　）。

A. 规避风险　　　　B. 金融自由化　　　C. 追逐利润　　　D. 技术创新

4. 金融期货交易的是（　　）。

A. 基础性金融商品　　　　　　　　　B. 基差

C. 价格　　　　　　　　　　　　　　D. 标准化期货合约

5. 股票价格指数期货是 20 世纪 80 年代以来最成功的金融工具之一，其标的物常常是（　　）。

A. 股票　　　　　　　　　　　　　　B. 股票价格

C. 股票及其价格　　　　　　　　　　D. 市场上各种股票的价格总体水平

6. 世界上第一个开办股指期货交易的交易所是（　　）。

A. 美国堪萨斯农产品交易所　　　　　B. 纽约期货交易所

C. 芝加哥商品交易所　　　　　　　　D. 伦敦国际金融期货交易所

7. 为防止将来现货市场价格上涨不利影响，投资者可以采取的跨期策略是（　　）。

A. 空头期货套期保值　　　　　　　　B. 多头期货套期保值

C. 立即买进现货　　　　　　　　D. 立即卖出现货

8. 标准化期货合约中唯一可变的变量是（　　）。

A. 交易品种　　　B. 交割日期　　　C. 交易价格　　　D. 每日限价

9. （　　）是为了保证期货交易双方能承担合约中的义务的一种财力担保。

A. 每日限价制度　　　　　　　　B. 集中交易制度

C. 限仓制度　　　　　　　　　　D. 保证金制度

10. 投资者进行金融衍生工具交易时，要想获得交易的成功，必须对利率、汇率、股价等因素的未来趋势作出判断，这是衍生工具的（　　）所决定的。

A. 跨期性　　　B. 杠杆性　　　C. 风险性　　　D. 投机性

11. 任何金融工具都可能出现价格的不利变动而带来资产损失的可能性，这是（　　）。

A. 违约风险　　　B. 市场风险　　　C. 法律风险　　　D. 结算风险

12. 下列关于投资者参与金融衍生市场的形象描述是（　　）。

A. 规避风险　　　B. 承担风险　　　C. 追逐利润　　　D. 高利润高风险

13. 某指数现值是 100，市场无风险利率是 2％，离到期日还有 90 天的该指数期货理论价格是（其间无红利支付）（　　）。

A. 102　　　B. 101　　　C. 100.5　　　D. 100

14. 金融资产价格波动性的提高增加了资产持有者的机会成本，这促使了债券债务人对金融资产（　　）的高要求。

A. 保值　　　B. 增值　　　C. 保值增值　　　D. 流动性

15. 汇率风险中最主要、最常见的风险是（　　）。

A. 商业性汇率风险　　　　　　　B. 金融性汇率风险

C. 违约性汇率风险　　　　　　　D. 政治性汇率风险

16. 股票价格指数的出现主要为了规避（　　）。

A. 市场风险　　　B. 非系统风险　　　C. 系统风险　　　D. 违约风险

17. 不属于金融期货交易制度的是（　　）。

A. 逐日盯市制度　　　　　　　　B. 连续交易制度

C. 限仓制度　　　　　　　　　　D. 保证金制度

18. 期权交易中的选择权，属于交易中的是（　　）。

A. 买方　　　B. 卖方　　　C. 双方　　　D. 第三方

19. 影响期权价格的最主要因素是（　　）。

A. 期权的执行价格　　　　　　　B. 标的物资产的现价

C. 协议价格与市场价格　　　　　D. 无风险利率

20. 投资者之所以买入看涨期权，是因为他预期这种金融资产的价格会（　　）。

A. 上涨　　　　　B. 下跌　　　　　C. 不变　　　　　D. 不确定

四、多项选择题

1. 金融衍生工具的基本特征有（　　）。

A. 杠杆效应　　　　　　　　　B. 跨期交易

C. 不确定性和高风险　　　　　D. 保值和投机共存

2. 金融衍生工具所面临的风险包括（　　）。

A. 信贷风险　　　B. 市场风险　　　C. 流动性风险　　　D. 运作风险

3. 按基础工具来分，金融期货主要包括（　　）。

A. 货币期货　　　　　　　　　B. 石油期货

C. 利率期货　　　　　　　　　D. 股票价格指数期货

4. 期货交易采用集中交易制度，其合约撮合成交方式有（　　）。

A. 做市商方式　　　B. 间断性方式　　　C. 连续性方式　　　D. 竞价方式

5. 下列（　　）可以作为金融期货的标的物。

A. 股票　　　　　　　　　　　B. 股票价格指数

C. 外汇　　　　　　　　　　　D. 国债

6. 风险和收益不对称的金融衍生工具交易有（　　）。

A. 利率期货　　　B. 指数期权　　　C. 利率期权　　　D. 认股权证

7. 20 世纪 70 年代后，金融衍生工具的出现与（　　）有关。

A. 20 世纪 70 年代的石油危机　　　B. 利率剧烈波动

C. 汇率剧烈波动　　　　　　　　　D. 计算机技术的发展

8. 金融自由化会导致金融市场（　　）。

A. 利率、汇率、股价波动更加频繁

B. 加剧竞争

C. 金融混业经营

D. 金融衍生工具是银行新的利润增长点来源

9. 金融期货交易与金融现货交易相比，主要的区别是（　　）。

A. 交易对象不同　　　　　　　B. 交易参与者不同

C. 交易目的不同　　　　　　　D. 结算方式不同

10. 为保证期货交易正常有序地进行，期货交易必须遵循（　　）原则。

A. 价格优先　　　B. 公正　　　C. 公开　　　D. 公平

11. 影响期货价格的主要因素有（　　）。

A. 现货成本　　　B. 交易费用　　　C. 红利　　　D. 时间价值

12. 投资者进行金融衍生工具交易时，要想获得交易成功，必须能较准确地预测（　　）的未来变化趋势。

A. 利率　　　　　　B. 汇率　　　　　　C. 股价　　　　　　D. 利率政策

13. 股票期货是以单只股票作为标的物的期货，主要特点是（　　）。

A. 效率高　　　　　B. 成本低　　　　　C. 交易便利　　　　D. 杠杆效应明显

14. 根据协定价格与标的物市场价格的关系，可将期权分为（　　）。

A. 看涨期权　　　　B. 虚值期权　　　　C. 平价期权　　　　D. 实值期权

15. 下列（　　）因素会使认股权证行使价格上涨。

A. 认股权证的市价上涨

B. 每手认股权证可换的普通股数目增大

C. 每手认股权证可换的普通股数目减少

D. 认股价格增大

第九章 证券投资的基本分析

　　学习目标：通过本章学习，掌握基本分析的相关内容，了解宏观经济对证券市场的影响，掌握宏观经济分析变量及对其影响证券市场的方式，了解经济周期和证券市场之间的关系，了解宏观经济政策对证券市场的影响。了解行业分析的基本内容，了解行业分类和行业市场的类型，掌握影响行业发展的经济因素，了解对公司进行实质分析和财务分析的各种指标。

　　证券投资分析是指通过各种专业性的分析方法，对影响证券价值或价格的各种因素进行综合分析，从而判断证券价值或价格及其变动的行为，其主要目的在于选择合适的投资对象和投资时机，获取理想的收益。

　　证券投资分析（Security Investment Analysis）的方法主要有基本分析（Fundamental Analysis）和技术分析（Technical Analysis）两种方法。基本分析是对证券的"本质"进行分析，即根据经济学、金融学及投资学等基本原理，对决定证券价值及价格的基本要素进行分析，确定证券的内在价值，并通过内在价值和市场价值的对比，寻找被市场低估或高估的证券，以此作为买卖的依据。基本分析要回答的问题是某个证券在将来的某个时间应该值多少钱，因此，对选择具体的投资对象和预测证券市场的中长期走势很有帮助。但是，基本分析无法把握证券市场的短期波动，无法确定证券的最佳买卖时机，所以，基本分析还要借助于技术分析来弥补这些不足。

　　基本分析主要包括宏观经济分析、行业分析和公司分析三个方面。

第一节　宏观经济分析

　　在影响证券市场价格的诸多因素中，宏观经济是一个非常重要的因素。宏观经济因素包括国民经济总体状况、经济周期、国际收支、宏观经济政策以及消费和物价水平等，这些宏观经济因素对证券市场价格的影响既是根本性的，也是全局性和长期性的。可以这样说，证券市场价格最根本的影响因素就是宏观经济因素，因为其他的影响因素都是通过影响宏观经济的某一个方面进而来影响证券的市场价格。因此，想成为一个成功的投资者，必须首先对宏观经济状况给予高度的重视，只有对宏观经济状况进行了准确地分析和判断，才能把握经济发展的大方向和证券市场运行的大背景，才能制定出正确的投资策略。股市中"顺势者生，逆势者亡"、"选股不如选时，选时不如选势"等格言已经验证了这一点。

一、宏观经济运行对证券市场的影响

证券市场是宏观经济的晴雨表，这一方面意味着证券市场是宏观经济的先行指标，另一方面也意味着宏观经济的运行状况决定着证券市场的走向。宏观经济运行对证券市场的影响是通过如下几个途径来完成的。

（一）公司经营效益

毋庸置疑，宏观经济环境是影响公司生存和发展的最基本因素，公司的经营效益会随着宏观经济运行周期、宏观经济政策、国际收支状况、利率水平及物价水平等宏观因素的变动而变动。例如，当宏观经济状况好转时，公司经营状况会有所改善，公司盈利水平提高，股价自然会上涨；当政府采取强有力的宏观调控政策，紧缩银根，抑制消费时，公司的经营会直接或间接地受到消极影响，导致公司盈利水平下降，进而影响到公司的股价水平。

（二）居民收入水平

当一国的经济周期处于上升阶段或采取提高居民收入政策的情况下，居民收入水平会提高，这一方面会刺激消费，改善公司的经营环境；另一方面也会加大对证券市场的投资，直接增加证券市场的需求，这两方面都会促使证券价格的上涨。

（三）投资者对股价的预期

投资者对股价的预期体现了投资者对证券市场的信心，这是宏观经济影响证券市场变动的一个重要途径。当投资者对证券市场充满信心时，他们会积极参与股票的交易，市场上人气旺盛，资金充沛，从而推动股价上扬；反之，当投资者对证券市场没有信心时，他们一般会持观望态度，市场上交易清淡，资金不足，从而导致股价下跌。

（四）资金成本

资金成本是改变资金流向的主要因素。当国家改变宏观经济政策，如调整利率水平、实施消费信贷政策、征收利息税等，这会改变投资者的资金持有成本，促使资金流向较低成本的投资领域，从而影响到证券市场的资金供求，进而影响到证券市场的走向。

二、宏观经济变量分析

（一）总供给与总需求

在市场经济条件下，宏观经济状况是由社会总供给和总需求的水平决定的，社会总供求的平衡是宏观经济处于理想状态的标志。根据经济学理论，社会总供给和社会总需求的计算公式如下：

社会总供给＝消费＋储蓄＋财政收入＋信贷收入＋进口＋资金流出（国外取得的收益＋本国对外投资）

社会总需求＝消费＋投资＋财政支出＋信贷支出＋出口＋资金流入（国外对本国的投资＋本国从国外取得的收益）

总供求平衡意味着总量的平衡，这种平衡既可以是公式中每一项分别达到平衡，也可以是此消彼长的整体平衡。如果社会总供求不平衡，宏观经济就会出现问题：总供给大于总需求会导致经济增长速度放缓，甚至出现经济衰退，失业人数增加；总需求大于总供给则会导致经济过热，通货膨胀严重，物价上涨。总供求分析的核心是投资和消费对经济增长的关键作用，经济增长的实质是社会投资和消费的增长，因此该分析的最终目的是如何增加社会总投资和总消费。既然政府的财政收支可以调节，那么总供求平衡的关键就看社会的全部储蓄能否都转化为投资以及全部的进出口能否平衡。

当社会总供求平衡时，国民经济健康快速发展，宏观经济形势好转，投资者对证券市场有着良好的预期，从而刺激证券价格的上涨。

（二）国内生产总值

国内生产总值（GDP）是衡量一国综合经济状况的常用指标，指某一特定时期内在本国领土上所生产的产品和劳务的价值总和，其中包括一部分外国的生产要素在国内生产的价值。国内生产总值由个人消费支出、国内私人总投资、货物和劳务净出口及政府购买四部分组成，它是一国经济成就的根本反映，是衡量宏观经济变动的最好指标。

国内生产总值的变动和证券市场的变动之间有着紧密的联系。从长期看，在上市公司的行业结构和该国的产业结构基本一致的情况下，股票平均价格的变动与国内生产总值的变化趋势是吻合的。但不能简单断定 GDP 的增长必然伴随证券市场的上涨，实际上有的时候恰好相反，我国证券市场从 2001 年 6 月开始的大熊市就是和 GDP 的高增长背道而驰。因此，有必要将国内生产总值与经济形势结合起来进行综合分析判断。

当国内生产总值呈现持续、稳定、高速增长时，社会总需求和总供给协调增长，经济结构趋于平衡，经济增长来源于刺激需求并使闲置或利用率不高的资源得以充分合理利用，这表明经济发展势头良好，证券市场会因上市公司利润增长、居民收入水平提高、投资者对股价的良好预期等因素而增加需求，从而促使证券价格上涨。

当经济发展处于失衡状态下的高增长时，总需求超过总供给，表现为高的通货膨胀率，这是经济形势恶化的前兆，必须采取调控措施，否则将引发未来的"滞胀"（通货膨胀与经济停滞并存），这时，经济发展中的矛盾将逐步表现出来，居民实际收入会降低，最终导致证券价格的下跌。但是，如果政府能采取有效的宏观调控措施维持经济的稳定增长，经济矛盾会逐渐缓解，经济环境得以改善，证券市场也将呈现平稳上升的态势。

当国内生产总值由负增长逐渐转向正增长时，表明恶化的经济环境将逐步好转，证券市场也将由下降趋势转为上升趋势；当国内生产总值由低速增长转为高速增长时，表明经济环境渐入佳境，各项矛盾得以解决，证券市场价格将出现快速上涨之势。

由于证券市场是宏观经济变动的先行指标，证券市场会提前对国内生产总值的变动做出反应，因此，对国内生产总值的变动进行分析要着眼于未来。

（三）通货膨胀率

通货膨胀是指当货币供应量超过了流通中对货币的需求量而出现的物价上涨现象，其实质是货币的贬值。通货膨胀率测量的是价格全面上涨的程度，但实际上这种上涨程度很难测量，因此各国往往用其他一些比率来代替通货膨胀率，其中常见的是消费品物价指数。

通货膨胀对证券市场的影响不能一概而论，应该区别通货膨胀的形成原因、程度、当时的经济环境以及政府可能采取的调控措施等因素来分析判断。

这里主要从经济是否处于充分就业状态来探讨通货膨胀对证券市场的影响。当经济处于非充分就业时，适度的通货膨胀能使经济繁荣，就业增加，居民收入和企业利润提高，证券需求和资金流入增加，从而刺激股价上涨；当经济处于充分就业时，物价的上涨不会刺激就业，而工人要求的工资会提高，企业成本加大，利润降低，另一方面，物价上涨使居民购买力下降，限制了企业销售，出于对货币贬值和物价上涨的担心，人们将大量购买实物商品而非股票来保值，导致股价下跌。

（四）失业率

失业率反映的是一个国家或地区在某一时点上的失业水平，可以用失业人数占全部劳动力的比值来表示。由于失业率和经济增长率（国内生产总值的增长率）之间具有很强的相关性（经济增长率高通常意味着很高的就业水平，反之，经济增长率低意味着失业率较高），因此，失业率的高低可以从侧面衡量宏观经济的好坏。

失业率和证券市场之间的关系可以表述为：失业率高，表明经济发展速度缓慢或处于停滞期，企业经营不善，利润和居民收入水平降低，证券需求减少，股价下跌；失业率低，表明经济增长迅速，企业处于扩张和发展阶段，利润和居民收入增加，证券需求和资金流入增加，股价上涨。

（五）利率

利率是资金的价格，是对证券市场影响最直接、最迅速的金融因素。利率的波动反映了市场上货币资金的供求变动。利率的升降不仅直接影响着整个社会的投资与消费水平，从而影响到上市公司的经营业绩，还会改变社会资金在证券市场各投资品种之间以及证券市场和银行之间的分配，引发证券市场价格的涨跌。总的说来，提高利率会使股价下跌，降低利率会使股价上涨。另一方面，证券投资和银行存款之间有着良好的互补性，按一定比例同时持有股票或债券以及银行存款是有效防止利率波动风险的一种方式。

利率对证券市场的影响要区分不同的投资品种，通常情况下，利率对股票价格的影响比较明显，市场反应也比较迅速。因此，想把握股票价格的走势，首先要对利率的变化趋势进行全面而准确的判断。

（六）汇率

汇率是本国货币与外国货币进行交换时的交换比率。汇率变化是国际市场商品和货币供求关系的综合反映，影响汇率变动的主要因素包括国际收支状况、本国货币的实际购买力、通货膨胀及本国利率高低等。一般来说，汇率变动对外向型上市公司的影响较大，而对于以国内市场为中心的上市公司并没有直接的影响。当汇率上升导致本国货币贬值时，出口型企业出口的商品和劳务可以较低的外币价格在国际市场上出售，提高了价格竞争力，该类公司的证券价格将上涨，但进口型企业则会因成本增加而受损，导致该类公司证券价格下跌；而当汇率下降导致本国货币升值时，情况刚好相反。同时，汇率的变动还可以影响外资流入本国的数量，进而影响到证券市场的价格。实际上，无论汇率怎样变动都会产生不良的影响，因此，各国都力争保持本国货币的稳定，既不轻易升值也不轻易贬值，但在现实中保持绝对的稳定是很难做到的，为了消除汇率变动的消极影响，各国政府往往通过外汇储备或国债回购对汇率进行干预。

综上所述，汇率的变动一方面引起本国证券市场和外国证券市场的相对变化，另一方面又引起本国证券市场内出口型企业和进口型企业上市证券价格的相对变化。

三、经济周期分析

从整个国民经济看，经济增长受各种因素的影响，常常呈现周期性变化，这种周而复始的变化称为经济周期。经济周期通过影响企业的生产经营状况和利润以及人们的收入水平对证券市场产生重要影响，因此，投资者必须对经济周期做出准确的判断和预测。

经济周期波动是各种经济现象变动的综合反映，但各种经济现象的变动并不完全统一，它们在时间上会有先后顺序。按照变动的时间顺序，我们将各种指标分成先行指标、同步指标和滞后指标三类。先行指标是指先于经济活动达到高峰或低谷的指标，这些指标对未来经济发展有预示作用，例如货币政策指标、财政政策指标、劳动生产率及股票价格指数等。同步指标是指与经济周期大约同时到达高峰或低谷的指标，反映的是宏观经济正在发生的情况，例如商品零售额、工业生产指数、个人收入及失业率等。滞后指标是落后于经济活动的指标，例如零售物价指数、优惠贷款利率和商品库存等。投资者可以根据先行指标进行预测，然后用同步指标和滞后指标进行验证。

研究表明，经济周期一般经历复苏、繁荣、衰退和萧条四个阶段，每四个阶段构成一个周期，循环往复。与经济发展周期相适应，证券市场价格也呈周期性变化，每一个变化周期大致可分为上升、高涨、下降和停滞四个阶段。在市场经济和金融市场高度发达的国家中，经济状况与股市行情之间存在着相当密切的关系，相互影响，相互促进。一般说来，经济繁荣，证券价格上涨，经济衰退，证券价格下跌。虽然证券市场价格的变动周期与经济周期大体一致，但在时间上并不完全相同。从实践上来看，证券市场走势比经济周期大约提前几个月到半年，也就是说，证券市场走势对宏观经济运行有预示作用。这就是通常所说的"证券市场是宏观经济的晴雨表"的原因所在，也是股票价格指数作为先行指标的理由所在。当然，证券市场的"晴雨表"功能是就其中长期趋势而言的。

需要说明的是，经济周期作为宏观经济运行的一种内在规律，它的存在并不依赖于国家和制度的不同。近年来，虽然各国加强了对宏观经济的干预，使得经济周期由繁荣到萧条的波幅大大减小，但经济周期依然存在，而且周期长度明显延长。这就意味着国家干预经济的政策只能在一定程度上削弱经济周期的振幅，却不能根除经济周期。另外，经济周期并不像数学"周期"那样具有严格的波长和波幅，这会给经济周期的阶段性判断带来困难。

四、宏观经济政策分析

宏观经济政策指政府干预经济的一系列政策。宏观经济运行的周期性给人们的生活带来很大的困扰，例如，伴随经济繁荣而出现的通货膨胀和经济衰退引发的高失业率等。因此，有必要由国家出面对经济活动进行一定程度的干预，从而减轻经济的周期变动所带来的不良影响。宏观经济政策主要分为财政政策和货币政策两大类。

（一）财政政策分析

财政政策是政府依据客观经济规律制定的指导财政工作和处理财政关系的一系列方针、准则和措施的总称。

1. 财政政策的手段及其对证券市场的影响

财政政策（Fiscal Policy）的手段主要包括国家预算、税收、国债、财政补贴、财政管理体制、转移支付制度等。这些手段可以单独使用，也可以配合协调使用。

国家预算是财政政策的主要手段。作为政府的基本财政收支计划，国家预算能全面反映国家财力规模和平衡状态，并且是各种财政政策综合运用结果的反映，因而在宏观调控中具有非常重要的作用，而这种作用主要是通过影响社会供求的总量平衡来完成的。

税收是国家凭借政治权力参与社会产品分配的重要形式，它既是筹集财政收入的主要工具，又是调节宏观经济的重要手段。通过设置差别化的税率可以使企业之间以及投资者之间承担不同的税负水平，从而达到调节供求关系的目的。

国债是国家按照有偿信用原则筹集财政资金的一种形式，它既可以调节国民收入的使用结构和产业结构，促进经济结构的合理化，又可以调节资金供求和货币供应量。

财政补贴是国家为了某种特定需要，将一部分财政资金无偿提供给企业和居民的一种再分配方式。我国的财政补贴主要有价格补贴、企业亏损补贴、财政贴息、房租补贴、职工生活补贴和外贸补贴等。

财政管理体制是中央与地方、地方各级政府之间以及国家与企事业单位之间资金管理权限和财力划分的一种根本制度，其主要功能是调节各地区、各部门之间的财力分配。

转移支付制度是中央财政将集中的一部分财政资金，按照一定的标准拨付给地方财政的制度，其主要功能是调整中央政府和地方政府之间以及各地区间的财力不平衡。

财政预算政策和税收政策既可以影响到财政收支水平，进而影响到整个经济的发展状况，又可以给某些行业和某些企业带来不同的影响，从而影响到它们在证券市场上的整体表现。同样，通过实施税收优惠政策，可以使某些行业和企业处于有利的经营环境，利润增加，进而促进股价上扬。另外，针对证券投资收入的所得税政策对证券市场更是有着直接的影响。最后，国债的发行对证券市场的资金流向有很大影响，大量发行国债将分流股票市场的资金，导致股票价格下跌。

2. 财政政策的种类及其对证券市场的影响

从财政政策的运作来看，它可以分为扩张性财政政策、紧缩性财政政策和中性财政政策。实施紧缩性财政政策时，政府财政主要保证各种行政和国防开支，并不从事大规模的投资；实施扩张性财政政策时，政府积极投资于能源、交通、住宅等建设，从而刺激相关行业的发展；当社会经济处于平稳发展阶段时，政府可以采取中性财政政策，即顺势而为，对经济运行不作干预。总的来说，紧缩性财政政策通过提高税率、减少财政支出、增加国债发行和减少财政补贴等手段使过热的经济受到控制，证券市场因而也将走弱，因为这意味着未来经济的减速增长或走向衰退；而扩张性财政政策则通过相反的手段刺激经济发展，证券市场因此走强，因为这意味着未来经济的加速增长或进入繁荣阶段。

从财政政策的目标来看，它可以分为长期、中期和短期财政政策。财政政策的短期目标是促进经济稳定增长，通过各种手段影响社会需求总量，促进社会总需求和社会总供给趋向平衡。财政政策的中长期目标，首先是资源的合理配置，为社会总供求的平衡提供条件；其次是实现收入的公平分配，促进经济社会的协调发展。

(二) 货币政策分析

货币政策（Monetary Policy）是指政府为实现一定的宏观经济目标所制定的关于货币供应和货币流通组织管理的基本方针和基本准则。货币政策的目标应根据不同时期的具体经济环境和市场状况来确定，并适时进行调整。现代社会的货币政策目标包括稳定币值（物价）、充分就业、经济增长和国际收支四个方面，我国 1995 年通过的《中国人民银行法》把货币政策目标定为"保持货币币值的稳定，并以此促进经济增长"。

货币政策对经济的调控作用表现在以下几个方面：通过调控货币供应总量保持社会总供给与总需求的平衡；通过调控利率和货币总量控制通货膨胀，保持物价总水平的稳定；调节国民收入中消费与储蓄的比重；引导储蓄向投资转化并实现资源的合理配置。

1. 货币政策工具

货币政策工具又称货币政策手段，是指中央银行为实现货币政策目标所采用的政策手段。货币政策工具可分为一般性政策工具和选择性政策工具。一般性政策工具包括法定存款准备金率、再贴现政策和公开市场业务；选择性货币政策工具包括直接信用控制和间接信用指导。

法定存款准备金率的高低直接影响着商业银行可用资金的数量。当中央银行提高法定存款准备金率时，商业银行可用资金减少，贷款能力下降，市场中的货币流通量相应减少，所以，在通货膨胀严重时可提高法定存款准备金率；反之，则降低法定存款准备金率。由于该工具的调整会在很大程度上影响整个经济和社会的心理预期，因此，它的效果非常明显，而且过于猛烈，中央银行应慎用此工具。

再贴现政策是指中央银行对商业银行用持有的未到期票据向中央银行融资所作的政策规定，主要包括再贴现率的确定和再贴现的资格条件。再贴现率的调整主要着眼于短期政策效应，中央银行通过影响商业银行借入的资金成本，进而影响商业银行对社会的信用量，从而调整货币供给总量。再贴现资格条件的规定则着眼于长期的政策效应，通过发挥抑制或扶持作用，改变资金的流向。

公开市场业务是中央银行在金融市场上公开买卖有价证券，以此来调节市场货币供应量的政策行为。当中央银行认为有必要增加货币供应量时，会买进有价证券（主要是政府债券），反之，则出售所持有的有价证券。

直接信用控制和间接信用指导是在一般性政策工具基础上发展起来的供中央银行选择使用的措施。直接信用控制是指中央银行以行政命令或其他方式，直接对金融机构尤其是商业银行的信用活动进行控制，具体手段包括规定利率限额与信用配额、信用条件限制、规定金融机构流动比率和直接干预等。间接信用指导是指中央银行通过道义劝告、窗口指导等办法来间接影响商业银行等金融机构行为的做法。

2. 货币政策的种类

根据货币政策的运作方式，可以将货币政策分为紧的货币政策和松的货币政策。

紧的货币政策采用的手段包括减少货币供应量、提高利率和加强信用控制。如果市场上物价上涨，经济过度繁荣，则被认为是社会总需求大于总供给，中央银行会采取紧缩的货币政策来减少需求。

松的货币政策采用的手段包括增加货币供应量、降低利率和放松信贷控制。如果市场上产品销售不畅，经济运转困难，资金短缺，设备闲置，则被认为是社会总需求小于总供给，中央银行会采取宽松的货币政策来扩大货币供应量，进而增加社会总需求。

总的来说，当经济衰退时，总需求不足，采取松的货币政策；当经济扩张时，总需求过大，采取紧的货币政策。当然，政府必须根据实际情况掌握松紧的程度，还必须根据各种工具的特点和实施效果选择合适的政策工具。

3. 货币政策对证券市场的影响

相对于财政政策对证券市场持久而缓慢的影响，货币政策对证券市场的影响是迅速而直接的。中央银行的货币政策通过以下几个方面对证券市场产生影响。

（1）中央银行通过调整基准利率对证券价格产生影响。金融市场上存在多种利率，如贴现利率和再贴现利率、同业拆借利率、回购利率、国债利率等，其中再贴现利率和同业拆借利率是基准利率。随着金融市场的不断发展，基准利率已成为中央银行行之有效的货币政策工具。利率对证券市场的影响前面已经介绍，这里不再重复。

（2）中央银行通过公开市场业务对证券价格产生影响。当政府实施较为宽松的货币政策时，中央银行会大量购进有价证券，使市场上货币供给量增加，推动利率下调，激发企业和个人的投资热情，生产扩张，利润增加，从而推动股票价格上涨；反之，股票价格下跌。另一方面，公开市场业务直接以国债为操作对象，因此直接关系到国债市场的供求变动，影响国债的价格。

（3）中央银行通过调节货币供应量对证券市场产生影响。中央银行可以通过法定存款准备金率和再贴现政策来调节货币供应量，从而影响货币市场和资本市场的资金供求，进而影响到证券市场。

（4）中央银行通过选择性货币政策工具对证券市场产生影响。为了实现国家的产业政策和区域经济政策，我国往往对不同行业和地区采取不同的货币政策，这些政策会对证券市场的整体行情产生影响，而且还会因板块效应对证券市场产生结构性影响。

第二节　行业分析

宏观经济分析为证券投资提供了背景条件，但没有为投资者解决如何投资的问题，要准确选择投资对象，还必须进行行业分析和公司分析。行业分析的目的是确定每个行业和每个阶段的不同之处，通过对比衡量，把握各个行业和各个阶段的风险与收益关系，从而制定出正确的投资策略。

一、行业的分类

行业一般指生产或提供相同或类似产品或服务的一组企业。为了经济统计的需要，各国都要按照一定的标准对行业进行分类，这些标准包括劳动对象的同类性、劳动资料功能的相同性、劳动过程运用技术的一致性和劳动成果（即产品）效用的相似性等。

我国目前对行业的分类有多种方法，如国家统计局于 1985 年公布的三大产业分类、1994 年发布的国家标准行业分类和 2002 年公布的新国民经济行业分类等。这些分类方法主要服务于经济统计的需要，对证券市场的投资者未必适用，因此，有必要从证券投资的角度对行业进行分类。

（一）根据经济周期与行业发展的关系分类

1. 成长型行业

成长型行业是指发展速度快于社会经济平均发展速度的行业。这类行业的发展一般与经济周期的变化无关，不会或很少受到经济衰退的影响，它们的快速发展主要依靠技术进步、新产品开发、提供优质服务及改善经营管理等。选择这类行业进行投资，既可享受行业快速增长的利益，又可回避经济周期波动的风险，因此倍受投资者青睐。近些年来的计算机、软件及电子通信等行业就属于成长型行业。

2. 周期型行业

周期型行业受经济周期的影响非常大。经济繁荣时这类行业相应扩张，经济衰退时这类行业相应收缩。建筑材料、家用电器及旅游业等都属于周期型行业。

3. 防御型行业

防御型行业受经济周期的影响较小，或不受影响。这类行业的商品主要是生活必需品或必要的公共服务，需求相对稳定，因此公司的盈利水平也相对稳定。食品业和公用事业是典型的防御型行业。

了解了经济周期与行业的关系，投资者就能顺应经济环境选择最佳的行业进行投资。当经济处于繁荣阶段时，选择周期型行业投资；当经济处于衰退阶段时，选择防御型行业投资。

（二）我国上市公司的行业分类

我国证券监管机构于 2001 年公布了《上市公司行业分类指引》，以营业收入为标准，将上市公司分为 13 类：农、林、牧、渔业；采掘业；制造业；电力、煤气及水的生产和供应业；建筑业；交通运输、仓储业；信息技术业；批发和零售贸易业；金融、保险业；房地产业；社会服务业；传播与文化产业；综合类。

（三）其他分类

为了使用方便，现实经济活动中还存在其他一些分类方法，例如，根据行业未来的发展前景，可将行业分为朝阳行业和夕阳行业；根据行业所采用技术的先进程度，可将行业分为新兴行业和传统行业；根据行业的要素集约度，可将行业分为资本密集型、技术密集型和劳动密集型行业；股票价格指数中对样本股进行的分类等。

二、行业的市场类型

根据各行业中企业数量、产品性质、价格制定等因素，可以将行业分为四种市场类型，即完全竞争、垄断竞争、寡头垄断和完全垄断。

（一）完全竞争

这是指许多企业生产同质产品的市场情形，也是理论性很强的一种市场类型。完全竞争市场呈现如下特点：生产者众多，各种生产资料可以完全自由流动；生产的产品没有差别；任何一个企业都不能控制或影响产品的价格，企业只能是价格的接受者；企业的盈利完全取决于市场的需求；生产者和消费者可以自由进入或退出市场。由于受市场供需和其他客观环境的影响较大，该行业企业的经营业绩波动较大，利润不稳定，证券价格受其影响波动也很大，所以投资的风险比较大。从上述特点可以看出，严格的完全竞争在现实经济生活中是不存在的，一般把初级产品市场近似地看作完全竞争市场。

（二）垄断竞争

这是指许多生产者生产同种但不同质产品的市场情形。垄断竞争市场呈现如下特点：生产者众多，生产资料可以流动；产品同种不同质，存在一定的差别；生产者可以在一定程度上控制产品的价格，但盈利仍主要受市场供求关系的影响。不同品牌的服装和家用电器等制成品一般属于该种类型。

（三）寡头垄断

这是指相对少量的生产者占有某种产品大量市场份额的市场情形。在寡头垄断市场上，生产者数量较少，但产品的差别很小，通常存在一个起领导作用的企业，该企业对产品价格有一定的垄断能力，其他企业在定价和经营方式上随领导企业的变动而变动。这类行业基本上是资本密集型或技术密集型的，如钢铁、汽车和石油等行业。

（四）完全垄断

这是指独家企业生产某种特质（没有相似的或没有可以替代的）产品的市场情形。在这种市场中，产品的价格和数量完全由一个企业控制，作为垄断者，该企业可以获取最大限度的利润。但是，这类行业要受到反垄断法和政府管制的约束，以保证其他企业和居民的正常消费。公用事业和某些稀有资源的开采等行业属于该种类型。

实际上，大多数行业处于完全竞争和完全垄断两种极端情况之间。一般而言，竞争性越强的行业，受市场供求关系的影响越大，因此投资风险就越大；反之，垄断性越强的行业由于对产品价格和利润的控制能力很大，投资风险相对较小。

三、行业的生命周期

任何行业都要经历一个由产生到成长再到衰退的发展演变过程，这个过程称为行业的生命周期。行业的生命周期一般经历四个阶段，即初创阶段、扩张阶段、稳定阶段和衰退阶段。投资者对行业生命周期进行分析的主要目的是判断行业所处的阶段，尽可能地选择风险较小而收益较大的行业进行投资。

（一）初创阶段

初创阶段一般由新技术来推动，由于新产品的研究开发费用和企业创设成本较高，而产品市场需求较小，销售收入较低，企业利润很小甚至亏损。因此，选择这一时期的行业进行投资的风险很大。

（二）扩张阶段

随着新产品逐渐得到市场的认可，产品的需求增大，销售量迅速增加；与此同时，该行业的竞争也日趋激烈，产品价格下降，优胜劣汰的结果是只有少量大企业得以存活和稳定下来，并充当了该行业的领导者。由于这一阶段企业的价格和利润都不稳定，因此投资的风险较大。

（三）稳定阶段

虽然这一阶段的市场需求仍在扩大，但供求关系已日趋平衡，因此，产品的销售增长率开始减慢，利润的增长幅度有所下降，竞争程度也趋于缓和。在这一阶段，那些从激烈竞争中存活下来的少数大企业垄断了整个行业的市场，由于它们资金实力雄厚，竞争力很强，新企业已经很难进入。虽然行业利润因垄断而达到很高的水平，但因市场份额的相对稳定，投资风险反而较小。这个阶段持续的时间一般很长，股票价格基本上可以稳步上涨。

（四）衰退阶段

行业生命周期的最后一个阶段是衰退阶段，顾名思义，这个阶段的行业发展速度低于社会经济的发展速度，甚至会出现萎缩的迹象。究其原因，主要是因为大量新产品和替代品的出现，致使原行业的市场需求和产品销售大幅下滑，利润下降，竞争力减弱，部分资金开始向其他行业转移，整个行业呈现出停滞和萧条的景象。衰退阶段的股票价格很难有强势上涨的行情，一些即将被淘汰的行业，投资风险会明显加大。

四、影响行业发展的主要因素

在现实经济活动中，行业的生命周期往往要复杂得多，这主要是因为受到如下各种因素的影响。

（一）科学技术

科学技术在经济和社会发展中的地位和作用是无法替代的。科学技术的每一次进步都会创造出新的产品或新的工艺，从而导致了产品的更新换代和行业的新旧更替，进而推动经济的发展和社会的进步。

（二）政府干预

当今社会，任何一个国家都强调政府对经济的干预作用，政府干预经济的主要目的在于保障经济的健康稳定发展。政府通过制定不同的产业政策，利用税收、信贷、补贴和价格等手段对不同行业的发展给以影响。一般说来，政府鼓励短线或瓶颈行业以及高科技行业的发展，而对某些长线行业的发展则加以限制。另外，政府通常对公用事业、交通运输业和金融业等关系国计民生的重要行业加以管制，允许它们在一定程度上实行垄断经营，但同时又通过限价政策防止超额利润的产生。对于一般竞争性行业，政府主要是维持一个公平竞争的环境，反对垄断和欺诈行为的发生。

（三）社会习惯

社会的发展和进步引发了人们消费习惯、生活方式、环境意识及社会责任感的变化，这些变化又通过消费需求的改变而影响到行业的发展。例如，对健康营养的追求会使人们购买无污染的绿色食品；对能源消耗的担心会使人们青睐于节能产品；对提高自身素质的渴望会使人们加大对教育和智力的投资；对精神生活的注重会使人们关注娱乐休闲产品和设施。所有这些观念和习惯的变化都会影响到行业的供求关系，从而导致新旧行业的不断更替。

（四）相关行业的变动

经济发展中，许多行业之间往往具有联动性，一个行业的变化会引发相关行业的相应变动，例如，石油涨价会使汽车的价格下滑。但具体的变动情况要视行业之间的关系来定。

实际上，所有影响行业变动的因素都集中体现在某个行业的供需关系上，投资者需要做的事情就是准确把握每个行业供给与需求的关系。当供给大于需求时，行业发展前景看淡，投资风险较大；当需求大于供给时，行业发展前景看好，投资风险较小。

第三节　公司分析

公司分析作为一种微观分析，主要目的是确定上市公司在本行业中所处的位置，该目的的实现，往往需要动用上市公司所有相关的资料，并通过行业内的横向对比和历年来的纵向对比来完成。公司分析一般分为实质分析和财务分析两个方面，实质分析主要是定性分析，财务分析主要是定量分析，财务分析以实质分析为基础，两者互相结合，缺一不可。

一、实质分析

实质分析是通过对公司的产品、销售和经营管理水平等方面进行分析，了解公司的整体概况，并对公司潜在的竞争能力和盈利能力做出判断。

（一）产品和销售分析

成功的企业必须向市场提供优质的产品和服务，并通过扩大销售占据一定的市场份额。通过分析产品的质量、技术水平以及销售情况，投资者可以了解公司竞争能力的大小和竞争地位的高低。

1. 产品质量

知名品牌往往是产品高质量的象征，也是竞争能力高低的体现。"麦当劳"三个字可以说是家喻户晓，大大的"M"标记几乎遍布世界各地，其产品的服务和质量深得大众的认可和信赖。同样，"可口可乐"饮料也风靡全世界，其市场占有率也遥遥领先。不可否认，它们都具有极强的市场竞争力，都可以保证稳定的利润增长，投资者如果投资这些公司，一般来说可以长期获利。

2. 产品生命周期

同行业的生命周期一样，产品也存在生命周期。任何一种产品都不可能长销不衰，一般把产品从投入市场到被市场淘汰的全过程称为产品生命周期，具体可分为投入期、成长期、成熟期和衰退期四个阶段。这四个阶段均有不同的特征，分析产品处于生命周期的哪个阶段，对预测企业未来的收益状况和决定长短期的投资策略具有十分重要的意义。

投入期是产品由试制转入小批量生产并开始投放市场试销的阶段，由于产品尚未被广泛接受，需求较小，销售量增长缓慢，加之研发阶段的高投入，产品几乎没有利润，甚至亏损。成长期的产品开始转入成批生产并正式投入市场，由于广告宣传与促销活动，销售量逐步增长，成本下降，利润增加。成熟期是产品进入大批量生产和市场销售稳定的阶段，这个阶段需求基本稳定，利润增长达到顶峰，同类产品生产企业之间的竞争开始加剧。衰退期的产品在经济上已经老化，市场出现滞销，并且由于市场竞争使价格进一步下降，加之新产品的问世导致老产品销量锐减，企业利润进一步下降甚至出现亏损。

根据以上分析可知，投入期的新产品具有较大的风险，保守稳健型投资者大都不会参与这类公司的股票，只有风险型的投资者敢于大量购进，以期到成长期或成熟期抛出，获取高额收益；成长期的产品销量稳步提高，市场风险下降，是理想的股票买进时期；在成熟期，由于企业（产品）盈利稳定，股价也相对稳定，买卖双方均比较活跃；当产品进入衰退期后，如果企业没有采取相应对策来稳定收入，股票价格将大跌，投资风险加大。

3. 科技开发和"拳头产品"

当今社会，公司要保持较强的竞争能力和盈利能力，必须高度重视技术开发，大力推进技术进步。科学技术开发力量的强弱，往往标志着公司竞争能力和发展潜力的大小，因此，一流的公司通常拥有强大的科研技术开发队伍，对科技研究和产品开发花大力气、下大工夫。

科技开发的具体成果体现在企业自身的"拳头产品"上。所谓"拳头产品"是指在市场上具有较强的竞争力、经久不衰和盈利较高的产品，比如美国的"可口可乐"饮料，中国北京的"全聚德"烤鸭等都属于各自公司的"拳头产品"。但是，在竞争激烈的市场经济中，任何一种"拳头产品"都不会一劳永逸，永远独霸市场，它终究会被新的更好的产品所替代。这就要求公司重视新产品开发，不断创新，不断推出新的"拳头产品"。

4. 销售额

销售额是衡量一个公司在同行业中竞争地位的重要指标，实际应用时主要采用年销售额和销售额的年增长率两个指标。年销售额越大的公司其竞争地位越强，一般把销售额在整个行业中居前的公司称为主导型公司，这类公司是行业发展的风向标，对行业发展起着支配作用。如果要了解公司未来的发展趋势，则要借助于另一个指标——销售额的年增长率，只有那些保持销售额稳定增长的公司才能长期保持在行业中的主导地位。销售额的年增长率是一个相对指标，一般要通过行业内的横向比较或与国民经济的增长率指标进行对比分析才能得到有用的结论。如果某公司的销售额年增长率一直快于同行业的平均水平或快于国民经济的增长率，那么，该公司就是更具发展潜力的成长型公司。综上所述，投资者应该尽可能地选择行业内的主导型公司和成长型公司进行投资。

另外，销售额的稳定性也是投资者进行投资时必须考虑的因素。销售额的大起大落必然会加大投资风险。考察销售额是否稳定一定要结合行业的性质来看，一般说来，防御型行业的销售额比较稳定，而周期型行业的销售额则变化较大。

（二）经营管理水平分析

公司的经营管理水平对公司的生存和发展至关重要，特别是公司行政管理人员的经营管理能力更是具有决定性的意义。

1. 行政管理人员能力分析

行政管理人员能力的高低直接关系到公司的经营业绩和长远发展。公司的行政管理人员按照职责可分成决策层、管理层和执行层三个层次，各个层次要各司其职，互相配合，共同完成公司的经营运作。一般认为，高效的经营管理机构应该具备如下能力：高效率的生产和财务安排能力；解决劳务纠纷和业务发展的能力；维持较高盈利水平的能力；处理对外事务及法律事务的能力；应用现代管理技术和方法及培养新员工的能力等。

2. 经营效率分析

公司的经营效率高低直接影响到公司的盈利能力。衡量经营效率的指标主要有利润率、每股盈利、生产能力利用率（生产的实际成果与设备额定能力之比）、经营比率（经营费用与经营收入之比）以及人均销售和盈利等。

3. 经营方式分析

研究公司的经营方式对了解公司的经营管理状况十分必要。公司的经营方式一般分为单一经营和多种经营，单一经营的公司受经济周期的影响较大，而多种经营的公司可以在一定程度上分散经济周期波动带来的风险。所以，购买经营单一产品公司的股票比买进多种经营公司的股票的风险要大。但是，这不是绝对的。有些公司会因为经营"过于多样化"而导致经营失败；同样，经营的单一产品具有独占性的公司，如顾客盈门的老字号，也会因为经营管理好、信誉高和产品的独占性而立于不败之地，甚至盈利颇丰，因而备受投资者欢迎。

二、财务分析

财务分析（Financial Analysis）是指通过对上市公司定期公布的财务报表进行分析，以此判断公司的财务状况和经营状况，并作为投资的依据。财务分析通过对财务报表进行分析，可以将大量的报表数据转换成对决策有用的信息，从而减少决策的不确定性。不同的财务报表使用者由于各自追求的利益倾向不同，对财务报表进行分析的目的和侧重点也不同，从投资者的角度来看，他们最关心的是上市公司的盈利能力和股利分配政策。

（一）财务分析的对象

财务分析的对象是上市公司定期公布的财务报表，主要包括资产负债表、利润表和现金流量表三大报表。

1. 资产负债表

资产负债表（Balance Sheet）反映了企业在某一特定时点上（月末、季末、半年末或年末）财务状况的报表，又称财务状况变动表。资产负债表列示了企业在特定日期的资产、负债、所有者权益及其相互关系的信息。对资产负债表进行分析，既可以了解企业所掌握的经济资源及这些资源的分布与结构，又可以了解企业资金来源的构成和企业的偿债能力，从而预测出企业未来财务状况的发展趋势，有利于投资者做出正确的投资决策。

2. 利润表

利润表又称收益表或损益表，是反映企业在一定期间经营成果的会计报表。由于利润是企业经营业绩的综合体现，又是进行利润分配的主要依据，因此，对利润表进行分析可以了解企业的经营成果和获利能力，预测未来的盈利趋势，同时也可以在一定程度上判断出上市公司进行分红派息的能力和倾向。

3. 现金流量表

现金流量表（Statement of Cash Flow）是以现金和现金等价物为基础编制的，反映企业一定期间内现金流入和流出情况的报表。这里的现金指库存现金、随时可用于支付的银行存款和其他存在金融机构的有特定用途的资金；现金等价物指企业持有的期限短、流动性高、易于转换为已知金额的现金、价值变动风险很小的短期投资。现金流量表一般按照企业经营业务发生的性质，把现金流量分成经营活动产生的现金流量、投资活动产生的现金流量和筹资活动产生的现金流量三大类。现金流量表可以解释企业在一定期间内现金流入和流出的原因，反映企业的偿债能力、支付股利的能力以及未来获取现金的能力，并能体现企业投资和理财活动对经营成果及财务状况的影响；除此之外，现金流量表还能提供不涉及现金的投资和筹资活动的信息。

（二）财务比率分析

对财务报表进行分析，可以采用趋势分析法、比率分析法和因素分析法等方法。趋势分析法是指根据公司连续数期的会计报表，比较各期有关项目的金额，从而揭示本期经营成果与财务状况变动趋势的分析方法；比率分析法是指将报表中两个相关项目相比较计算其比率关系的分析方法；因素分析法是指依据指标和影响因素的关系，从数量上确定各因素对指标的影响程度的分析方法。其中，比率分析法是最重要也是最常用的一种分析方法。根据各种比率所涉及的企业经营管理的不同方面，一般把财务比率分成三大类，即反映偿债能力的比率、反映营运能力的比率和反映盈利能力的比率。

1. 反映偿债能力的比率

（1）反映短期偿债能力的比率。企业偿还短期债务主要依赖于企业的流动资产，其中主要是货币资金和能在短期内转变为现金的资产。反映企业短期偿债能力的比率主要是流动比率和速动比率。

1）流动比率。流动比率是流动资产与流动负债的比值，其计算公式如下：

流动比率＝流动资产÷流动负债

流动比率越高，表明企业的短期偿债能力越强。但并不是说比率越高对企业经营越有利，过高的比率可能是企业将资金过多地停留在流动资产上，没有有效地利用资金，所以会影响企业的获利能力，一般认为生产企业的流动比率为 2 是比较合理的。在实际分析应用中，要区别不同的行业和不同的企业具体分析。

2）速动比率。又称酸性测试比率，是流动资产中的速动资产与流动负债的比值。速动资产指流动资产中可以按市值即时转换为现金，用来偿付流动负债的流动资产，一般是流动资产减去存货（或者把待摊费用和预付费用也扣除）后的部分。速动比率的计算公式如下：

速动比率＝速动资产÷流动负债

速动比率反映了企业应付财务危机的能力。通常认为正常的速动比率为1，但要根据具体的行业情况而定，比如应收账款数量存在很大差异的企业，其速动比率就没有可比性。

（2）反映长期偿债能力的比率。分析企业的长期偿债能力，既要关注企业的资本结构是否合理，又要关注企业的盈利能力。反映企业长期偿债能力的比率主要有资产负债率、产权比率、有形净值债务率和已获利息倍数。

1）资产负债率。资产负债率是负债总额除以资产总额的百分比，该比率反映在总资产中有多大比例是通过负债来获得的，可以衡量企业在清算时保护债权人利益的程度。其计算公式如下：

资产负债率＝（负债总额÷资产总额）×100％

资产负债率越低，说明股东提供的资本在总资产中的比例越大，股东承担的风险越大；反之，该比率越高，债权人的风险越大。因此，从债权人的角度来看，该比率越低越好；从股东的角度来看，当全部资本利润率高于借款利息率时，该比率越高越好，否则，越低越好；从经营者的角度来看，需要在预期的利润和增加的风险之间进行权衡，作出正确决策。

2）产权比率。产权比率是负债总额与股东权益总额的比值，也称债务股权比率。其计算公式如下：

产权比率＝（负债总额÷股东权益）×100％

产权比率可以反映企业的财务结构是否稳定。产权比率高，是高风险、高报酬的财务结构；产权比率低，是低风险、低报酬的财务结构。一般认为，股东资本大于借入资本较好，但也不能一概而论。

3）有形净值债务率。有形净值债务率是企业负债总额与有形净值的百分比，有形净值是股东权益减去无形资产净值后的净值，即股东拥有的有形资产的净值。其计算公式如下：

有形净值债务率＝［负债总额÷（股东权益－无形资产净值）］×100％

有形净值债务率是产权比率的延伸，它更保守地反映了企业清算时债权人投入的资本受股东权益保障的程度。从长期偿债能力来讲，该比率越低越好。

4）已获利息倍数。已获利息倍数是企业经营业务收益与利息费用的比率，主要用来衡量偿付借款利息的能力，又称利息保障倍数。其计算公式如下：

已获利息倍数＝息税前利润÷利息费用

已获利息倍数越大，说明企业有足够的能力偿付利息。合理确定企业的已获利息倍数，应该与同行业的平均水平进行横向比较，也要在企业的不同年度之间进行纵向比较。

2. 反映营运能力的比率

营运能力反映了企业的资产管理能力，具体表现为资产的周转状况。反映营运能力的比率主要有应收账款周转率、存货周转率、流动资产周转率和总资产周转率。这些资产的周转率指标主要用于衡量企业运用资产获取收入的能力，与反映盈利能力的指标结合使用，可以更全面地评价企业的盈利能力。

（1）应收账款周转率。应收账款周转率指年度内应收账款转为现金的平均次数，它说明了应收账款的流动速度。用时间表示的周转速度是应收账款周转天数，它表示企业从取得应收账款的权利到收回款项、转为现金所需要的时间。计算公式如下：

应收账款周转率＝销售收入÷平均应收账款

应收账款周转天数＝360÷应收账款周转率＝（平均应收账款×360）÷销售收入

其中，平均应收账款是期初应收账款余额与期末应收账款余额的平均数。

一般来说，应收账款周转率越高，说明企业收回应收账款的速度越快，坏账损失发生的可能性越小，企业资产的流动性和短期偿债能力越强；否则，企业的营运资金过多滞留在应收账款上，影响企业正常的资金周转。具体使用该指标时，要考虑季节性经营、大量使用分期付款结算方式、大量使用现金结算方式以及年末销售大幅变动等特殊情况。

（2）存货周转率。存货周转率是企业销售成本和平均存货的比值，它是衡量和评价企业采购、生产和销售各环节管理状况的综合性指标。用时间表示的存货周转率是存货周转天数。计算公式如下：

存货周转率＝销售成本÷平均存货

存货周转天数＝360÷存货周转率＝（平均存货×360）÷销售成本

由于存货在流动资产中所占的比重较大，存货周转率不仅关系着企业偿债能力的大小，还能反映出企业管理水平的高低，是企业管理的一项重要内容，因此，对存货周转率进行分析是十分重要的。一般认为，存货周转速度越快，存货的占用水平越低，流动性就越强，存货转换为现金或应收账款的速度就越快，资金的使用效果就越好。但过高的存货周转率有时可能意味着存货水平太低、采购次数频繁、批量太小等问题，因此，合理的存货周转率要考虑行业特征、市场行情和企业自身特点等因素。

（3）流动资产周转率。流动资产周转率是销售收入与全部流动资产的平均余额的比值，它反映的是全部流动资产的利用效率。其计算公式如下：

流动资产周转率＝销售收入÷平均流动资产

其中：平均流动资产＝（年初流动资产＋年末流动资产）÷2

流动资产周转率是反映流动资产周转情况的一个综合指标。流动资产周转速度快可以节约流动资产，相当于扩大了企业的资产投入，增强了企业的盈利能力；而流动资产周转速度慢则需补充流动资产，造成资金的浪费，因而降低了企业的盈利能力。

（4）总资产周转率。总资产周转率是销售收入与平均资产总额的比值，反映的是全部资产总额的周转速度。其计算公式如下：

总资产周转率＝销售收入÷平均资产总额

其中：平均资产总额＝（年初资产总额＋年末资产总额）÷2

总资产的周转速度越快，说明了企业的销售能力越强。企业可以通过薄利多销的方式，加快资产的周转速度，从而带来销售收入和利润额的增加。

3. 反映盈利能力的比率

盈利能力是企业利用资产赚取利润的能力，报表使用者都重视和关心企业的盈利能力，而投资者对企业盈利能力的关注主要是用来判断投资价值的大小。反映企业盈利能力的比率主要有销售毛利率、销售净利率、资产净利率和净资产收益率。

（1）销售毛利率。销售毛利率是毛利占销售收入的百分比，其中毛利是销售收入与销售成本的差。其计算公式如下：

销售毛利率＝［（销售收入－销售成本）÷销售收入］×100％

销售毛利率表示每一元销售收入扣除销售成本后，用于期间费用和形成盈利的部分，销售毛利率是企业销售净利润的基础。通过对销售毛利率进行行业内的横向比较，可以揭示企业在定价、销售及成本控制等方面存在的问题。

（2）销售净利率。销售净利率是净利润占销售收入的百分比。其计算公式如下：

销售净利率＝（净利润÷销售收入）×100％

销售净利率反映的是每一元销售收入能带来多少净利润，表示销售收入的最终收益水平，比率越高越好。通过分析销售净利率的升降变动，可以促使企业在扩大销售的同时，改进经营管理，提高盈利水平。

（3）资产净利率。资产净利率是企业净利润与平均资产总额的百分比。其计算公式如下：

资产净利率＝（净利润÷平均资产总额）×100％

其中：平均资产总额＝（年初资产总额＋年末资产总额）÷2

资产净利率表明了企业资产利用的综合效果，比率越高，表明资产的利用效率越高，说明企业在增加收入和节约资金使用等方面取得了良好的效果，否则相反。影响资产净利率高低的因素主要有产品的价格、单位成本的高低、产品和销售的数量及资金占用量的大小等。

（4）净资产收益率。净资产收益率是净利润与平均净资产的百分比，也叫净值报酬率、权益报酬率、股东权益收益率。其计算公式如下：

净资产收益率＝（净利润÷平均净资产）×100％

其中：平均净资产＝（年初净资产＋年末净资产）÷2

净资产收益率反映了股东投资的获利能力，该比率越高，说明股东投资带来的收益越高。净资产收益率是上市公司非常重要的财务指标，它不仅与投资者的经济利益密切相关，也对公司的生存和发展产生重要的影响。证券市场的相关法规一般以该指标作为上市公司取得增发或配股的必要条件，因此，上市公司和投资者都很重视净资产收益率水平的高低。

净资产收益率是所有财务比率中综合性最强、最具有代表性的一个指标，利用杜邦财务分析系统，可以将净资产收益率分解成销售净利率、资产周转率和权益乘数三个子指标的乘积。其中，权益乘数［1÷（1－资产负债率）］衡量的是企业的负债程度，权益乘数越大，说明企业的负债程度越高，在给企业带来较大的杠杆收益的同时，也给企业带来较大的风险。通过对净资产收益率这个综合指标进行分解，可以将该指标发生变动的原因具体化，为正确采取措施指明方向。

4. 上市公司重要比率分析

对于上市公司来说，投资者最关注的比率是每股收益、每股净资产和净资产收益率。净资产收益率前面已经介绍，这里重点介绍每股收益和每股净资产两个比率以及由它们延伸出来的各种比率。

（1）每股收益。每股收益是指本年净利润与年末普通股份总数的比值，它反映的是普通股的获利水平。其计算公式如下：

每股收益＝净利润÷年末普通股股份总数（元/股）

如果公司发行了优先股，计算时要扣除优先股股息，以使每股收益反映普通股的收益状况，则计算公式改为：

每股收益＝（净利润－优先股股息）÷年末普通股股份总数

每股收益是衡量上市公司盈利能力最重要的财务指标，它直接影响着普通股股东可获股息的大小和普通股的投资价值，同时也影响着公司未来的经营发展。具体使用该指标时，既可以作行业内公司间的横向比较，也可以作不同时期的纵向比较，但需要注意如下问题：该指标不能反映股票所含有的风险；不同股票的每一股在经济上不等量，换取每股收益的投入量不等，限制了该指标的公司间比较；每股收益多不一定意味着多分红，具体要看公司的股利分配政策。为了克服每股收益指标存在的上述局限性，投资者可以延伸分析市盈率、股票获利率、股利支付率和留存盈利比率等财务比率。

1）市盈率。市盈率是指普通股每股市价为每股收益的倍数，其计算公式如下：

市盈率＝普通股每股市价÷普通股每股收益（倍数）

市盈率是投资者衡量公司股票的投资报酬和风险最常用的指标，该比率反映了投资者对每元净利润所愿支付的价格。市盈率越低，说明公司的盈利能力越强或每股市价越低，因此，投资风险就越小；反之亦然。由于一般的期望报酬率为 5%～20%，所以合理的市盈率应为 5～20 倍。但同大多数财务指标一样，具体情况要具体分析，而且该指标仅限于行业内部的横向比较，而不同行业的公司之间则缺乏可比性。另外，市盈率高低要受市价的影响，而影响股票市场价格变动的因素很多，因此，观察市盈率的长期趋势很重要。投资者应该结合其他有关信息，配合市盈率指标对股票的投资价值进行判断。

2）股票获利率。股票获利率，是指普通股每股股利与每股市价的百分比，衡量的是普通股当期的股息收益率。其计算公式如下：

股票获利率＝普通股每股股利÷普通股每股市价×100%

投资者持有普通股的收益来源于股利和股价上涨两个方面。只有当投资者预期股价会上涨时，他们才会接受较低的股票获利率；如果预期股价不能上涨，股票获利率就成为他们衡量股票投资价值的主要依据。但该指标的使用受公司股利分配政策的影响，当公司将大量的净利润留作以后发展扩充所用时，利用该指标衡量的股票投资价值可能会产生误差。因此，投资者应该以股价的未来发展趋势作为评价股票投资价值的主要依据。

3）股利支付率。股利支付率又称派息率，是指净收益中股利所占的比重，它反映了上市公司的股利分配政策和支付股利的能力。其计算公式如下：

股利支付率＝（每股股利÷每股净收益）×100%

股利支付率也是投资者非常关心的一个指标。该指标并不是越高越好，要视具体的情况而定。股利支付率高并不能代表上市公司的盈利水平高，一些上市公司往往注重未来的发展能力，所以把大量盈利用于未来的再投资，而拿出少部分支付股利；相反，一些缺乏发展后劲的上市公司则将盈利的大部分用来支付股利。另一方面，相同的股利支付率也不意味着不同公司的股东可以获得相同的股利数额。另外，股利支付率的高低还与上市公司所处行业生命周期的不同阶段有关，处于行业稳定发展阶段的公司，其股利支付率可能较高，而处于初创阶段的成长型上市公司的股利支付率可能很低。

在实际应用中，往往还用到股利保障倍数这个指标，股利保障倍数是股利支付率的倒数，它是一种安全性指标，可以测算出上市公司的净利润减少到什么程度仍能按目前的水平支付股利。股利保障倍数的倍数越大，代表公司支付股利的能力越强。

4）留存盈利比率。留存盈利比率是净利润减去全部股利后的余额与净利润的百分比。其计算公式如下：

留存盈利比率＝（净利润－全部股利）÷净利润×100%

留存盈利比率的高低可以反映上市公司的理财方针。如果上市公司认为有必要从内部积累资金，以便扩大经营规模，往往采用较高的留存盈利比率；如果上市公司急于通过股利的发放来树立公司的良好形象，往往降低留存盈利的比率，以此来满足股东取得现金股利的眼前需求。显然，提高留存盈利比率必然降低股利支付率，两者是此消彼长的关系。

（2）每股净资产。每股净资产是期末净资产（即股东权益）与年度末普通股股份总数的比值，也称为每股账面价值或每股权益。其计算公式如下：

每股净资产＝年度末股东权益÷年度末普通股股数（元/股）

每股净资产反映了每股普通股所代表的公司净资产的账面价值，它在理论上提供了股票价格下跌的最低界限，因此，选择股价跌破每股净资产的股票进行投资，风险往往很小，只不过这样的上市公司并不多见。一般说来，每股净资产的值越大，表明上市公司的积累越丰厚，分红派息和持续经营的能力越强。

如果把每股净资产和每股市价联系起来，可以得到另一个财务比率——市净率，市净率是每股市价和每股净资产的比值，它反映了市场对公司资产质量的评价，是投资者评价股票投资价值的一个重要指标。当市价高于净资产即市净率大于 1 时，表明公司的资产质量较好，公司有发展潜力，进行长期投资的风险较小；反之则表明公司缺乏发展潜力，进行长期投资的风险较大。一般说来，优质上市公司的市净率往往都很大。但是，从另一个角度来讲，过高的比率也可能是股价被高估所致，过低的比率则是股价被低估的表现，这时风险的衡量就和前面不同了。因此，投资者一定要结合其他因素辩证看待这个指标。

案例分析

1. 上海宝山钢铁股份有限公司（600019）总股本 1751200 万股，流通股本 472994.00 万股，所属行业：黑色金属冶炼及压延加工业。2005 年第三季度财务指标：每股收益 0.60 元，每股现金含量 0.91 元，每股资本公积金 2.28 元，每股净资产 4.12 元，净利润 1045159 万元，每股未分配利润 0.84 元，净资产收益率 14.48%。对该股票进行基本分析。

资料来源：上海证券交易所网站（www.sse.com.cn）

2. 通过以下图表对青岛海尔公司主要财务比率和公司发展能力进行分析。青岛海尔公司 2008 年第一季度主要财务指标见表 9-1。

表 9-1

	本报告期末	上年度期末
总资产	14449393342.82	11188965146.13
所有者权益（或股东权益）	6476775081.32	6309113043.93
归属于上市公司股东的每股净资产	4.839	4.714
	报告期	年初至报告期期末
归属于上市公司股东的净利润	173027789.97	173027789.97
基本每股收益	0.129	0.129
扣除非经常性损益后基本每股收益	0.121	0.121
全面摊薄净收益率（%）	2.67	2.67
扣除非经常性损益后全面摊薄净资产收益率（%）	2.49	2.49
每股经营活动产生的现金流量净额		0.170

近几个季度的财务指标见表 9-2。

表 9-2

年 度	2008-03-31	2007-12-31	2007-09-30	2007-06-30	2007-3-31
每股收益增长率（%）	26.47	83.59	80	91.03	45.71
每股股利增长率（%）					
每股经营现金流量增长率（%）	-46.13	-7.07	36.83	172.02	270.57
主营业务收入增长率（%）	27.68	50.18	34.47	29.75	46.07
主营利润增长率（%）					
净利润增长率	41.69	105.03	90.03	94.38	45.63
净资产增长率	23.15	21.95	22.47	24.37	3.60
总资产增长率	66.63	32	59.42	50.15	29.43
固定资产增长率					

续表

年　　度	2008－03－31	2007－12－31	2007－09－30	2007－06－30	2007－3－31
每股资本公积	2.25	2.25	2.24	2.24	2.45
每股未分配利润	0.74	0.61	0.26	0.28	－0.13

按年计算的财务指标和股票价格变化趋势如图 9－1 所示。

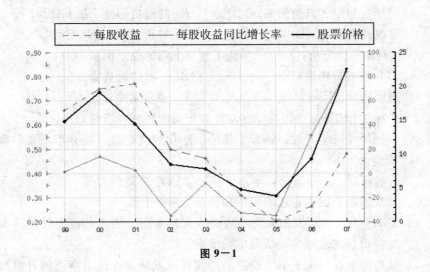

图 9－1

一、名词解释

证券投资分析　基本分析　国内生产总值　通货膨胀　财政政策　货币政策　行业的生命周期　产品的生命周期　财务分析　市盈率

二、问答题

1. 基本分析包括哪些内容？

2. 宏观经济分析包括哪些内容？宏观经济发展对证券投资有何影响？

3. 行业分析包括哪些内容？进行行业分析的目的是什么？

4. 公司分析包括哪些内容？如何通过公司分析发现有投资价值的公司？

三、单项选择题

1. 国内生产总值（GDP）是指一个国家（或地区）所有（　　）在一定时

期内生产活动的最终成果。

A. 本国居民　　　　　　　　　　B. 国内居民

C. 常住居民　　　　　　　　　　D. 常住居民但不包括外国人

2. 长期看，在上市公司的行业结构与该国产业结构基本一致的情况下，股票平均价格的变动与 GDP 的变化趋势是(　　　)。

A. 相吻合的　　　B. 相背离的　　　C. 不相关的　　　D. 关系不确定的

3. 使证券市场呈现上升走势的最有利的经济背景条件是(　　　)。

A. 持续、稳定、高速的 GDP 增长　　B. 高通货膨胀下的 GDP 增长

C. 宏观调整下的 GDP 减速增长　　　D. 转折性的 GDP 变动

4. 从利率角度分析，(　　　)形成了利率下调的稳定预期。

A. 温和的通货膨胀　　　　　　　　B. 严重的通货膨胀

C. 恶性通货膨胀　　　　　　　　　D. 通货紧缩

5. 下列关于国际金融市场动荡对证券市场的影响，错误的是(　　　)。

A. 一国的经济越开放，证券市场的国际化程度越高，证券市场受汇率影响越大

B. 一般而言，汇率下降，本币升值，本国产品竞争力强，出口型企业将增加收益，因而企业的股票和债券价格将上涨

C. 汇率上升，本币贬值，将导致资本流出本国，资本的流出将使得本国证券市场需求减少，从而市场价格下跌

D. 从趋势上看，由于中国经济的持续高速发展，人民币渐进的升值过程仍将继续，升值预期将对股市的长期走势构成强力支撑

6. 像我国这样的新兴股票市场，其股价在很大程度上是由(　　　)决定。

A. 股票的供求关系　　　　　　　　B. 股票的内在价值

C. 资本收益率　　　　　　　　　　D. 市盈率

7. 在宏观经济分析中，总量分析法是(　　　)。

A. 动态分析

B. 静态分析

C. 主要是动态分析，也包括静态分析

D. 主要是静态分析，也包括动态分析

8. 行业经济活动是(　　　)的主要对象之一。

A. 微观经济分析　　　　　　　　　B. 中观经济分析

C. 宏观经济分析　　　　　　　　　D. 技术分析

9. 道·琼斯分类法将大多数股票分为(　　　)。

A. 农业、工业和服务业　　　　　　B. 制造业、建筑业和金融业

C. 农业、工业和公用事业　　　　D. 工业、运输业和金融业

10. 中国证监会公布《上市公司行业分类指引》是以（　　）为主要依据的。

A. 道·琼斯分类法

B. 联合国的《国际标准产业分类》

C. 北美行业分类体系

D. 中国国家统计局《国民经济行业分类与代码》

11. 对于周期性波动来说，提供了一种财富"套期保值"手段的行业属于（　　）。

A. 增长型　　　　B. 周期型　　　　C. 防御型　　　　D. 幼稚型

12. 生活必需品或者是必要的公共服务属于（　　）行业。

A. 幼稚期　　　　B. 成长期　　　　C. 成熟期　　　　D. 衰退期

13. 随着行业技术的成熟、生产成本的降低和市场需求的扩大，新行业从幼稚期迈入成熟期，其变化是（　　）。

A. 由低风险、低收益变为高风险、高收益

B. 由高风险、低收益变为高风险、高收益

C. 由低风险、高收益变为高风险、高收益

D. 由高风险、低收益变为低风险、高收益

14. （　　）是确保股东充分行使权利的最基础的制度安排。

A. 股东大会制度　　　　　　　　B. 董事会制度

C. 独立董事制度　　　　　　　　D. 监事会制度

15. 中国证监会发布了《关于在上市公司建立独立董事制度的指导意见》，要求上市公司在（　　）之前建立独立董事制度。

A. 2001 年 6 月 30 日　　　　　　B. 2001 年 12 月 30 日

C. 2002 年 6 月 30 日　　　　　　D. 2002 年 12 月 30 日

　　根据以下材料，完成 16～18 题

　　某公司 2005 年度，经营现金净流量 3400 万元，流动负债为 6000 万元，长期负债为 3000 万元，其中本期到期长期债务为 580 万元。

16. 该公司的现金债务总额比是（　　）。

A. 1.13　　　　B. 0.56　　　　C. 1.2　　　　D. 0.38

17. 该公司的现金到期负债比是（　　）。

A. 5.86　　　　B. 1.13　　　　C. 1.47　　　　D. 2.65

18. 该公司的现金流动负债比是（　　）。

A. 1.13　　　　B. 0.56　　　　C. 1.2　　　　D. 0.38

19. 为了实现战略伙伴之间的一体化的资产重组形式是（　　）。

A. 收购公司　　　　B. 收购股份　　　　C. 公司合并　　　　D. 购买资产

20. 形成"内部人控制"的资产重组方式的是（　　）。

A. 交叉控股　　　　　　　　　　B. 股权协议转让

C. 股权回购　　　　　　　　　　D. 表决权信托与委托书

四、多项选择题

1. 进行宏观经济分析的意义是（　　）。

A. 把握证券市场的总体变动趋势

B. 掌握宏观经济政策对证券市场的影响力度与方向

C. 判断整个证券市场的投资价值

D. 了解转型背景下宏观经济对股市的影响

2. 宏观经济分析的基本方法包括（　　）。

A. 比较分析法　　　　B. 总量分析法　　　　C. 结构分析法　　　　D. 因素分析法

3. 评价宏观经济形势的基本变量包括（　　）。

A. 国民经济总体指标　　　　　　　　B. 投资指标

C. 消费指标　　　　　　　　　　　　D. 金融指标

4. 在通货膨胀之初，其引起的哪些效应可能刺激股价上升？（　　）

A. 财富效应　　　　B. 税收效应　　　　C. 负债效应　　　　D. 存货效应

5. 关于人民币升值对股票市场的影响，以下表述正确的是（　　）。

A. 将全面提升人民币资产价值

B. 将会吸引外国资金，但对本国资金影响不大

C. 出口创汇型企业将会受到投资者的青睐

D. 不仅对 A 股产生影响，对 B 股也会产生影响

6. 构成产业一般具有的特点是（　　）。

A. 规模性　　　　　　B. 职业化　　　　　　C. 社会功能性　　　　D. 群体性

7. 行业分析的主要任务包括（　　）。

A. 解释行业本身所处的发展阶段及其在国民经济中的地位

B. 分析影响行业发展的各个因素以及判断对行业影响的力度

C. 预测并引导行业的未来发展趋势

D. 判断行业投资价值，揭示行业投资风险

8. 下列受经济周期影响较为明显的行业是（　　）。

A. 消费品业　　　　　　　　　　B. 耐用品制造业

C. 生活必需品　　　　　　　　　D. 需求的收入弹性较高的行业

9. 产业组织政策主要包括（　　）。

A. 市场秩序政策   B. 产业合理化政策

C. 促进资源向技术开发领域投入政策 D. 产业保护政策

10. 产业布局政策一般遵循的原则有( )。

A. 经济性原则   B. 合理性原则   C. 协调性原则   D. 平衡性原则

11. 衡量公司行业竞争地位的主要指标是( )。

A. 行业综合排序   B. 资产负债率

C. 产品的市场占有率   D. 每股收益

12. 广义上的法人治理结构是指有关企业控制权和剩余索取权分配的一整套法律、文化和制度安排,包括( )。

A. 收益分配和激励机制   B. 财务制度

C. 内部制度和管理   D. 人力资源管理

13. 公司财务状况综合评价法评价的主要内容有( )。

A. 盈利能力   B. 偿债能力   C. 生存能力   D. 成长能力

14. 我国《公司法》对上市公司回购股份有着较为严格的限制,可以收购本公司股份的情形有( )。

A. 减少公司注册资本

B. 与持有本公司股份的其他公司合并

C. 将股份奖励给本公司职工

D. 股东因对股东大会作出的公司合并、分立决议持异议,要求公司收购其股份

15. 下列关于交叉持股的说法,正确的是( )。

A. 交叉持股是指母、子公司之间相互持有绝对控股权或相对控股权,使母子公司之间可以相互控制运作

B. 交叉控股产生的原因是母公司增资扩股时,子公司收购母公司新增发的股份

C. 交叉持股的一大特点是企业产权模糊化,找不到最终控股股东

D. 公司经理人员取代公司所有者成为公司主宰,从而形成内部人控制

第十章　技术分析基础

学习目标：通过本章学习，了解技术分析的概念和分析方法以及技术分析理论，理解股价图形分析的多种方法和相关原理。

第一节　技术分析概述

一、技术分析的概念

所谓技术分析（Technical Analysis），其实是与基本分析相对而言，两者皆是不可缺少的分析工具。技术分析是指运用市场每日波动的价位，包括每日开盘价、最高价、最低价、收市价和成交量等数据，通过图表的方式表达这些价位的走势趋向，从而推测未来的趋势。

二、技术分析方法

1. 形态分析
图表的形态也有三种不同类别的表达方法：K线图、圈叉图、柱状图。
2. 趋势分析
除了分析图标形态之外，移动平均线、趋势线、甘氏线等是不可缺少的重要技术分析工具，主要应用在个股走势的整体大势是上行还是下行的判断上。
3. 指标分析
为了使分析更加准确，不少人士运用数学上的计算方程式，创造了一些技术走势辅助指标，使人们能较准确地把握市场。这些辅助指标有很多，常用的有 RSI、KDJ、BIAS 和 MACD 等。本节将详细解释一些常用的指标，使投资人士对技术分析有更深入的了解。

4. 其他技术分析方法

其他一些计算支撑、阻力、超买超卖、升幅跌幅的方法提供进一步的分析。

三、技术分析理论

1. 技术分析的理论前提

（1）"市场行为涵盖一切。""市场行为涵盖一切"系从英文中直译而来，其原文为"Market Discounts Everything"。这句话看来似乎十分费解，但假如我们将其意译过来，则可理解为"供求关系决定价格的理论是一切市场行为的准则"，这句话相信绝大多数人会理解。所有技术分析师在实践上是利用价格与供求的相互关系来进行分析和预测的，如果需求超过供给，价格会上升；如果供给超过需求，价格会下降。这种关系是所有经济基本预测的基础，从这种必然的关系上技术分析家们逆推出这么一个结论：无论什么原因，如果价格上涨，需求必定超过供给，体现在股市上就是整个股市为多头市场；如果价格下跌，供给必定超过需求，体现在股市上就是股市为空头市场，总之，供求关系决定市场走势。

作为一项法则，技术分析家们并不关注价格上涨或下跌的原因，而只关注价格上涨或下跌本身所将带来的结果，即根据结果的上涨或下跌来预测市场的走势。同样的，技术分析在通过研究市场行为来预测市场价格变动的趋势时，也不关注该市场行为形成的原因，而只关注该市场行为会给价格带来怎样的影响。

（2）价格朝趋势移动。趋势的概念对于技术分析方法来说绝对是必须的，读者们必须接受这样一个前提，即市场确实有趋势可循。否则，技术的预测作用根本无从体现。这个基本前提的推论是：价格朝趋势移动，一项正在进行中的趋势可能持续，而非反转。这项推论可以说是牛顿惯性定律的适用性理论。根据这项理论，一个趋势一般情况下将持续下去，除非出现一些外来力量使其趋势停止甚至反转，也就是说跟随潮流的方法可在既有趋势上进行预测，直到它显示反转的迹象为止。

（3）历史往往重演。技术分析的大部分主体与市场行为的研究是与心理学和其他一些人文科学分不开的。例如图表形态在过去的 100 多年中即已被判别、分类，来反映一些显示在价格上的市场心理状况。由于这些图表形态在过去都能较为准确地反映一些市场信息，我们就假设它们在将来也一样能"表现良好"，这主要是基于心理学的一些研究成果。基于这样一个"历史往往重演"的假定，我们才能以研究过去来了解未来，达到我们通过技术来预测市场走向的目的。

2. 技术分析基本理论

（1）道氏理论。

（2）波浪理论。

（3）量价理论。

（4）股票箱理论。

（5）趋势线理论。

（6）几何角度线及百分比值法。

（7）黄金分割定律理论。

四、技术分析的要素

证券市场中，价格、成交量、时间和空间是进行分析的要素。这几个因素的具体情况和相互关系是进行正确分析的基础。

市场行为最基本的表现就是成交价和成交量。过去和现在的成交价、成交量涵盖了过去和现在的市场行为。技术分析就是利用过去和现在的成交量、成交价资料，以图形分析和指标分析工具来分析、预测未来的市场走势。

在进行行情判断时，时间有着很重要的作用。一个已经形成的趋势在短时间内不会发生根本改变，中途出现的反方向波动，对原来趋势不会产生大的影响。一个形成了的趋势又不可能永远不变，经过了一定时间又会有新的趋势出现。循环周期理论着重关心的就是时间因素，它强调了时间的重要性。

从某种意义上讲，空间可以认为是价格的一方面，指的是价格波动能够达到的极限。

五、技术分析与基本分析的区别

许多人都知道，股市中有两种主要的分析方法，即技术分析与基本分析。这两种分析方法的目的是共同的：预测价格移动的方向。但这两种分析所采用的方法、研究的方向是大不相同的。

技术分析专门研究市场行为，而基本分析则集中研究供给与需求的经济力量中，能够造成价格往上、往下移动或停留原处的相关因素。基本分析一般通过分析研究足以影响一项商品价格的一切相关因素，从而预测该商品的价格走向。可以说，技术分析研究市场价格移动的影响，而基本分析研究市场价格移动的动因。

技术分析重视量与数，以统计学作为基础来进行实际操作，比较客观。而基本分析重视消息、新闻，主要从主观上对掌握的各种材料加以判断。基本分析一般会从政治、经济、金融、公司经营状况和企业管理等各种方向收集资料，再加以综合研判，不但分析整个经济形势、景气变动、产业结构变化，更进一步研究个别企业的业绩、获利能力、管理能力、工作效率、财务结构变化、股息红利、分配政策等，从而预测股票的价格。

总之，基本分析主要告诉投资的方向，而投资方向主要告诉买卖的时机。

第二节　股价图形分析

图形分析是技术分析中使用最广泛的方法，它是用有关数据资料绘制成各种图形，用以研究股价走势的方法。

图形分析的基本思路是：股价的波动形式会及时地告诉投资者进行证券分析所需要的一切信息，在这种分析方法中，投资者甚至根本不需要知道证券的名称，他所要做的只是对股价波动作出正确的解释。

一、单线图

单线图是将每日、每周或每月的收盘价标在图表上，然后用线条将各点连接起来的价格图，如图 10—1 所示。

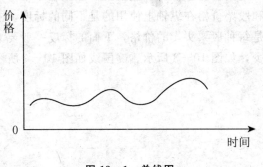

图 10—1　单线图

单线图的优点是简单明了，能使投资者迅速了解某种投资工具价格的变化动态。但它有一个明显的缺点，即图形所反映的信息量太少，它只反映了收盘价一个指标。

二、条形图

条形图的纵轴描述价格变化和交易的股票总额。横轴表示交易时间。图中上面一排竖直的短棒表示交易的最高价、最低价和收盘价，这种交易价格，可以是每天的，也可以是每周的或每月的。如图10-2所示。

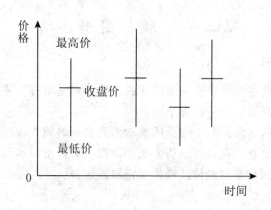

图 10-2　条形图

在图10-2中，如果横轴的时间以天计算，那么在纵轴的上半部分，可以标出和读出每天的最高价、最低价和收盘价，在纵轴下半部分可以标出每天的交易量。交易量和股票价格在纵轴上使用的是不同的标度。上面的标度一般要小一些，反映的是每种股票买卖的价格，下面的标度一般要大一些，反映的是该天的成交量多少，如图10-3所示。美国线如图10-4所示。

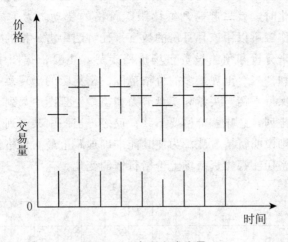

图 10—3　条形和成交量

图 10—4　美国线

三、点数图

　　点数图又叫方格图，不是用坐标来表示价格变化，而是用小方格来表现价格的变化。

　　点数图（如图 10—5）以"×"（叉）和"○"（圆圈）表示价格的涨跌，通常是利用方格纸，纵轴表示价格，每一方格代表一个价格水平。由于一日中的价格上下变动皆记入，所以横轴不表示确切的时间，仅是一列一列地表示相反方向价格变动及其幅度。

　　点数图用符号"○"表示股价下跌，用符号"×"表示股价上涨。当价格朝相反方向变化时，就另起一列继续跟踪价格的变动。为了易于辨认交易时间，点数图制作者可以用该月月份的数字来代替图中占一格的"○"或"×"。

用点数图来分析和预测投资市场价格走势，主要依据图中所出现的密集区，即"○"和"×"出现最多的价格范围。密集区的出现意味该时期里投资对象供求大致保持平衡，买盘和卖盘势力相当。一旦图中某列上的"○"穿透了密集区往下排列，意味着价格要下跌；反之，当图中某一列上"×"穿透密集区往上增，则说明行情看涨。为使其能准确地跟上最新价格情况的变化，图表制作者必须密切注视投资市场上价格行情的变化。

			×								
			×	○		×				×	
×		×		×	○	×		×	○	×	×
×	○	×	○	×	○	×	○	×	○		○	6
×	○	×	○	×		5	○	×	×	○	×
	4	×	○		○		○	○		○		○
	○					○			○	×	
									○		

图10-5　点数图

四、K 线图

股票基本图形的绘制可分为日式的 K 线图及美式的直线图。K 线图原为日本米市商人用来记录米市当中的行情、价格波动，后因其细腻独到的标画方式，被引进股市及期货市场，在东南亚尤为流行。欧美的分析图形则多采用直线图。

K 线图又称蜡烛线（Candlestick Line），就是记录每一日（周、月）股市交易的开盘、收盘、最高价格、最低价格，用实体或空白棒线表现出来的图形。K 线的结构如图 10-6 所示。

上影线、下影线及中间实体部分，分别用来表示当天的最高价、最低价以及开盘价、收盘价，如果当日收盘价高于开盘价，则 K 线实体部分为空白或

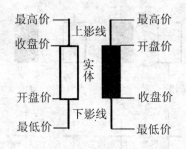

图 10－6 K 线图

填以红色；如果当日收盘价低于开盘价，则 K 线实体部分为黑色。实体线为白色时亦称为阳线，实体线为黑色时亦称为阴线。

K 线图基本形态如图 10－7 所示。

（1）长红线或称大阳线，表示强烈涨势（图 10－7（1））。

（2）长黑线或称大阴线，表示大跌（图 10－7（2））。

（3）多空交战，先跌后涨，多头势强（图 10－7（3））。

（4）多空交战，空头略占优势，但跌后获得支撑，股市可能反弹（图10－7（4））。

（5）多空交战，多头略胜一筹，但涨后遭遇压力，股市可能下跌（图10－7（5））。

（6）多空交战，先涨后跌，空头势强（图 10－7（6））。

（7）反转信号，如在大涨后出现，后市可能下跌；如在大跌后出现，则后市可能反弹（图 10－7（7））。

（8）反转试探，如在大跌后出现，后市行情可能反弹，如在大涨后出现，则应保持冷静，密切注视后市变化（图 10－7（8））。

（9）表示多头稍占上风，但欲振乏力，后市可能下跌（图 10－7（9））。

（10）先上涨后小跌，空头略占上风（图 10－7（10））。

（11）称大十字，表示多空激烈交战，势均力敌，收盘价等于开盘价，后市往往要有所变化（图 10－7（11））。

（12）称小十字，表示狭幅盘旋（图 10－7（12））。

（13）收盘价等于开盘价，但下影线略长，表示多头较强（图 10－7（13））。

（14）收盘价等于开盘价，但上影线略长，表示空头较盛（图 10－7（14））。

（15）俗称 T 字形，表示买盘极强（图 10－7（15））。

（16）俗称反 T 字形，表示卖盘极强（图 10－7（16））。

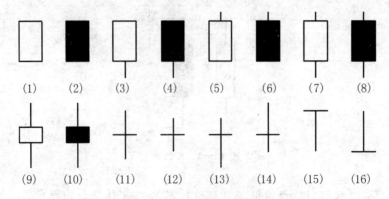

图 10－7　K 线图基本形态

（一）单独一根 K 线的应用

1. 光头光脚小阳线实体

小阳线如图 10－8 所示。表示价格上下波动的幅度很小，没有明显的趋势，说谁占优势还为时尚早。结合它之前 K 线的情况，可能有以下几种含义。

（1）盘局时说明多方稍占优势，大举向上突破的时机并不成熟，多方只是试探性地将价格向上缓慢地推升，后面结果怎样，心里没底，因为空方虽然在当天处于下风，但并没有失败，只是暂时受挫。

（2）前一天是大涨，今天是再一次上涨（如图 10－8a 所示）。表明多方踊跃入场，大量买入，供需平衡受到严重的破坏，市场呈现高涨的浪潮。

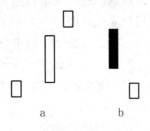

图 10－8　小阳线

（3）前一天大跌，今日再一次下跌，如图 10－8b 所示。表明多方正顽固抵抗当前出现的空方浪潮，但是抵抗并未取得明显的决定性的战果，多方今后还将受到来自空方力量的考验，结果如何还很难说。

2. 光头光脚小阴线实体

如图 10－9。这个 K 线与光头光脚小阳线实体的含义正好相反，只要将上面所述的内容中的涨改成跌，跌改成涨，多方换成空方，空方换成多方，买入换成卖出，就可以得到这种 K 线对市场的表现的内容。同样，结合它之前的K 线情况，它也分为三种含义。

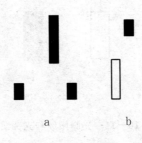

图 10－9 小阴线

3. 光头光脚大阳线实体

与光头光脚小阳线不同，这种 K 线说明市场波动很大，多空双方的争斗已经有了结果。长长的阳线表明，多方发挥了最大的力量，已经取得了决定性胜利，今后一段时间多方将掌握主动权。换句话说，今后讨论的问题将是还要继续上涨到什么地方，而不是要跌到什么地方。如果这条长阳线出现在一个盘局的末端，它所包含的内容将是更有说服力，如图 10－10a 所示。

4. 光头光脚大阴线实体

含义正好同光头光脚小阴线相反。现在是空方的市场，空方说了算。空方取得的优势的大小与 3 相同，如图 10－10b 所示。

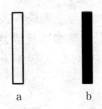

图 10－10 大阳线和大阴线

5. 光脚阳线

这是一种上升抵抗型 K 线。多方虽占优势，但不像 3 中的优势那么大，受到了一些抵抗。多方优势的大小与上影线的长短有关，与实体的长度也有关。一般说来，上影线越长，实体越短，越不利于多方，也就是多方所占优势越小；上影线越短，实体越长，越有利于多方，也就是多方占的优势越大，如图 10－11a 所示。

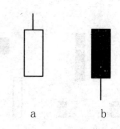

图 10－11　光脚阳线和光头阴线

（1）实体长度大于上影线长度。表明多方虽受到抵抗，但是仍然占优势。

（2）实体长度等于上影线长度。表明多方的优势正在减少，空方的力量正在增加。

（3）实体长度小于上影线长度。表明多方在开始取得优势后，现已经被空方顽强拉回，多方将在次日坚持自己所取得的阵地，前途未卜。

6. 光头阴线

这是下降抵抗型。它所包含的内容正好与光脚阳线相反。将光脚阳线中的上影线换成下影线，多方换成空方，就是其内容的完整的叙述，如图 10－11b 所示。

7. 光头阳线

这是先跌后涨型。多方在开始失利的情况下，尽力充分地发挥力量，整个形势是多方占优。多方优势的大小与下影线和实体的长度有关。下影线和实体的长度越长，越有利于多方，也就是多方优势越大；下影线和实体长度越短，越不利于多方，也就是多方优势越小，如图 10－12a 所示。

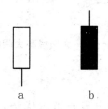

图 10－12　光头阳线和光脚阴线

8. 光脚阴线

这是先涨后跌型。与光头阳线相反，这是空方反败为胜的 K 线。空方的优势大小，与上影线和实体的长度有关，越长越有利于空方，空方优势越大；越短空方优势越小，越不利于空方，如图 10－12b 所示。

9. 有上下影线的阳线

这是最为普遍的一种 K 线形状。这种形状说明多空双方争斗很激烈。双方一度都占据优势，把价格抬到了最高价和最低价，但是，都被对方顽强地拉回，只是到了结尾时，多方才把优势勉强保住，如图 10－13a 所示。

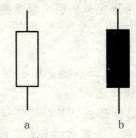

图 10－13　有上下影线的阳线和阴线

对多方与空方优势的衡量，主要依靠上下影线和实体的长度来确定。一般说来，上影线越长，下影线越短，实体越短，越有利于空方占优，而不利于多方占优；上影线越短，下影线越长，实体越长，越有利于多方占优，而不利于空方占优。上影线和下影线相比的结果，也影响多方和空方取得优势。上影线长于下影线，利于空方；反之，下影线长于上影线，利于多方。

10. 有上下影线的阴线

与上下影线的阳线一样，这也是最为常见的一种 K 线形状。它的含义与上下影线的阳线差不多，只是这种局面稍稍倾向于空方，因为，在临近收尾时空方稍微取得了优势，如图 10－13b 所示。

双方优势的衡量方法同有上下影线的阳线一样，唯一不同的是，这时的实体越长，越利于空方。

11. 十字星

这是不容易出现的 K 线形状。由于不易分阴阳，则画图时，与前一天收盘相比，若上涨，则为阳线（红线）；反之，就画成阴线（黑线）。十字星分为两种，一种上下影线很长，另一种上下影线较短，如图 10－14 所示。

上下影线较长的称为大十字星。表示多空争夺激烈，最后，回到原处，后市往往有变化。多空双方优势由上下影线的长度决定，如图 10－14a 所示。

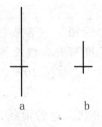

图 10—14　十字星

上下影线较短的称为小十字星。表明窄幅盘整交易清淡，买卖不活跃，如图 10—14b 所示。

12. T 字形和倒 T 字形

T 字形和倒 T 字形如图 10—15 所示。用前面关于上下影线的对多空双方优势的影响的叙述，可以很快知道：

（1）T 字形是多方占优。下影线越长，优势越大，如图 10—15a 所示。

（2）倒 T 字形是空方占优。上影线越长，优势越大，如图 10—15b 所示。

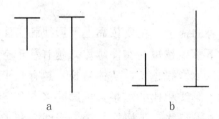

图 10—15　T 字形和倒 T 字形

以上介绍了 12 种 K 线所包含的对市场行为的反映。内容很多，记忆起来比较困难。下面指明几点，在进行记忆和应用时可以简化我们的工作。

如果上影线相对于实体来说非常小，则可以等同于没有，也就是说，太短的上影线与光头没有什么区别。同样，下影线如果相对于实体来说非常小，也可视为没有，即太短的下影线与光脚没有什么区别。总而言之，上下影线小到一定程度，我们就可以视之为没有。

指向一个方向的影线越长，越不利于股票价格今后向这个方向变动。阴线实体越长，越有利于下跌；阳线实体越长，越有利于上涨。

（二）由两根 K 线的组合推测行情

技术分析专家在不断实践和总结经验的基础上，研究出了双日 K 线图的

基本种类，这些种类的图形在股市中出现的概率较高，根据这些图形可对行情
作出研判，如图 10－16 所示。技术分析专家对各种双日 K 线图都给予了一定
的名称，但由于形象思维的视野不同，同一种图形可以有不同的名称，但其实
质是一样的。现对图 10－16 作如下的说明。

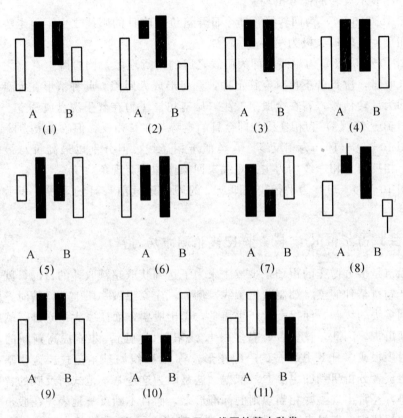

图 10－16 双日 K 线图的基本种类

图 10－16（1）为覆盖线，即前一日为大阳线，第二日却被相当长的阴线
所覆盖。这种图形的出现预示在短期内具有行情反转的可能性。

图 10－16（2）为迫切线，即昨日为大阳线，今日却产生了小阴线，表示
涨势受阻。

图 10－16（3）为迫入线，即昨日为大阳线，今日却产生小阴线，且收盘
价比昨日低。与迫切线一样，迫入线也表示涨势受阻，有回档下跌的可能。

图 10－16（4）为切入线，即昨日为大阳线，今日却出现了大阴线，且今
日的收盘价比昨日大阳线的一半还低。此种情形表示昨日的买方力量已用尽，

可能近日内价格将跌至大阳线的底部以下。

图 10—16 (5) 为包入线，即今日的阳线或大阴线，会吃掉昨日的阴线或阳线，表示反转出现。

图 10—16 (6) 为怀抱线，即今日的 K 线，其范围缩至昨日大阳线或大阴线中，亦表示反转的信号出现。

图 10—16 (7) 为回转线，即今日开盘价在昨日的阳线之中，但走势却与昨日相反，反转现象极为明显。

图 10—16 (8) 为星线，即大阳线之后的出货现象，当日跳空开高之后一路走低收盘，次日若不再跳空往上冲，则将形成大回档。此种情形在大盘出现时，即为反转信号。若在个股上发生，则有可能主力在着手洗盘或诱空。

图 10—16 (9) 为相逢线，即今日的走势与昨日相反，但收盘极为接近。

图 10—16 (10) 为相反线。它类似于相逢线，但分别以最高价与最低价收盘。相反线与相逢线均为主力短线来回操作的特有现象。

图 10—16 (11) 为平行线，即今日的阳线延续前一日的阳线，表示买气的延续。

（三）由三根 K 线和多根 K 线推测市场行情

股市是多方博弈的市场，少数庄家为了达到获取超额收益的目的，就会在市场上制造某种假象，如制造出骗线。例如，庄家想做一段上升行情时，先造成不利多头的线路，使投资者产生错觉，卖出股票，而庄家大量吃进，然后拉高行情出货。因此，投资者要靠多根 K 线来加以判断，才能提高判断的正确性。由多根或多日 K 线组成的一组图形，称为 K 线的基本范式。这些基本范式是投资者分析研判的主要参考依据。这是因为这些基本范式所反映的各种股价趋势，经常出现一些相当规则的标准形态，而且不断反复地表现在股市实际交易的行情中，经过专家们整理、归纳，就建立了 K 线的基本范式。它告诉投资者在某些图形范式出现时，股价的波动方向是什么。

下面，按上升行情与下跌行情和盘局行情三类市场分析说明多日 K 线的基本范式。

1. 上升行情与下跌行情

上升行情的基本范式可分为阳线三根型、阳线阶段型、点升型、上升抵抗型、上升中继和上升跳空型 6 种形态。与之相对应的是阴线三根型、阴线阶段型、点降型、下跌抵抗型、下跌中继型和下跌跳空型 6 种形态。

(1) 阳线三根型（见图 10—17）与阴线三根型（见图 10—18）。阳线三根型是一种典型的上升形态，由三根连续的阳线构成 K 线的基本范式，主要说明上涨行情之后,至少有三阶段的涨势,持股的多头不必急于出货,但一定要在上涨的高潮时获利了结。股市中很多专门作短线投机的投资者,经常在某种股价连续涨三天之后即赶紧卖出,空仓者则不敢抢进,就是深受这一基本范式的影响。

阳线三根型的基本范式基本上有 5 种不同的组合。

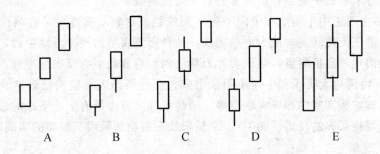

图 10—17 阳线三根型

A. 由三根几乎等长的光头光脚的阳线所组成。

B. 由二根上下影线或只带上影线或下影线的阳线和一根光头光脚的长阳线组成。

C. 由三根实体日益缩短的带影线的阳线组成。

D. 由两边短和中间长的三根阳线组成。

E. 由三根价位比较接近的阳线组成。

阴线三根型是由三根阴线组成,与阳线三根型正好相反,阴线三根型大致有以下 5 种不同的组合。

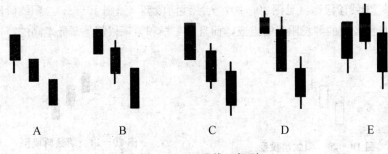

图 10—18 阴线三根型

A. 由一波比一波低的三根大阴线组成,表明卖方力量极强,下跌幅度极深,但已近底价或即将反弹。

B. 由连创新低的三根大阴线组成，但中间上下影线表明，卖方受买方阻击，下跌暂时有限，但买方只有招架之势，没有力量还击，卖方乘机大胆进攻，买方心虚，多头亦忍不住损失而抛售股票，一条长阴线由此而生。

C. 由一根超长阴线加二根大阴线组成。第一根长阴线是在利空消息刺激下，卖方大量抛盘，引起多杀多而形成；第二、三根阴线是由于跌幅已深，多空双方寻求新的平衡点，但买方一时无力挽回败局。

D. 由两边中小阴线和中间一根大阴线组成，表示卖方力量在第二天表现出来，第三天便转弱，成为中小阴线，这种形态多半出现于下跌中段，准备反弹，或出现于底价附近，暗示卖方力量已弱，将面临买方反击的考验。

E. 由两边大阴线和中间小阴线组成。此种形态表示空头已近空仓，但股价并未如空头期望的那样大幅滑落，明显可知卖方力量有限，下跌的态势已被遏止，等待买方的反击。图 10—19 是阳线三根型和阴线三根型的实战图。

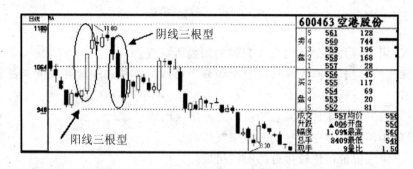

图 10—19

(2) 阳线阶段型（见图 10—20）与阴线阶段型（见图 10—21）。阳线阶段型是由三根长度较短的等长阳线所组成，而且第二根和第三根都是开低走高的行情。

图 10—20　阳线阶段型　　　　　　图 10—21　阴线阶段型

(3) 点升型（见图 10—22）与点降型（见图 10—23）。点升型是由二根阳线中间夹着二至四根短阳线所组成的。

图 10－22　点升型　　　　　　　　图 10－23　点降型

（4）上升抵抗型（见图 10－24）与下跌抵抗型（见图 10－25）。上升抵抗型可视为点升型的变形，与点升型不同的是第三、第四天是两根小阴线，虽是小阴线，行情仍有小幅进展。在正常情况下，股市行情的上涨很少是一边倒的，应该是涨三天，跌一天或是二天，让短线获利者回吐消化一下，然后再继续上升。上升抵抗型是在上升行情中比较容易出现的一种形状。

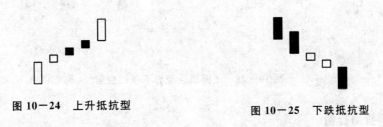

图 10－24　上升抵抗型　　　　　　图 10－25　下跌抵抗型

（5）上升中继型（见图 10－26）与下跌中继型（见图 10－27）。上升中继型可以说是上升抵抗型的延伸，是在连续上升的阳线中夹杂着两根或二根小阴线。上升抵抗型的买方力量是相当强的，所以会出现阴线收盘价高于阳线开盘价的情况。下跌中继型的买方力量相对弱些，所以出现阴线收盘价低于阳线收盘价的情况，但卖方的压力仍不够强，等待回档买进的买方仍然超过卖方，使阴线的收盘价高于阳线的收盘价。因此，上升抵抗型在行情欲回不回之下，最后自然只有继续向上升行情迈进。

图 10－26　上升中继型　　　　　　图 10－27　下跌中继型

（6）上升跳空型与下跌跳空型如图 10－28 所示。上升跳空型主要是受利好消息刺激，而出现的价格暴涨的形态。其特征是投资者纷纷看好，开盘时买气强大，买方抢购，卖方惜售，抬高行情，使行情跳空而上，其上升幅度大于阳线三根型。第一天股价以高价开盘。第二天若是小行情，平盘或高盘开出后，卖方不断增加，买方相对减少，行情上升受阻（A）；若是大行情，股价仍大幅上升，并以当日最高价收盘（B）。第三天继续跳空而上，获利回吐倾向明显，高价抢进者减少，收盘时阳线带有上影线（B）；有时因卖压过重，当日高开低收转为阴线（C）。

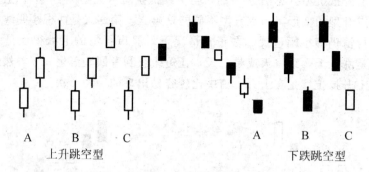

图 10－28　上升跳空型与下跌跳空型

2. 盘局行情

盘局行情有三种基本范式，即三段整理型、中段整理型和盘局突破型。其中三段整理型是盘局中最典型的范式。

（1）三段整理型（见图 10－29）。三段整理型由上升三段整理型和下跌三段整理型组成，当股价在高价之间来回调整三次就会突破盘局。

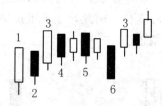

图 10－29　上升三段整理型

图 10－29 中是表示上升三段整理型的图形。其中的 1 表示这个大阳线上升幅度较大，从而必然产生获利回吐，形成这段上升盘局的最低价 2。然而，证券投资者判断这是上升行情中的大涨小回，于是买盘纷纷涌入，甚至可能跳

空，高开高走，形成涨盘局中的最高价3。由于多空双方认同3为最高价，多转空使卖方稍占优势，连创几个新低4、5、6，但6并未突破2，多方信心逐渐增强，趁低买进，将市价再次推向3。由于买盘没有及时跟上，价格回落重新蓄势，第二日大量买盘介入，使得股价突破3，突破盘整区域，股价继续上扬。

（2）中段整理型（见图10－30）。中段整理型由上升中段整理型和下跌中段整理型所组成，表示在行情中段发生的盘整现象。

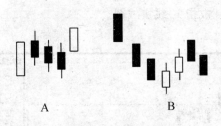

图 10－30　中段整理型

图10－30中的A表示上升中段整理型。这种形态时常出现于前一段上升支撑下，卖方发挥力量有限，只出现连续无力的小阴线，连一根阳线的开盘价都攻不下，买方反攻时，一根长而有力的阳线迅速将卖方一网就擒，另一段上升行情可能继续下去。

图10　30中的B表示下跌中段整理型。它表明连续出现阴线，股价下跌幅度已很深，自然产生卖方暂时观望与买方采取积极买进的态度，使阳线不止出现一条，等到买方力量用尽，卖方再占上风。

（3）盘局突破型（见图10－31）。盘局中的突破是证券投资者最关心的问题，因为谁能事先判断盘局的突破就意味着能有更多的盈利。但是，突破必须是真正的突破，它具有两个判别标准：一是量价配合，也就是，新高价必须有

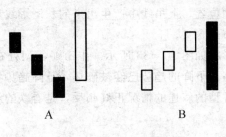

图 10－31　盘局突破型

新高量相配合，新低价必须有新低量相配合；二是突破幅度必须超过3％，也就是说，上涨或下跌幅度必须超过原先最高价或最低价的3％。一旦K线图上出现了阳包阴或阴包阳这两个盘局突破的典型形态，那么就意味着真正的突破。

图10—31中的A表示阳包阴，它是向上突破，也即行情反转上涨的典型例子。这种形态的出现暗示投资者可大胆地买入股票。

图10—31中的B表示阴包阳，它是向下突破，也即行情反转下跌的典型例子。这种形态的出现暗示投资者不可介入。

图10—32是深证成指K线实战图。

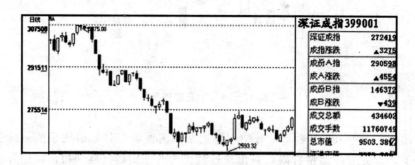

图10—32　深证成指K线实战

（四）K线组合形态

K线组合形态分为反转和持续两个大的种类，本书列举9种反转组合形态。

锤形线和上吊线如图10—33所示。锤形线处在下降趋势中。下跌的趋势被遏制，价格又回到了或者接近了当天的最高点。锤形线有牛市含义。上吊线处在上升趋势中。当天的价格行为一定在低于开盘价的位置，之后反弹使收盘价几乎是在最高价的位置。上吊线中产生出来的长下影线显示了下跌趋势的开始。上吊线具有熊市的含义。

鲸吞型的基本形状如图10—33所示。牛市鲸吞型处在下降趋势中，收盘价比前一天的开盘高。下降的趋势已经被破坏，下降趋势将要反转。熊市鲸吞型的情况与牛市鲸吞型的叙述的情况正好相反，是看跌的组合形态。

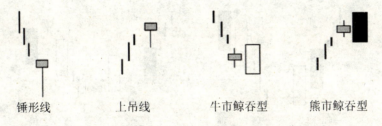

锤形线　　　　上吊线　　　　牛市鲸吞型　　　熊市鲸吞型

图 10－33　锤形线、上吊线和鲸吞型

孕育型的基本形状如图 10－34 所示。牛市孕育型处在下降趋势进行了一段时间之后，第二天价格的上升，建议买进。熊市孕育型处在上升趋势进行了一段时间之后，第二天价格低开，多头转为空头，引起价格的下降，建议卖出。

倒锤线和射击之星的基本形状如图 10－34 所示。倒锤线之前已经是下降趋势，潜在的趋势反转将支持上升。射击之星处在上升趋势中，市场跳空向上开盘，出现新高，最后收盘在当天的较低的位置。后面的跳空行为只能当成看跌的熊市信号。

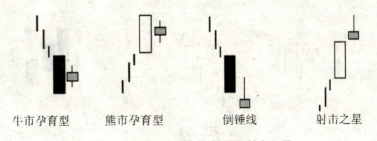

牛市孕育型　　熊市孕育型　　　倒锤线　　　　射击之星

图 10－34　孕育型、倒锤线和射击之星

刺穿线与乌云盖顶的基本形状如图 10－35 所示。刺穿线形成于下降趋势中，第一天的长阴线后，第二天的收盘高于长阴线实体的中点，是反转形态。乌云盖顶是上升趋势的时候，长阳线后的收盘价格降到阳线实体的中间之下，顶部反转的机会变大。

早晨之星和黄昏之星的基本形状如图 10－35 所示。早晨之星开始是一根长阴线，第二天的小实体显示了不确定性。第三天价格跳空高开，显著的趋势反转已经发生。黄昏之星的情况与早晨之星正好相反，是上升趋势中的反转的组合形态。

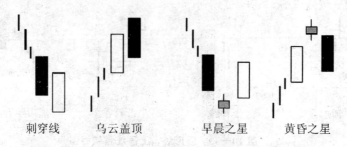

刺穿线　　乌云盖顶　　　　早晨之星　　　黄昏之星

图 10－35　刺穿线、乌云盖顶、早晨之星和黄昏之星

　　红三兵基本图形如图 10－36 所示。如果在下降（上升）很长时间后出现，是反转的信号。沪深股市的红三兵阳线之间更多是以缺口出现。

　　强弩之末是发生在上升趋势末期，基本图形如图 10－36 所示。小实体和缺口说明不确定性有阻止向上的移动的必要。强弩之末展示了原来上升趋势的弱化。从图形上看，强弩之末是黄昏之星的"前奏曲"。在上升的过程中，强弩之末的形态出现得越晚，不能继续上升的强弩之末的含义越强。

　　三乌鸦发生在上升趋势末期，基本图形如图 10－36 所示。三乌鸦呈阶梯形逐步下降。由于出现一根长阴线，明确的趋势倒向了下降的一边。

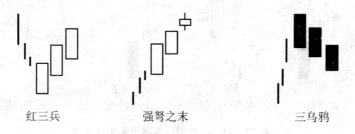

红三兵　　　　　　　强弩之末　　　　　　　三乌鸦

图 10－36　红三兵、强弩之末和三乌鸦

五、缺口

　　(1) 缺口 (Gap)：就是没有交易的范围，即某一 K 线的最低价比前一 K 线的最高价还要高，或某一 K 线的最高价比前一 K 线的最低价还要低，使 K 线图上出现跳空的现象。缺口分为普通缺口、突破缺口、继续缺口和竭尽缺口四种，如图 10－37 所示。

　　(2) 普通缺口：就是股价在盘整期间出现的缺口，缺口出现后并未使股价脱离盘局形态上升或下降，股价短期内仍处于盘局，缺口也在短期内被封闭，如图 10－38 所示。

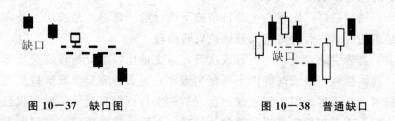

图 10－37 缺口图　　　　　　　图 10－38 普通缺口

（3）突破缺口：当形态完成后，K 线以缺口跳空上升或下降远离形态，突破盘局，表示真正的突破已经形成，行情将顺着原来的趋势运行下去。股价向形态上端突破，盘整区域和缺口便成为将来回档的支撑区，股价将有一段上升行情，是买进时机；股价向形态下端突破，盘整区域和缺口就成为将来反弹或上升的阻力区，股价将继续下跌，是卖出时机。突破缺口愈大，表示将来的股价变动愈强烈。股价向形态下端突破，并不需要大成交量的配合，仍然有效。另外，突破缺口在短期内是不被封闭的，如图 10－39 所示。

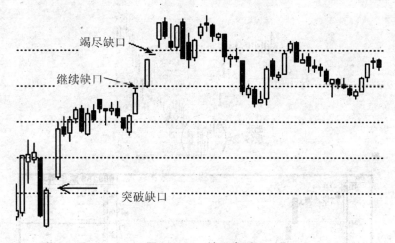

图 10－39 缺口类型

（4）继续缺口：又称持续缺口、中段缺口和测量缺口，通常是在股价突破形态上升或下跌远离形态而至下一个整理或反转形态的中途出现的缺口，它具有加速股价上升或下跌的作用，表示股价运行维持原先的趋势。由于继续缺口通常出现在股价变动的中点，因此，根据此种缺口可以大约地预测股价未来的上升或下跌距离。值得注意的是，在上升或下跌行情中，有时可能出现两次或两次以上的继续缺口，每次继续缺口的出现，都说明股价跳空的行情有加强原先趋势的力量，如图 10－39 所示。

（5）竭尽缺口：出现在上升行情或下跌行情的尾声，是长期上升或下跌行情将结束的信号，股价将进入整理或反转阶段。

上升趋势中缺口发生的当日或次日，成交量比以前交易日成交量显得特别庞大，而预期将来一段时间内不可能出现比它更大的成交量或维持此成交量水平，极可能是竭尽缺口。如果缺口出现后的次日行情有反转情形而收盘价停在缺口边缘，就更加肯定是竭尽缺口。同样，下跌行情结束前，出现向下跳空的缺口，成交量萎缩，此缺口也是竭尽缺口，如图 10－39 所示。

（6）岛形反转：在上升或下降行情尾声形成竭尽缺口后，股价继续朝相同方向运行，经过一星期或更长时间完成头部或底部形态后，开始朝相反方向移动，而在先前竭尽缺口价位处再度跳空形成突破缺口反转下跌或上升。由于两个缺口大约在相同价位发生，而整个盘档密集区在图形上看起来就像是孤立的小岛，因此称之为岛形反转。岛形反转的出现，股价的下跌或上升是相当急剧的，如图 10－40 所示。

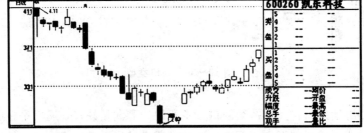

图 10－40　岛形反转

六、形态分析

1. 形态分析概念和方法

股价运动有按趋势发展的规律，并且类似情况会重复出现，可以通过过去和现在的股价资料分析预测股价变动方向。其中重要的方法之一是把过去和现在的股价变动数据标在以时间为横轴，以股价为纵轴的平面直角坐标系中，以股价图形的形态分析未来趋势，这即是形态分析。

分析股价趋势时，可以取一个固定的时间段（例如一天、一周、一月、一年或者五分钟、一小时等），以这个时间段结束时的股价作为这个时间段股价的代表进行研制和绘图。如果以一天为单位时间，就取当天的收盘价为代表，以一周为单位时间，就取一周最后一个交易日收盘价为代表，分别标在平面直角坐标系中，按时间顺序连成收盘价曲线图，依此类推，分别构成股价的日线图、周线图、月线图、年线图和分时图。进一步细致分析，还可以取每一个单位时间内的开盘价、最高价、最低价和收盘价，以这四个数据作为每个单位时间内股价变化的代表，可以更充分地表示股价的变化。

根据股价移动的规律，我们可以把股价曲线的形态分成两大类型：持续整理形态和反转突破形态。前者保持平衡，后者打破平衡。平衡的概念是相对的，股价只要在一个范围内变动，都属于保持了平衡。这样，这个范围的选择就成为判断平衡是否被打破的关键。

同支撑线、压力线被突破一样，平衡被打破也有被认可的问题。刚打破一点，不能算真正打破。反转突破形态存在种种假突破的情况，假突破给某些投资者造成的损失有时是很大的。虽然我们对形态的类型进行了分类，但是这些形态中有些不容易区分其究竟属于哪一类。例如，一个局部的三重顶（底）形态，在一个更大的范围内有可能被认为是矩形形态的一部分。一个三角形形态有时也可以被当成反转突破形态，尽管多数情况下我们都把它当成持续整理形态。

反转突破形态（Reversal Patterns）描述了趋势方向的反转，是投资分析中应该重点关注的变化形态。反转变化形态主要有头肩形态、双重顶（底）、圆弧顶（底）形态、喇叭形以及V形反转形态等多种形态。

与反转突破形态不同，持续整理形态描述的是，在股价向一个方向经过一段时间的快速运行后，不再继续原趋势，而在一定区域内上下窄幅波动，等待时机成熟后再继续前进。这种运行所留下的轨迹称为整理形态。三角形、矩形、旗形和楔形是著名的整理形态。

2. M 头 （Double Tops）

M 头形态形成过程如图 10－41 所示。

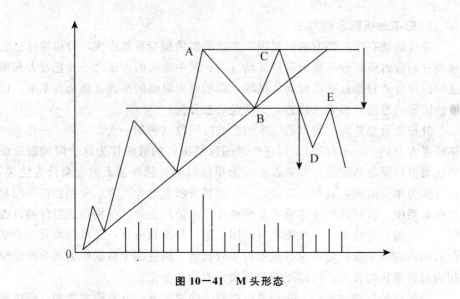

图 10－41　M 头形态

在上升趋势过程的末期，股价急速上升到第一个高点 A，建立了新高点之后受阻回跌，在峰顶处留下大成交量。受上升趋势线的支撑，这次回档将在 B 点附近停止，成交量随股价下跌而萎缩。往后就是继续上升，股价又回至前一峰顶附近 C 点（与 A 点几乎等高），成交量再度增加，却不能达到前面的成交水准，上升遇到阻力，接着股价掉头向下，这样就形成 A 和 C 两个顶的形状。

M 头形成以后，有两种可能的前途：第一是未突破 B 点的支撑位置，股价在 A、B、C 三点形成的狭窄范围内上下波动，演变成下文将要介绍的矩形；第二是突破 B 点的支撑位置继续向下，这种情况才是双重顶反转突破形态的真正出现。前一种情况只能说是一个潜在的双重顶反转突破形态出现了。

经 B 点作平行于 A、C 连线的平行线，就得到一条非常重要的直线——颈线。A、C 连线是趋势线，颈线是与这条趋势线对应的轨道线，它在这里起支撑作用。

一个真正的双重顶反转突破形态的出现，除了必要的两个相同高度的高点以外，还应该向下突破 B 点支撑。

突破颈线就是突破轨道线、突破支撑线，所以也有突破被认可的问题。有关支撑线、压力线被突破的确认原则在这里都适用。

双重顶反转突破形态一旦得到确认，同样具有测算功能，即从突破点算起，股价将至少要跌到与形态高度相等的距离。

这里的形态高度，是从顶点到颈线的垂直距离，即从 A 或 C 到 B 的垂直距离。图 10－41 中右边箭头所指的将是股价至少要跌到的位置，在它之前的支撑都不足取。

总结起来，双重顶反转形态一般具有如下特征：①双重顶的两个高点不一定在同一水平，二者相差少于 3％就不会影响形态的分析意义。②向下突破颈线时，不一定有大成交量伴随，但日后继续下跌时，成交量会扩大。③双重顶形态完成后的最小跌幅度量度方法，是由颈线开始，至少会下跌从双头最高点到颈线之间的差价距离。

3. W 底（Double Bottoms）

W 底形态形成过程如图 10－42 所示。

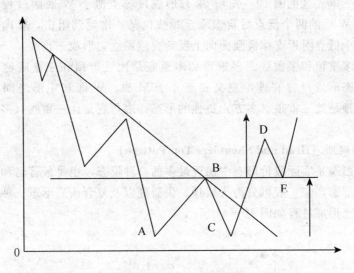

图 10－42　W 底形态

在下降趋势的末期，价格在 A 点进行正常的反弹。在 B 点附近停止后继续下降，但是力量不够，在 C 点（与 A 等高）上升，形成 W 底。

4. 三重顶和三重底（Triple Tops and Bottoms）、多重顶和多重底

三重顶和三重底的特点介于双重顶、双重底和后面讲的头肩顶、头肩底之间，多重顶、多重底接近于后面要讲的矩形但又有区别。

（1）三重顶（见图 10－43）。形态形成过程类似于 M 头的过程，特殊点于形成 M 头的两高点后再下跌至颈线位又一次获得支撑，转向上行，但终因前面两个高点附近压力太大再次逆转向下突破颈线，形成三重顶。

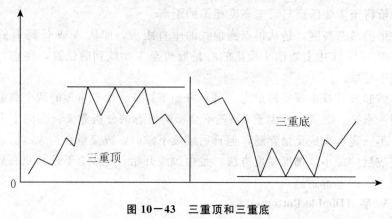

图 10-43　三重顶和三重底

（2）三重底（见图 10-43）。形态形成过程类似于 W 底的过程，特殊点在于形成 W 底的两个低点后再上涨至颈线位又一次受到阻击，转向下跌，但终因前两个低点附近支撑极强而向上反转突破颈线，形成三重底。

（3）多重顶和多重底。多重顶和多重底是比三重顶和三重底更罕见的图形，其形态形成过程和理论意义要点介于 M 头、W 底和矩形之间。从实战讲，多重顶是比三重顶（多方）更强的形态，多重底是比三重底（多方）更弱的形态。

5. 头肩顶（Head and Shoulders Top Pattern）

头肩形态是实际股价形态中出现最多的一种形态，也是最著名和最可靠的反转突破形态。它一般可分为头肩顶、头肩底以及复合头肩形态三种类型。头肩顶的形态形成过程如图 10-44 所示。

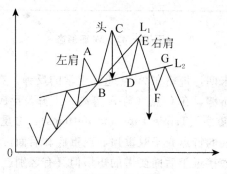

图 10-44　头肩顶

（1）股价长期上升后，成交量大增，获利回吐压力亦增加，导致股价回落，成交量较大幅度下降，左肩形成。

（2）股价回升，突破左肩之顶点，成交量亦可能因充分换手而创纪录，但价位过高使持股者产生恐慌心理，竞相抛售，股价回跌到前一低点水准附近，头部完成。

（3）股价再次上升，但前段的巨额成交量将不再重现，涨势亦不再凶猛，价位到达头部顶点之前即告回落，形成右肩。这一次下跌时，股价急速穿过颈线，再回升时，股价也仅能达到颈线附近，然后成为下跌趋势，头肩顶形态宣告完成。

这种头肩顶反转向下的道理与支撑线和压力线的内容有密切关系。图10—44中的直线 L_1 和直线 L_2 是两条明显的支撑线。从 C 点到 D 点，突破直线 L_1 说明上升趋势的势头已经遇到了阻力，E 点和 F 点之间的突破则是趋势的转向。另外，E 点的反弹高度没有超过 C 点，也是上升趋势出了问题的信号。

图 10—44 中的直线 L_2 是头肩顶形态中极为重要的直线——颈线。在头肩顶形态中，它是支撑线，起支撑作用。

头肩顶形态走到了 E 点并掉头向下，只能说是原有的上升趋势已经转化成了横向延伸，还不能说已经反转向下了。只有当图形走到了 F 点，即股价向下突破了颈线，才能说头肩顶反转形态已经形成。

同大多数的突破一样，这里颈线被突破也有一个被认可的问题。百分比原则和时间原则在这里都适用。一般而言，以下两种形态为假头肩顶形态。第一，当右肩的高点比头部还要高时，不能构成头肩顶形态；第二，如果股价最后在颈线水平回升，而且回升的幅度高于头部，或者股价跌破颈线后又回升到颈线上方，这可能是一个失败的头肩顶，宜作进一步观察。

头肩顶形态是一个长期趋势的转向形态，一般出现在一段升势的尽头，这一形态具有如下特征：①一般来说，左肩与右肩高点大致相等，有时右肩较左肩低，即颈线向下倾斜。②就成交量而言，左肩最大，头部次之，而右肩成交量最小，即呈梯状递减。③突破颈线不一定需要大成交量配合，但日后继续下跌时，成交量会放大。

当颈线被突破，反转确认以后，大势将下跌。下跌的深度，可以借助头肩顶形态的测算功能进行。从突破点算起，股价将至少要跌到与形态高度相等的距离。

6. 头肩底（Head and Shoulders Bottom Pattern）

头肩底形态形成过程如图 10—45 所示。

头肩底是头肩顶的倒转形态，是一个可靠的买进时机。这一形态的构成和分析方法，除了在成交量方面与头肩顶有所区别外，其余与头肩顶类同，只是方向正好相反，如图 10—45 所示。例如，上升改成下降，高点改成低点，支撑改成压力。

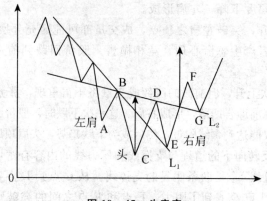

图 10—45　头肩底

值得注意的是，头肩顶形态与头肩底形态在成交量配合方面的最大区别是：头肩顶形态完成后，向下突破颈线时，成交量不一定放大。而头肩底形态向上突破颈线，若没有较大的成交量出现，可靠性将大为降低，甚至可能出现假的头肩底形态。

7. 复合头肩顶与复合头肩底

股价变化经过复杂而长期的波动所形成的形态可能不只是标准的头肩形态，会形成所谓的复合头肩形态。这种形态与头肩形态基本相似，只是左右肩部或者头部出现多于一次。其形成过程也与头肩形态类似，分析意义也和普通的头肩形态一样，往往出现在长期趋势的底部或顶部。复合头肩形态一旦完成，即构成一个可靠性较大的买进或沽出时机。

8. 对称三角形（Symmetrical Triangles Pattern）

对称三角形形态形成过程如图 10—46 所示。

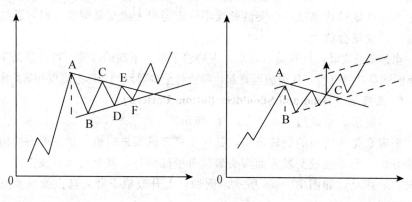

图 10—46　对称三角形

股价运动永远是涨跌交替，峰顶、谷底互间，但是股价运动从来不是直线式的（各种形态示意图中的直线型不过是描述股价趋势大意）。从顶到底，再到顶的过程中充满了曲折、反复，恰如人类社会发展历史一样。在这过程中间，出现了各种各样的整理或者说盘整形态，其中三角形是最重要的整理形态之一。

上升过程中的对称三角形的形成是因为股价已上升一段时间，到达一个高点后部分多头出货离场，导致股价下跌，到一个低点后又被买盘招起，但上升到接近第一个高点时又有部分做空者认为股价冲不破前一高点而"打提前量"出货，导致股价没有达到第一高点即转向下跌，这时又有部分仍然看好后市者认为股价跌不破第一个低点而"打提前量"进货，导致股价没有跌到第一个低点即再次转向上升。两次高点连线构成上边，两次低点连线构成下边。在两边之间股价数度反复，形成一个逐渐收敛、上下边倾斜角度相似的对称三角形形态。

下跌过程中的对称三角形与上升过程中的对称三角形形态相同，发展方向相反。

9. 上升三角形（Ascending Triangles Pattern）

上升三角形形态形成过程如图 10-47 所示。

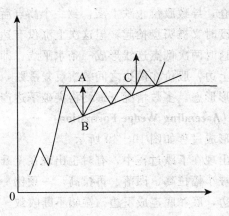

图 10-47 上升三角形

上升三角形一般出现在上升过程中。股价上涨一段时间后到达一个高点，部分多头出货离场，导致股价下跌，到一个低点后又被买盘抬起，但上升至第一个高点的高度时又被打压，但这次下跌没有跌到第一个低点位置即被买盘再次抬起。这时再次高点连线形成一条水平线，即上边，两次低点连线向右上方倾斜，构成下边，股价在两边之间数次反复涨跌，形成一个逐渐收敛并靠上边的上升三角形形态。多数情况下最终将突破上边，产生上涨行情。

10. 下降三角形（Descending Triangles Pattern）

下降三角形形态形成过程如图10—48所示。

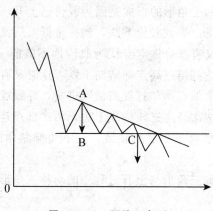

图 10—48　下降三角形

下降三角形一般出现在下跌过程中。股价下跌一段时间后到达一个低点，部分投资者进场建仓，导致股价止跌上涨，到一个高点后又被卖盘打下，下跌至第一个低点的高度时又被买盘抬起，但这次上涨没有达到第一个高点位置即被卖盘再次压下。这时两次低点连线形成一条水平线，即下边，两次高点连接向右下方倾斜构成上边，股价在两边之间数次反复涨跌，形成一个逐渐收敛并靠下边的下降三角形形态。多数情况下最终将突破下边产生下跌行情。

11. 上升楔形（Ascending Wedge Formation）

上升楔形形态形成过程如图10—49所示。

上升楔形一般出现在下跌过程中，有时也出现在上升过程的结束阶段。图形特点是股价不断被小幅拉高、回落、再拉高，一顶比一顶高，一底也比一底高，顶和顶连成上边，底和底连成下边，振幅不断收敛，形成上下两条边均向右上方倾斜的长三角形形态，叫上升楔形。多数情况下此形态将突破下边产生下跌行情。

12. 下降楔形（Descending Wedge Formation）

下降楔形形态形成过程如图10—50所示。

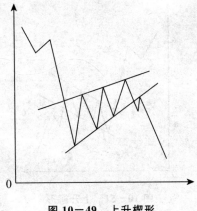

图 10—49　上升楔形

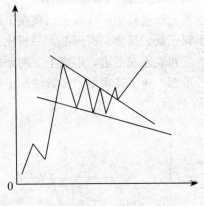

图 10—50　下降楔形

下降楔形一般出现在上涨过程中，有时也出现在下跌过程的结束阶段。图形特点是股价不断被小幅压低、反弹、再压低，一顶比一顶低，一底也比一底低，顶和顶连成上边，底和底连成下边，振幅不断收敛，形成上下两条边均向右下方倾斜的长三角形形态，叫下降楔形。多数情况下此形态将突破上边产生上涨行情。

13. 上升旗形（Ascending Flags Formation）

上升旗形形态形成过程如图 10—51 所示。

上升旗形一般出现在下跌过程中，有时也出现在上升过程的结束阶段。图形特点是股价不断被小幅拉高、回落、再拉高，一顶比一顶高，一底也比一底高，顶和顶连成上边，底和底连成下边，形成上下两条边保持平行，同时向右上方倾斜的平行四边形形态，叫上升旗形。多数情况下此形态将突破下边产生下跌行情。

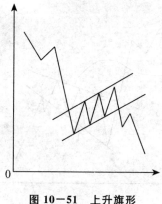

图 10—51　上升旗形

14. 下降旗形 （Descending Flags Formation）

下降旗形一般出现在上涨过程中，有时也出现在下跌过程的结束阶段。图形特点是股价不断被小幅压低、反弹、再压低，一顶比一顶低，一底也比一底低，顶和顶连成上边，底和底连成下边，形成上下两条边保持平行，同时向右下方倾斜的平行四边形形态，叫下降旗形。多数情况下此形态将突破上边产生上涨行情，如图 10—52 所示。

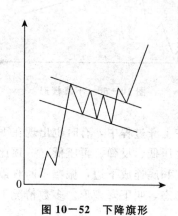

图 10—52　下降旗形

15. 矩形 （Rectangle Formation）

矩形形态形成过程如图 10—53 和图 10—54 所示。

矩形一般出现在上涨或下跌过程中的中途，出现在顶部或底部情况较少。图形特点是股价不断出现小幅上涨、下跌、再上涨、再下跌……，把高点和高点连成直线后形成一条水平的上边，把低点和低点连成直线后形成一条水平的下边，上下两边水平平行构成矩形形态。多数情况下此形态将延续原有的上涨或下跌趋势。

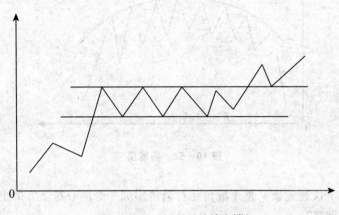

图 10—53 矩形（继续上涨）

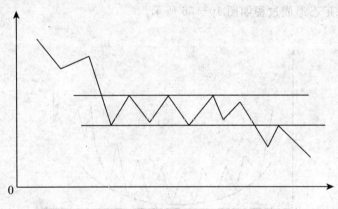

图 10—54 矩形（继续下跌）

（1）矩形的形成过程一般时间较长。

（2）股价出现突破后会有短时回抽（回档或是反弹）现象，之后继续原有趋势，向突破方向发展。

16. 圆弧顶（Rounding Top Patterns）

圆弧顶形态形成过程如图 10—55 所示。

股价经过一段时间的上涨之后，上涨速度由快变慢，上涨幅度由大变小，这时股价却仍然缓慢地保持着越来越弱的上涨趋势，直到由上涨慢慢地开始走平，之后又缓慢地开始略有下跌，之后下跌速度由慢变快，下跌幅度由小变

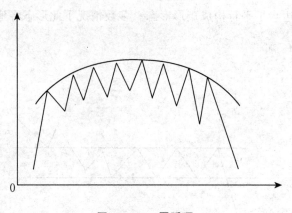

图 10—55　圆弧顶

大，最终向下快速突破。整个股价运行轨迹形成一个圆心在下方的上凸圆弧形态，这就是圆弧顶。

17. 圆弧底（Rounding Bottom Patterns）

圆弧底形态形成过程如图 10—56 所示。

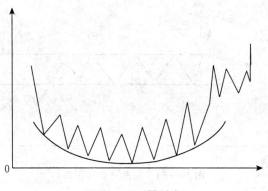

图 10—56　圆弧底

股价经过一段时间的下跌之后，下跌速度由快变慢，下跌幅度由大变小，这时股价仍然缓慢地保持着越来越弱的下跌趋势，直到由下跌慢慢地开始走平，之后又缓慢地开始略有上涨，之后上涨速度由慢变快，上涨幅度由小变大，最终向上快速突破。整个股价运行轨迹形成一个圆心在上方的下凹圆弧形态，这就是圆弧底。

18. 反三角形（喇叭形）

反三角形（喇叭形）形态形成过程如图 10—57 所示。

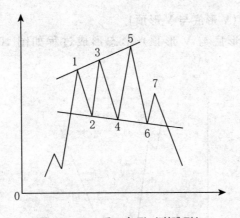

图 10－57　反三角形（喇叭形）

　　前面讲过的全部三角形形态都是向右侧（包括右上方或右下方）收敛的，而反三角形正好相反，是向左侧收敛的。在反三角形形态内，股价不断创出新高点，由高点连成一条向右上方倾斜的直线，形成上边，同时股价不断创出新低点，由低点连成一条向右下方倾斜的直线形成下边，上下边构成一个向右方发散的喇叭形，即反三角形形态。

　　19. 菱形

　　菱形形态形成过程如图 10－58 所示。

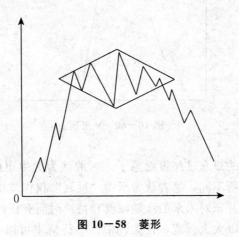

图 10－58　菱形

　　菱形一般出现在顶部，出现在底部或中途的极少。图形特点是左边一个反三角形，右边一个对称三角形，两者组织而成菱形形态。

20. V 形反转 (V 形底与 V 形顶)

V 形反转（V 形底与 V 形顶）形态形成过程如图 10—59 和图 10—60 所示。

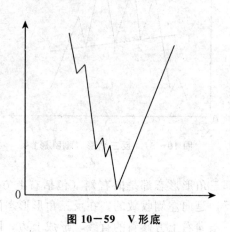

图 10—59　V 形底

图 10—60　V 形顶

对于"反转"的概念已经很熟悉了，一般认为大牛市的底部才称为反转，但本书中的概念有所不同，笔者认为所谓"反转"仅仅是描述一种由涨变跌或由跌变涨的过程，并未对未来的涨跌幅度和持续时间有任何保证。所以对"反转"的应用范围可以大大放宽，在大、中、小行情中可以有大反转、中反转、小反转之别，正像各种形态在大中小行情中的作用一样可大可小。

单日反转是指股价当天上涨后又在当天开始一个下跌过程（或当天下跌后又反转上涨）的"一天完成式"反转。

双日（或叫两日）反转是指股价第一天上涨后在第二天开始一个下跌过程（或第一天下跌后第二天反转）的"两天完成式"反转。

V形反转作为一种形态是描述股价几乎直上直下的一种"V"字形急剧变化形式，分为V形顶和V形底。

V形顶是股价经过急速上升过程后突然以单日反转或双日反转形式出现急速、近乎垂直的下跌过程的形态。

V形底是股价经过急速下跌过程后突然以单日反转或双日反转形式出现急速、近乎垂直的上涨过程的形态。

七、趋势线分析

1. 趋势

趋势（Trend）指股价运行的总体方向。股价分析就是对市场趋势的分析。趋势分大趋势和小趋势，大趋势运行的时间长、幅度大；小趋势运行的时间短、幅度小，大趋势包含并决定小趋势。

趋势的运行发展不是直线式的，而是一个曲折发展、不断反复的过程。如上升趋势指一个总体向上的趋势，但它却包含了"涨、跌、涨、跌、涨"的多个小趋势，只是在上升趋势中下跌幅度总和小于上涨幅度总和，每次下跌仅仅是上涨过程中的小插曲，即回档，上涨是主要方向。下降趋势则指一个总体向下运行的趋势，包含了"跌、涨、跌、涨、跌"的多个小趋势，上涨幅度总和小于下跌幅度总和，每次上涨仅是下跌过程的插曲，即反弹，下跌是主要方向。

趋势的方向有三类：①上升方向，②下降方向，③水平方向（无趋势方向），如图10－61所示。

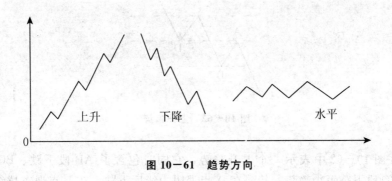

图 10－61 趋势方向

2. 支撑线和压力线

支撑线（Support Line）又称为抵抗线，是指当股价下跌到某个价位附近时，会出现买方增加、卖方减少的情况，从而使股价停止下跌，甚至有可能回升。支撑线起阻止股价继续下跌的作用。这个起着阻止股价继续下跌的价格就是支撑线所在的位置。

压力线（Resistance Line）又称为阻力线，是指当股价上涨到某价位附近时，会出现卖方增加、买方减少的情况，股价会停止上涨，甚至回落。压力线起阻止股价继续上升的作用。这个起着阻止股价继续上升的价位就是压力线所在的位置。

支撑线和压力线具有时效性，即在一定时间内作用很大，随时间延长，其作用逐渐减弱。时效性还指支撑有效次数或压力的有效次数。一条支撑线阻止了一次下跌后，股价第二次跌到此线时仍然会受到一定程度的支撑，但支撑力量已经减弱，当股价第三次跌到此线时支撑力量更弱，往往被突破而无效。压力线也同理，随利用次数增多其有效性（阻力）减小。对支撑或阻力来说，发挥作用的次数不是无限的，一般只有三四次，直至被突破失效。

支撑线和压力线可以相互转化。一条压力线被突破后，当股价再次回跌到该线时该压力线将转化为支撑线，这时作为原来的压力线是失效了，而作为一个新的支撑线将转化为压力线；一条支撑线被突破后，当股价回升到该线时该支撑线将转化为压力线，这时支撑线转化成了有效的压力线。

从本质上说支撑和压力是一回事，都是使趋势发展受到阻碍而暂时改变运行方向的价位区，这种阻碍作用可以向相反方向转化。突破则是指起阻碍作用的价位区的失效，有效突破的标志一般是日线图上连续两天突破或突破3%以上。

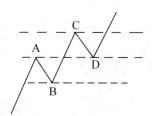

图 10—62　上升趋势

在图 10—62 中表示一个上升趋势，它同时包含了 AB 段下跌、BC 段上涨、CD 段下跌等小趋势。趋势在 A 点遇阻力线后下跌，在 B 点遇支撑线上涨并突破 A 点水平压力线，在 C 点再遇压力线而下跌，这时从 A 点延长的水平压力线转化为支撑线，股价在 D 点遇该支撑线后继续上涨。

3. 趋势线和轨道线

由于证券价格变化的趋势是有方向的，因而可以用直线将这种趋势表示出来，这样的直线称为趋势线。反映价格向上波动发展的趋势线称为上升趋势线；反映价格向下波动发展的趋势线则称为下降趋势线。

如果确定是上升趋势，则可找出两次回档的明显低点用直线连起来即为上升趋势线；如果确定是下降趋势，可找出两次反弹的明显高点用直线连接起来即为下降趋势线。

股价回落至上升趋势线后反弹的次数越多说明该上升趋势线越重要；股价反弹至下降趋势线后再次下跌的次数越多说明该下降趋势线越重要。但趋势线不会永远有效，起作用的次数也不是无限的，一般只有几次。当趋势线被击穿失效时即是对趋势线的突破。突破时应注意观察是不是有效突破。

当一条上升趋势线被突破后继续延长该线，股价反弹至该线时会遇到阻力，当一条下降趋势线被突破后继续延长该线，当股价回档时则会遇到支撑，这是趋势线的转化。

当一条上升趋势线被突破后必须画一条上升趋势线，直至上升趋势变为下降趋势后开始画下降趋势线。这样趋势线可以画出许多条。

趋势线的作用之一是通过观察它们的角度变化可以看出一种趋势的发展是加速、减速还是匀速，有助于判断。趋势线的另一个作用是有助于买卖时机的判断。上升趋势中当股价回落至趋势线时可以考虑买进，下降趋势中当股价反弹至趋势线时可以考虑卖出。

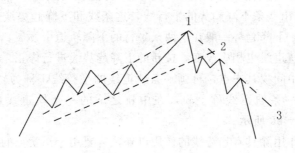

图 10—63　趋势线

在图 10—63 中，线 1 代表一条上升趋势线，股价回落至线 1 时产生反弹，之后再次回落，线 1 被突破。再画上升趋势线 2，其角度小于线 1，说明上升趋势减弱，后终被突破，出现下降趋势，再画下降趋势线 3。图 10－63 中可以明显看出，趋势线是描述股价运行趋势的有力工具。

画趋势线应注意，不是所有两低点相连或两高点相连的直线都有意义，微小波动造成的高低点价值极小，只有达到一定幅度和一定时间长度以上的股价变动造成的高低点才有分析价值。这里所说的"一定幅度和一定时间"因人而异，长期投资者和短线投资者有长短不同的考虑，没有统一标准。太陡或过平的趋势线意义不大。

从实战看，拿过去的行情图画一些现成的趋势线证明其支撑或阻力作用是初学者练习的好办法，但实践中需要面对的是运动的、活的股价，必须对正在发生变化的市场情况进行判断。在趋势线中应明确这样的因果关系：只有股价从某点开始上涨后才能确定其支撑作用；只有股价从某点开始下跌后才能确定其阻力作用，不能因果倒置。趋势线只是股价趋势的一种描述手段，预示一种可能的支撑或阻力作用，但趋势线并不构成涨跌的必然保证，还需结合其他指标进行综合研判。

随着对趋势的深入研究，又发现出轨道线理论（Channel Theory）。轨道线又称通道线或管道线，是基于趋势线的一种方法。在已经得到了趋势线后，通过第一个峰和谷可以作出这条趋势线的平行线，这条平行线就是轨道线。

在一段上升趋势中，从上升趋势线的平行方向寻找股价轨迹的一个明显的相对高点（不一定是绝对高点），从此点引出一条上升趋势线的平行线，这条线和上升趋势线一起构成上升趋势的轨道线，上升趋势一般在这两条平行的上升轨道中发展，当一条上升趋势线被突破而变为另一条上升趋势线时，轨道线也相应改变，按新的趋势线再画平行线进行修正。在一段下降趋势中，从下降趋势线的平行方向寻找股价轨迹的一个明显的相对低点（不一定是绝对最低点），从此点引出一条下降趋势的平行线，这条线和下降趋势线一起构成下降趋势的轨道线，下降趋势一般在这两条平行的下降轨道中发展，一旦下降趋势线改变，下降轨道线也相应改变，按新的下降趋势线进行修正。有时还在两条平行的轨道线中间找其中点，再画一条轨道线的平行线，称为轨道线的中轨。在中轨之上的一条轨道线称上轨，在中轨之下的一条轨道线称下轨，如图 10－64 和图 10－65 所示。

轨道线的作用除具有趋势线的作用以外，主要用于买卖点的揭示，即接近上轨时考虑卖出，接近下轨时考虑买入。

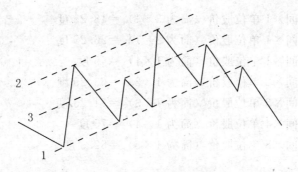

图 10—64　上升轨道线和中轨

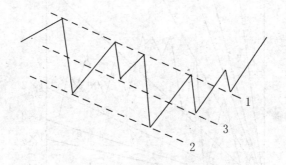

图 10—65　下降轨道线和中轨

4. 甘氏角度线

国外著名证券专家甘氏（W. D. Gann）在实践中提出一套甘氏理论，其要点是：把某段行情的最高点和最低点间均分为 8 等分，取其比例 1/8、2/8、3/8、4/8、5/8、6/8、7/8，再加 1/3、2/3 两个比例，共同组成甘氏百分比的数组，利用这些比例即可对行情进行研判（见数值分析部分）。

甘氏理论的创造性更表现在利用甘氏角度线进行分析的方法，做法是：在以股价为纵坐标，以时间为横坐标的平面直角坐标系中，寻找股价的明显低点或明显高点，如果是低点则向右上方画角度线，如果是高点则向右下方画角度线。在坐标系中把时间和股价分成标准变动单位，纵横坐标的标准变动单位长度一致，即一单位时间和一单位股价在图上长度相等。参照甘氏百分比数组画角度线，甘氏认为从明显高点或明显低点引出的角度线比较重要的有以下九条，如图 10—66 所示。

8 单位时间×1 单位股价（简为 8×1）＝7.5 度

4 单位时间×1 单位股价（简为 4×1）＝15 度

3 单位时间×1 单位股价（简为 3×1）＝18.25 度

2 单位时间×1 单位股价（简为 2×1）＝26.25 度

1 单位时间×1 单位股价（简为 1×1）＝45 度

1 单位时间×2 单位股价（简为 1×2）＝63.25 度

1 单位时间×3 单位股价（简为 1×3）＝71.25 度

1 单位时间×4 单位股价（简为 1×4）＝75 度

1 单位时间×8 单位股价（简为 1×8）＝82.5 度

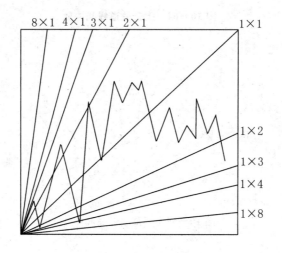

图 10－66　甘氏角度线

在股价图上添加以上角度线后，即可进行分析。甘氏理论认为每一条角度线都可作为支撑或阻力，当股价由下而上接近一条角度线时会受到阻力，当股价由上而下接近一条角度线时会受到支撑。在上述九条角度线中，甘氏认为1×1 线（45 度线）、1×2 线（63.25 度线）、2×1 线（26.25 度线）更重要，其中又以 45 度线（1×1 线）最重要。45 度线（1×1 线）表示时间变动一个单位，股价也变动一个单位，这是市场的一种动态平衡，如果上升趋势强烈，则股价轨迹应在 45 度线以上，上升趋势减弱，会跌破 45 度线，说明上升趋势可能转为下降趋势；如果下降趋势强烈，则股价轨迹应在 45 度线以下，下降趋势减缓，会升破 45 度线，说明下降趋势可能转为上升趋势。注意在上升趋势中应由低点向右上方引角度线，下降趋势中应由高点向右下方引角度线。特别是在由高、低点所引的两组角度线交叉处，其支撑或阻力的作用更强。另外，当股价所引的两组角度线交叉处，其支撑或阻力的作用更强。另外，当股价接近角度线时的价位符合甘氏百分比计算出的股价时，此点的作用也极强。

5. 黄金分割线和百分比线

黄金分割线与百分比线是两类重要的切线，在实际中得到了广泛的应用。这两条线的共同特点是：它们都是水平的直线（其他的切线大多是斜的）。它们注重于支撑线和压力线的价位，而对什么时间达到这个价位不过多关心。很显然，斜的支撑线和压力线随着时间的向后移动，支撑位和压力位也在不断变化。对水平切线而言，每个支撑位或压力位相对而言是固定的。为了弥补它们在时间上考虑的不周，在应用时，往往画多条支撑线或压力线，并通过分析，最终确定一条支撑线或压力线。这条保留下来的切线具有一般支撑线或压力线的全部特征和作用，对今后的股价预测有一定的帮助。

（1）黄金分割线。黄金分割是一个古老的数学方法。对它的各种神奇的作用和魔力，数学上至今还没有明确的解释，只是发现它屡屡在实践中发挥我们意想不到的作用。

黄金分割法是依据 0.618 黄金分割率原理计算得出的点位，这些点位在证券价格上升和下跌过程中表现出较强的支撑和压力效能。其计算方法是依据上升或下跌幅度的 0.618 及其黄金比率的倍率来确定支撑和压力点位。其应用步骤为：

1）记住以下若干个特殊的数字：

0.191　0.382　0.618　0.809

1.191　1.382　1.618　1.809

2.191　2.382　2.618　2.809

2）找到一个点，以便画出黄金分割线。这个点是上升行情的结束点，或者是下降行情的结束点。这个点一经确定，就可画出黄金分割线了，如图10－67 所示。

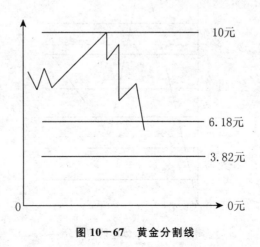

图 10－67　黄金分割线

例如，在上升行情开始调头向下时，我们极为关心这次下跌将在什么位置获得支撑。假设这次上升的顶点价位为6124点（2007年10月16日沪市的最高点位），则应用上述黄金分割的第一行数据得到：

4954.3＝6124×0.809

3784.6＝6124×0.618

2339.4＝6124×0.382

1169.7＝6124×0.191

这几个价位极有可能成为支撑，其中2339.4和1169.7的可能性最大。

同样，在下降行情开始调头向上时，我们关心这次上涨到什么位置遇到压力。黄金分割线为此提供了一些价位，它是这次下跌的底点乘以上面的第二行和第三行的数字得出。其中，以1.382、1.618和2的可能性最大。

（2）百分比线。百分比线考虑问题的出发点是人们的心理因素和一些整数位的分界点。

当股价持续向上涨到一定程度，肯定会遇到压力。遇到压力后，就要向下回撤，回撤的位置很重要。黄金分割提供了几个价位，百分比线也提供了几个价位。

以这次上涨开始的最低点和开始向下回撤的最高点两者之间的差，分别乘以几个特殊的百分比数，就可以得到未来支撑位可能出现的位置。

设低点是10元，高点是22元，这些百分数一共有10个，如图10－68所示。

1/8 1/4 3/8 1/2 5/8 3/4 7/8 1 1/3 2/3

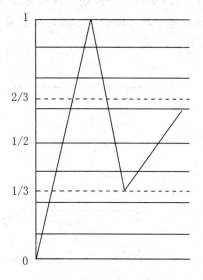

图10－68　百分比线的划分

　　这里的百分比线中，以 1/2、1/3、2/3 三条线最为重要。在很大程度上，回撤到 1/2、1/3、2/3 是人们的一种心理倾向。如果没有回撤到 1/3 以下，就好像没有回撤够似的；如果已经回撤了 2/3，人们自然会认为已经回撤够了。1/2 是常说的二分法。

　　上面所列的 10 个特殊的数字都可以用百分比表示，如 1/8＝12.5％，1/4＝25％等，之所以用上面的分数表示，是为了突出整数的习惯。

　　如果百分比数字取为 61.8％、50％和 38.2％，就得到另一种黄金分割线——两个点黄金分割线。在实际中两个点黄金分割线被使用得很频繁，但它只是百分比线的一种特殊情况，如图 10－69 所示。

图 10－69　两个点黄金分割线

案例分析

1. 指出图 10－70 圆圈内的 K 线形态及其特征。
2. 指出图 10－71 圆圈内的形态类型及其特征和操作策略。

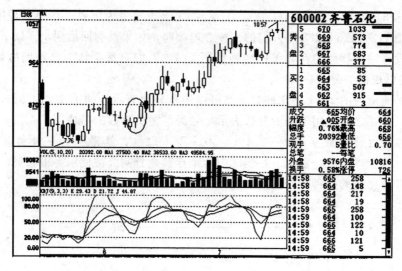

图 10－70

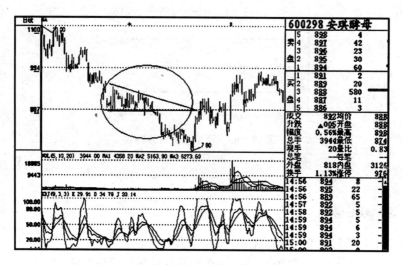

图 10－71

作业题

一、名词解释

技术分析　图形分析　K 线图　缺口　普通缺口　突破缺口　继续缺口
竭尽缺口　形态分析　双重形　头肩形　三角形　趋势　支撑线　压力线

趋势线　轨道线　甘氏角度线　黄金分割线　百分比线

二、问答题

1. 技术分析、技术指标是指什么？
2. 简述技术分析的理论基础。
3. 什么是 K 线图分析？包括哪些类型？
4. 什么是缺口？包括哪些类型？
5. 反转形态有哪些类型？
6. 持续形态有哪些类型？
7. 支撑与阻力是什么含义？

三、单项选择题

1. 进行证券投资技术分析的假设中，从人的心理因素方面考虑的假设是（　　）。

A. 市场行为涵盖一切信息　　　　B. 证券价格沿趋势移动

C. 历史会重演　　　　　　　　　D. 投资者都是理性的

2. 在进行证券投资技术分析的假设中，最根本、最核心的条件是（　　）。

A. 市场行为涵盖一切信息　　　　B. 证券价格沿趋势移动

C. 历史会重演　　　　　　　　　D. 投资者都是理性的

3. 在 K 线理论的四个价格中，（　　）是最重要的。

A. 开盘价　　　　B. 收盘价　　　　C. 最高价　　　　D. 最低价

4. 开盘价与最高价相等，且收盘价不等于开盘价的 K 线被称为（　　）。

A. 光头阳线　　　　B. 光头阴线　　　　C. 光脚阳线　　　　D. 光脚阴线

5. K 线图中的十字线的出现表明（　　）。

A. 多方力量还是略微比空方力量大一点

B. 空方力量还是略微比多方力量大一点

C. 多空双方的力量不分上下

D. 行情将继续维持以前的趋势，不存在大势变盘的意义

6. 下面关于 K 线的应用，说法错误的是（　　）。

A. 有上下影线的阳线，说明多空双方争斗激烈，到了收尾时，空方勉强占优势

B. 一般来说，上影线越长，阳线实体越短，越有利于空方占优

C. 十字星出现表明多空双方力量暂时平衡，使市场暂时失去方向

D. 小十字星表明窄幅盘整，交易清淡

7. 在上升趋势中，将（　　）连成一条直线，就得到上升趋势线。

A. 两个低点　　　　　　　　　　B. 两个高点

C. 一个低点，一个高点　　　　　　D. 任意两点

8. 上升趋势中，如果下一次未创新高，即未突破压力线，往后股价反向而下突破了这个上升趋势的支撑线，通常这意味着（　　）。

A. 上升趋势开始　　　　　　　　　B. 上升趋势保持

C. 上升趋势已结束　　　　　　　　D. 没有含义

9. 支撑线和压力线之所以能起支撑和压力作用，两者之间之所以能够转化，很大程度是由于（　　）方面的原因。

A. 机构主力斗争的结果　　　　　　B. 心理因素

C. 筹码分布　　　　　　　　　　　D. 持有成本

10. 趋势线被突破后，这说明（　　）。

A. 股价会上升　　　　　　　　　　B. 股价走势将反转

C. 股价会下降　　　　　　　　　　D. 股价走势将加速

11. 一般来说，可以根据下列因素判断趋势线的有效性（　　）。

A. 趋势线的斜率越大，有效性越强

B. 趋势线的斜率越小，有效性越强

C. 趋势线被触及的次数越少，有效性越被得到确认

D. 趋势线被触及的次数越多，有效性越被得到确认

12. 在技术分析理论中，不能单独存在的切线是（　　）。

A. 支撑线　　　　B. 压力线　　　　C. 轨道线　　　　D. 趋势线

13. （　　）是最著名和最可靠的反转突破形态。

A. 头肩形态　　　B. 双重顶（底）　C. 圆弧形态　　　D. 喇叭形

14. 头肩形态的形态高度是指（　　）。

A. 头的高度　　　　　　　　　　　B. 左、右肩连线的高度

C. 头到颈线的距离　　　　　　　　D. 颈线的高度

15. 在双重顶翻转突破形态中，颈线是（　　）。

A. 上升趋势线　　B. 下降趋势线　　C. 支撑线　　　　D. 压力线

16. 如果希望预测未来相对较长时期的走势，应当使用（　　）。

A. K 线　　　　　B. K 线组合　　　C. 形态理论　　　D. 黄金分割线

17. 对称三角形情况出现之后，表示原有的趋势暂时处于休整阶段，之后最大的可能会（　　）。

A. 出现与原趋势反方向的走势　　　B. 随着与原趋势的方向继续行动

C. 继续盘整格局　　　　　　　　　D. 不能做出任何判断

18. 如果股价原有的趋势向上，进入整理状态时形成上升三角形，那么可以初步判断今后的走势会（　　）。

A. 继续整理　　　　B. 向下突破　　　　C. 向上突破　　　　D. 不能判断

19. 旗形和楔形是两个最为著名的持续整理状态，休整后的走势往往是(　　)。

A. 与原趋势相反　　　　　　　　B. 与原趋势相同

C. 寻找突破方向　　　　　　　　D. 不能判断

20. 出现顶部的看跌形态是(　　)。

A. 头肩顶　　　　B. 旗形　　　　C. 楔形　　　　D. 三角形

四、多项选择题

1. 技术分析是以一定的假设条件为前提的，这些假设是(　　)。

A. 市场行为涵盖一切信息　　　　B. 证券价格沿趋势移动

C. 历史会重演　　　　　　　　　D. 投资者都是理性的

2. 技术分析的要素包括(　　)。

A. 价格　　　　B. 成交量　　　　C. 时间　　　　D. 地点

3. 市场行为最基本的表现是(　　)。

A. 成交价　　　　B. 成交量　　　　C. 成交时间　　　　D. 成交地点

4. 一般来说，可以将技术分析方法分为(　　)。

A. 指标类　　　　B. 形态类　　　　C. K线类　　　　D. 波浪类

5. 一般来说，买卖双方对价格的认同程度通过成交量的大小来确认，具体为(　　)。

A. 认同程度小，分歧大，成交量小

B. 认同程度小，分歧大，成交量人

C. 价升量增，价跌量减

D. 价升量减，价跌量增

6. 盘局的末端出现光头大阳线，说明(　　)。

A. 多方已经取得决定性的胜利　　　B. 多空双方斗争很激烈

C. 这是一种涨势的信号　　　　　　D. 窄幅盘整，交易清淡

7. 对于两根K线组合来说，下列说法正确的是(　　)。

A. 第二天多空双方争斗的区域越高，表明空方获胜

B. 连续两阴线的情况，表明空方获胜

C. 连续两阳线的情况，第二根K线实体越长，超出前一个K线越多，则取胜一方优势越大

D. 无论K线的组合多复杂，都是由最后一个K线相对前面K线的位置来判断的多空双方实力大小

8. 在某一价位附近之所以形成对股价运动的支撑和压力，主要是由

（　　）所决定的。

A. 投资者的筹码分布 　　　　　　 B. 持有成本

C. 投资者的心理因素 　　　　　　 D. 机构主力的斗争

9. 证券市场里的投资者可以分为（　　）。

A. 多头 　　　　 B. 空头 　　　　 C. 持币观望者 　 D. 持股观望者

10. 关于支撑线和压力线，下列说法不正确的是（　　）。

A. 支撑线又称为抵抗线

B. 支撑线总是低于压力线

C. 支撑线起阻止股价继续上升的作用

D. 压力线起阻止股价继续下跌的作用

11. 一般来说，一条支撑线或压力线对当前市场走势影响的重要性取决于（　　）。

A. 股价在这个区域停留时间的长短

B. 压力线所处的下跌趋势的阶段

C. 这个支撑区域或压力区域发生的时间距离当前这个时期远近

D. 支撑线所处的上升趋势的阶段

12. 关于黄金分割线的论述正确的有（　　）。

A. 黄金分割线是水平的直线

B. 黄金分割线是特殊的支撑线或压力线

C. 黄金分割线只注重位置而不注重时间

D. 黄金分割线只注重时间而不注重位置

13. 缺口的类型有很多种，包括（　　）。

A. 突破缺口 　　 B. 持续性缺口 　　 C. 普通缺口 　　 D. 消耗性缺口

14. 以下属于反转突破形态的有（　　）。

A. 楔形 　　　　　　　　　　　　 B. 头肩形

C. 喇叭形 　　　　　　　　　　　 D. 三重顶（底）形

15. 在百分线中，（　　）线最为重要。

A. 1/4 　　　　 B. 1/3 　　　　 C. 1/2 　　　　 D. 2/3

第十一章　主要技术分析理论

> **学习目标：** 通过本章学习，了解主要技术分析理论、道式理论的趋势思想，掌握量价理论、波浪理论的原理和应用，了解并掌握移动平均线、MACD、KDJ、RSI 等技术指标的意义和应用。

第一节　道氏理论

道氏理论（Dow Theory）是所有市场技术研究的鼻祖。该理论的创始人——查尔斯·道，称其理论并不是用于预测股市，甚至不是用于指导投资者，而是一种反映市场总体趋势的晴雨表。道建立了道·琼斯财经新闻服务社，并被认为发明了股市平均指数。该理论是在其死后命名的。

道氏理论对证券市场的重大贡献：道氏理论认为收盘价是最重要的价格，并利用收盘价计算平均价格指数。

查尔斯·道被认为是第一个试图通过选择一些具有代表性的股票的平均价格来反映总体证券市场趋势而做了彻底努力的人，最终在 1897 年 1 月，形成了道氏在其市场趋势研究中使用的、我们今天仍在按其形式所使用的两个道·琼斯指数。其中之一是由 20 家铁路公司股票组成的，因为在他那个时代铁路公司是主要的产业。另外一个是工业指数，代表所有行业，最初仅由几只股票组成，其数量是在 1916 年增加到 20 个，而在 1928 年 10 月 1 日增加到 30 个。

回顾道氏理论，其基本要点如下。

1. 平均指数包容消化一切

因为它们反映了无数投资者的综合市场行为，包括那些有远见的以及消息最灵通的人士，平均指数在其每日的波动过程中包容消化了各种已知的、可预见的事情，以及各种可能影响公司债券供给或需求关系的情况。甚至于那些天灾人祸，当其发生以后，就被迅速消化，并包容其可能的后果。

2. 三种趋势

"市场"一词意味着股票价格在总体上以趋势演进，而其重要的是主要趋势，即基本趋势（Primary Trend）。它们是大规模的上下运动，通常持续一年或更长的时间，并导致股价增值或贬值 20％以上，基本趋势在其演进过程中穿插着与其方向相反的次级趋势（Secondary Trend）——当基本趋势暂时推进过头时所发生的回撤或调整（次等趋势与被间断的基本趋势一同被划为中等趋势，这是在接下来的讨论中用到的一个很有用的术语）。最后，次等趋势由小趋势或者每日的波动组成，而这并不是十分重要的。

3. 基本趋势

如前所述，基本趋势是大规模的、总体上的上下运动，通常（但非必然）持续一年或有可能数年之久，如图 11－1 所示。只要每一个后续价位弹升比前一个弹升达到更高的水平，而每一个次等回撤的低点（即价格从上至下的趋势反转）均比上一个回撤高，这一基本趋势就是上升趋势，这就称为牛市。相反，每一中等下跌都将价格压到逐渐低的水平，这一基本趋势则是下降趋势，并被称之为熊市。

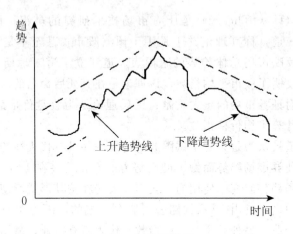

图 11－1 趋势图

正常情况下（至少理论上是这样）基本趋势是三种趋势中真正长线投资者所关注的唯一趋势。他的目标是尽可能在一个牛市中买入（只要一旦他确定它已经启动），然后一直到（且只有到）很明显它已经终止而一个熊市已经开始的时候。他认为，他可以很保险地忽视各种次等的回撤及小幅波动。对于交易人士来说，他完全有可能关注次等趋势。

4. 次级趋势

这是价格在其沿着基本趋势方向演进中产生的重要回撤。它们可以是在一个牛市中等规模的下跌或"回调"，也可以是在一个熊市中发生的中等规模的上涨或"反弹"。正常情况下，它们持续 3 周时间到数月不等，但很少再长。在一般情况下，价格回撤到沿基本趋势方向推进幅度的 1/3～2/3。

5. 小趋势

它们是非常简短的（很少持续 3 周，一般小于 6 天）价格波动，从道氏理论的角度来看，其本身并无多大的意义，但它们合起来构成中等趋势。一般地（但并非全是如此），一个中等规模的价格运动，无论是次等趋势还是一段次等趋势之间的基本趋势，由一连串的三个或更多的明显的小波浪组成。该趋势是上述三种趋势中唯一可被人为操纵的趋势（事实上，尽管这仍然值得怀疑，甚至在目前的情况下它们可能被有意操纵到很重要的程度）。基本趋势与次等趋势不能被操纵。

第二节　移动平均线（MA）

一、移动平均线计算方法

作为证券市场技术分析的基石，道氏理论的核心是把市场趋势分为长期、中期、短期三种波动。但道氏理论未能把这些波动加以量化，移动平均线（Moving Average，MA）则可以弥补这一遗憾，把长、中、短期趋势形象地描绘出来，表现趋势的走向。

移动平均线就是指连续若干天证券价格（通常指收盘价）的算术平均线。以日线为例：

如果要计算五天的平均价，则取连续五个交易日的收盘价（或收盘指数），计算它们的和，再除以 5，得到五天的平均价，公式是：

5 日平均价＝（C1＋C2＋C3＋C4＋C5）/5

上式中 C1、C2、C3、C4、C5 分别代表第一天到第五天的收盘价。

计算第六天的 5 日平均价＝（C2＋C3＋C4＋C5＋C6）/5

即是说把第一天的价格去掉，换为第六天的价格，其他计算方法不变。同理，计算第七天的 5 日平均价格则把第二天的价格换为第七天的价格即可。把计算出的平均价标在每天的股价图上再进行平滑连接，就得到 5 日移动平均线（MA$_5$）。移动平均线一般标在以时间为横轴、股价为纵轴的 K 线图上，一并分析。

同理，十日移动平均线 MA$_{10}$ 的计算公式是

MA$_{10}$ ＝（C1＋C2＋C3＋C4＋C5＋C6＋C7＋C8＋C9＋C10）/10

推广到一般情况，计算 n 日移动平均线的公式是

MA$_n$ ＝（C1＋C2＋C3＋……＋Cn）/n

移动平均线不仅可用于日 K 线，也可用于周 K 线、月 K 线等。图 11－2 是移动平均线应用图。

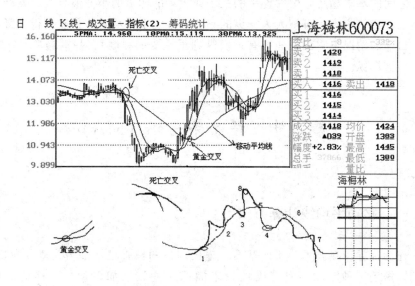

图 11－2　移动平均线应用图

移动平均线理论中，分别以三种移动平均线代表不同趋势周期。短期移动平均线代表短期趋势，中期移动平均线代表中期趋势，长期移动平均线代表长期趋势。长期移动平均线方向向上则代表长期趋势上升，可以确定是牛市或叫多头市场；长期移动平均线方向向下则代表长期趋势下降，可以确定是熊市或叫空头市场。

对于短期移动平均线、中期移动平均线、长期移动平均线的具体划分没有确定的说法，试举几种分类法。

（1）短期 MA：0～10 天；中期 MA：10～30 天；长期 MA：30 天以上。

　　（2）短期 MA：0～15 天；中期 MA：15～60 天；长期 MA：60 天以上。

　　（3）短期 MA：0～15 天；中期 MA：25～120 天；长期 MA：120 天以上。

　　经过实践证明，短期移动平均线应在 15 天以下，中期移动平均线在 25～60 天，60 天以上为长期移动平均线。

　　根据短期线变化快，长期线变化慢的特点，可以进行多方面的比较分析，在其他指标中也经常使用短期与长期的比较，所有的短期线都可称为快速线，长期线都可称为慢速线，不局限于移动平均线。

二、移动平均线的应用法则——葛南维（Granvile）法则

　　了解移动平均线的概念之后，如何利用这一系统进行市场操作呢？美国分析师葛南维（Granvile）提出移动平均线八条法则。

　　（1）当移动平均线由下跌开始走平，将要转为上涨时，股价线从移动平均线下方向上突破移动平均线，是买入讯号。

　　（2）股价线在移动平均线上方，当股价线开始下跌但并未跌破移动平均线时又转向上涨，是买入讯号。

　　（3）股价线向下跌破移动平均线而处于移动平均线下方，移动平均线仍然继续上涨，是买入讯号。

　　（4）股价线处于移动平均线下方并且出现暴跌，导致股价线距离移动平均线过远时，是买入讯号。

　　（5）当移动平均线由上涨开始走平，将要转为下跌时，股价线从移动平均线上方向下跌破移动平均线，是卖出讯号。

　　（6）股价线在移动平均线下方，当股价线开始上涨但并未突破移动平均线时又转向下跌，是卖出讯号。

　　（7）股价线向上突破移动平均线而处于移动平均线上方，移动平均线仍然继续下跌，是卖出讯号。

　　（8）股价线在移动平均线上方并且出现暴涨，导致股价线距离移动平均线过远时，是卖出讯号。

　　葛南维移动平均线八条法则共有四个买入讯号和四个卖出讯号，其中的买卖信号基本是两两对应的，其中第 1 条对应第 5 条，第 2 条对应第 6 条，第 3 条对应第 7 条，第 4 条对应第 8 条。用图形表示八条法则可以更清楚地看到这种对应关系。

　　把八条法则再进行概括，则 1、5 两条是指股价和移动平均线同方向运行时则趋势确立，MA 上涨则买（第 1 条），MA 下跌则卖（第 5 条）；当股价和

移动平均线反方向运行而股价在移动平均线位置受到支撑则买（第 2 条），受到阻力则卖（第 6 条）；当股价和移动平均线反方向运行而移动平均线不受股价影响保持原方向时应以移动平均线的方向为依据，MA 上涨则买（第 3 条），MA 下跌则卖（第 7 条）；当股价和移动平均线之间在短时间内出现拉开距离过远时，股价应向移动平均线回归，靠向移动平均线，向上靠则买（第 4 条），向下靠则卖（第 8 条）。

现在把葛南维移动平均线八条法则归纳为三句话：同向顺势而为，异向均线为主，太远必回归。

总之，葛南维移动平均线法则是针对股价和移动平均线的位置关系决定操作方向的，这是依据移动平均线原理进行操作的基础。

第三节 量价理论

在技术分析中，研究量与价的关系占据了极重要的地位。成交量是推动股价和股价指数上涨的原动力，市场价格的有效变动必须有成交量配合，量是价的先行指标，是测量证券市场行情变化的温度计，通过其增加或减少的速度可以推断多空战争的规模大小和指数股价涨跌之幅度。运用技术分析方法研究未来的股价和股价指数的趋势，如果不考虑和分析成交量的变化，都是舍本求末，将削弱技术分析的准确性和可靠性。然而到目前为止，人们并没有完全掌握量价之间的准确关系。这里仅就目前常用的量价关系理论进行介绍。

一、古典量价关系理论——逆时钟曲线法

逆时钟曲线法是最浅显、最易入门的量价关系理论。它是通过观测市场供需力量的强弱，来研判未来走势方向的方法，如图 11－3 所示。

其应用原则有 8 个阶段：

1. 阳转信号

股价经过一段跌势后，下跌幅度缩小，止跌趋稳。同时在低位盘旋时，成交量明显由萎缩转而递增，表示低档承接力转强，此为阳转信号。

2. 买进信号

成交量持续扩增，股价回升，逆时钟曲线由平向上时，为最佳买入时机。

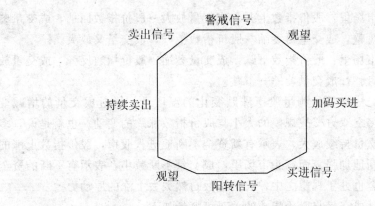

图 11-3　逆时钟曲线

3. 加码买进

当成交量增至某一高水准时，不再急剧增加，但股价仍继续上升，此时逢股价回档时，宜加码买进。

4. 观望

股价继续上涨，但涨势趋缓，成交量未能跟上，走势开始有减退的迹象，此时价位已高，不宜再追高抢涨。

5. 警戒信号

股价在高位盘整，已难创新高，成交量明显减少，此为警戒信号。此时投资者应做好卖出准备，宜抛出部分持股。

6. 卖出信号

股价从高位滑落，成交量持续减少，逆时钟曲线的走势由平转下时，进入空头市场，此时应卖出手中股票，甚至融券放空。

7. 持续卖出

股价跌势加剧，呈跳水状，同时成交量均匀分布，未见萎缩，此为出货行情，投资者应果断抛货，不要犹豫、心存侥幸。

8. 观望

成交量开始递增，股价虽继续下跌，但跌幅已小，表示谷底已近，此时多头不宜杀跌，空头也不宜肆意打压，应伺机回补。

二、成交量与股价指数的关系

多头市场和空头市场的最大区别就在于投资者参与程度的不同和人气的聚散，其市场表现就是成交量的大小不同。股价指数与成交量的关系表现为：

（1）多头市场里：股价指数上升，成交量放大→股价指数回档，成交量萎缩→股价指数盘整，成交量再萎缩→股价指数上升，成交量又放大。

（2）空头市场里：股价指数下跌，成交量萎缩→股价指数反弹，成交量放大→股价指数盘整，成交量萎缩→下跌。

由此可见，成交量是测量股市涨跌变化的温度计。通过成交量的增减变化，可以推断多空双方交战规模的大小与股价指数涨跌的变动。也就是说，多头市场里，成交量持续放大，表示有新资金不断地进入股市，股价指数上涨的原动力也就不断地加强。而空头市场里，成交量不断减小，表示有不断的资金离场，外围资金也处于观望之中，股价指数自然失去上涨的原动力。

综上所述，成交量与股价指数的关系可概括如下：

（1）股价指数与成交量的关系如同滚雪球一样，要使股价指数上升，成交量必须放大。但股价指数下跌，并不需要成交量放大的配合。

（2）多头市场起始，成交量均不大，随着股价指数的上升，成交量放大，至成交量不能再放大时，其上涨便告一段落。有时，股价指数仍继续上涨，而成交量不再放大甚至减小，则显示上升快到尽头了。

（3）空头市场中，每一下跌行情的起点，成交量均有急剧萎缩的现象，表示买盘减退，追高者少，直至成交量萎缩到不能再萎缩，下跌告一段落。有时，股价指数虽然继续下跌，而成交量不再萎缩，甚至放大，则预示下跌行情即将结束。

三、成交量与股价的关系

美国投资专家葛南维曾说过"成交量是股市的元气，股价只不过是它的表征而已，成交量的变化是股价变化的前兆"。这一精辟的论述，道出了成交量与股价之间的密切关系。

股价与成交量的关系表现为量价同步和量价分歧两种情况。

1. 量价同步

当股价上涨时，成交量也随之增加；当股价下跌时，成交量随之减少，这种成交量增减与股价的升跌步伐极为一致，就叫量价同步或量价配合。这时股价与成交量的关系又具体表现为：价涨量增和价跌量减。

（1）价涨量增：在上升行情中，成交量不断放大，股市逐渐活跃，越来越多的人加入股市。大众对行情普遍看好，买盘气势越来越旺，外围资金涌入股市，接手不断，使卖盘的筹码被买盘一一吸进，使股价得以顺势上升，交易活跃，换手积极，使成交量又持续增加，促使股价上涨，又吸引更多的投资者进入股市，带来更多的资金，使股价上涨和成交量增加同步配合，并发挥得淋漓尽致，买盘充满信心，步步跟进，获利了结者也心满意足地满载而归，换手积极，行情节节上升。只要成交量持续放大，股价仍会上涨。如果成交量减少或萎缩，就表示股价上涨的原动力不足，股价就要反转下跌了。

（2）价跌量减：在下跌行情中，成交量随着股价的下跌而逐渐萎缩。由于股价下跌，影响了投资者的信心，不断抛出股票，从股市抽出资金离场观望。因此，成交量越来越小，股价也进一步下跌，换手稀少，交易清淡，逐渐萎缩的成交量使股价一步步下跌。如果成交量开始回升或突然放大，表示买盘力量开始增加或有机构逢低买入，股价将出现反弹甚至反转。

2. 量价分歧

当股价上升时，成交量反而萎缩；而当股价下跌时，成交量反而放大。这种股价的涨跌与成交量增减不一致的关系就叫量价分歧或量价背离。这种股价与成交量的关系又具体表现为价涨量减和价跌量增两种情况。

（1）价涨量减：指当股价上涨相当幅度时，投资者对高价位望而却步，买盘减弱，持股者见有利可图也纷纷抛出股票套现，这时成交量就会减少。随着股价上涨，敢于买进的投资者也越来越少，使股价在高位盘旋，这是一种反转下跌的信号。当出现这种"价涨量减，乏人跟进"的现象时，就不宜贸然跟进，应及时出脱持股，因为行情即将反转下跌。

（2）价跌量增：指当股价下跌时，成交量不但未减少，反而增加。这种情况较复杂，大致又可分为三种情况。

1）股价原先涨升幅度较大，现在开始由最高点向下跌落，成交量突然大增。这是一些投资者想增加买盘，使成交量在股价刚从高点下跌时发生骤增现象。由于主力机构资金实力强大，并且预谋已久，挟长期购入的股票直抛而下，散户是承接不住这种抛压的。为此，一些散户越买越赔，亏损累累。这时，应果断出脱持股，不可因等待反弹而抱住不放。因为，此时尚属高价圈，股价还不知要下跌多少才会反弹。

2）在股价上升过程中出现回跌行情，成交量小幅增加，这是追涨意愿不足而造成的，既可能转而下跌，也可能是上升过程中的回档。

3）股价一路下跌，跌幅已相当深，下跌时间已久。此时，如跌幅减小，成交量突然大增时，是主力机构在逢低大量买入，近日内股价可望止跌回升，这时股价已处谷底，应买进等待反弹或反转。

量价背离一般是股价即将转势下跌或上升的信号，是卖出或买入的时机。但是，股市风云莫测，变化无常。如果成交量的增加是由于主力机构对敲而造成的，或有利好与利空消息对股价产生影响，应对以上情况加以修正，才能真正地把握股市的"真谛"，做到顺势而为，成为一个成功的投资者。

第四节　波浪理论

　　波浪理论是由艾略特（R. Nelliott）教授于 1939 年根据在此以前 80 年的股市波动中发现的一种规律，是当今普遍采用的技术分析方法。艾略特教授认为，股价的波动如同大自然的潮汐一样，具有一定的规律性，即一浪跟着一浪，并且周而复始，展现出周期循环的必然性。因此，投资者可以根据这些规律性的波动，来预测未来价格的走势，作为买卖策略上的运用。艾略特波浪理论的核心，是一个由 8 个波浪构成的股价变动的循环。每个股价变动的循环，均由 5 次上升波浪和 3 次调整波动构成。第 1～5 波浪为上升波浪，其中第 1、3、5 波浪为推动浪（Impulse Wave），第 2、4 波浪为上升波浪中的调整浪（Collective Wave），如图 11－4 所示。波浪理论主要可分为三个部分，即波浪的形态、浪与浪之间的比例和形成的时间。每一个波浪分成几个中波浪，每一个中波浪又分成许多小波浪，一个完整的股市循环一共细分为 144 个小波浪，如图 11－5 所示。该理论对股价变动趋势的发展具有明确的预测功能，适用于整体股价指数的分析与中、长期的投资研究和判断。

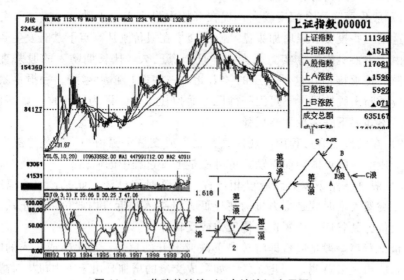

图 11－4　艾略特波浪（8 个波浪）应用图

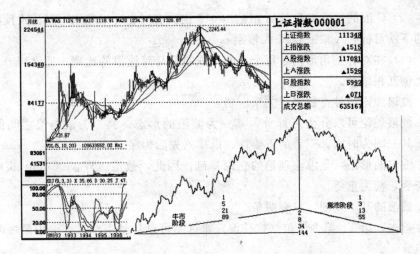

图 11—5　艾略特波浪（144 个波浪）应用图

首先介绍波浪理论的四个基本条件：

（1）升下跌将会交替进行。

（2）推动浪或跟随主流移动的波浪可以再分割为 5 个小浪。调整浪不论向上或向下调整，通常只可再划分为低一级数的 3 个小浪。

（3）在 8 个波浪（5 上 3 落）完毕之后，一个小循环即告完成。可以将 1 至 5 浪合并为（1）浪，而 a、b、c 浪则合并为（2）浪；变为高一级波浪的两个小浪。

（4）时间的长短不会改变波浪的形态。因为市场仍会依照基本形态发展。波浪可以拉长，亦可缩短，但其根本的形态永恒不变。

简单地说，一个完整的升跌循环，包括 144 个波浪，详见图 11—5。一个完整的升跌循环，则可以划分为 2、8、34、55、89 及 144 个波浪。出现的数目字，包括 1、2、3、5、8、13、21、34、55、89 及 144 等数字系列。

另一方面，浪与浪之间的比率，也经常受到奇异数字组合比率的影响，下面是几个常见的例子。

（1）如果推动浪中的一个子浪成为延伸浪，其他两个推动浪运行的幅度及时间，将会倾向于一致。换言之，当第 3 浪成为延伸浪，则第 1 浪与第 5 浪的升幅及运行时间将会大致相同。假如并非完全相等，则极可能以 0.618 的关系出现。

（2）第 5 浪与第 1 浪浪底至第 3 浪浪顶距离的比例，通常也含有奇异数字组合比率的关系。

（3）C浪的长度经常是A浪的1.618倍。有时也可以利用下列公式预测C浪的下跌目标：A浪底点减A浪乘0.618。

（4）在对称三角形内，每个浪的升跌幅度与其他浪的比率，通常以0.618的比例互相维系。

波浪理论与神奇数字，关系密切。

波浪理论可以分为三部分，其一为波浪的形态；其二为浪与浪之间的比例；其三则为时间。三者的重要性，以排列先后为序。

波浪的形态，是波浪理论的立论基础。因此，数浪（Wave Counting）正确与否，甚为重要。

数浪的基本规则，只有两条。

首先，第1、第3个浪（推动浪）永远不可以是第1至第5浪中最短的一个浪。

第2、第4个浪的浪底，不可以低于第1个浪的浪顶。

其次，尚有两项数浪的指引（Guidelines）。两项指引并非牢不可破，但由于甚为可靠，可以协助数浪工作。

指引之一，交替出现的规则（Rule of Alternation）。如果第2浪以简单的形态出现，则第4个浪多数会以繁复的形态发展。第2浪及第4浪均属逆流走势的调整浪，而调整浪的形态有多种种类。这项指引有助于分析者推测市场未来发展的变化。

指引之二，调整市势，尤其是当调整浪属于第4浪的时候，多数会在低一级的第4个浪的范围内完结。通常情况下，会在接近终点附近完结。

在分析波浪形态时，有时会遇到较为难以分辨的市势，可能发现几个同时可以成立的数浪方式。在这种情况下，了解各个波浪的特性有助于作出正确的判断。现将各个波浪的特性简述如下：

（1）第1浪，大约半数的第1浪属于营造底部形态的一部分。跟随这类第1浪出现的第2浪的调整幅度通常较大，其余一半第1浪则在大型调整形态之后出现。这类第1浪升幅较为可观。

（2）第2浪，有时调整幅度颇大，令市场人士误以为熊市尚未完结，成交量逐渐缩小，波幅较细，反映抛售压力越来越小，出现传统图表中的转向形态，如头肩底、双底等。

（3）第3浪，通常属于最具爆炸性的波浪，运行时间及幅度经常属于最长的一个波浪，大部分时间成为延伸浪，成交量增大，出现传统性图表的突破讯号，例如裂口跳升等。

（4）第4浪，经常以较为复杂的形态出现，以三角形调整形态运行的机会亦甚多，通常在低一级的对上一个第 4 浪之范围内完结，浪底不会低于第 1 浪的浪顶。

（5）第 5 浪，股市中第 5 浪升幅，一般较第 3 浪为小。在期货市场，则出现相反情况，以第 5 浪成为延伸浪的机会较大，市场乐观情绪高于一切，二、三线股升幅可观。

（6）A 浪，市场人士认为市势仍未逆转，只视为一个短暂的调整。平势调整形态的 A 浪之后，B 浪将会以向上的之字形形态出现，如果 A 浪以之字形形态运行，则 B 浪多数属于平势调整浪。

（7）B 浪，升势较为情绪化，出现传统图表的牛市陷阱，市场人士误以为上一个上升浪尚未完结，成交疏落。

（8）C 浪，破坏力较强，与第 3 浪的特性甚为相似，全面性下跌。

第五节　指数平滑异同移动平均线（MACD）

一、指数平滑异同移动平均线（MACD）原理与计算

指数平滑异同移动平均线（MACD）是以快速移动平均线（短期线）与慢速移动平均线（长期线）相对距离的变化提示买卖时机的指标。它首先以指数平滑计算法计算出快速移动平均线（一般选 12 日）和慢速移动平均线（一般选 26 日），再以快速线数值减慢速线数值即得到快慢线相对距离的差离值。为使趋势信号更明显并且不受股价过分波动的影响，对差离值也进行平滑计算（一般选 9 日），得到差离值的平均值（简称差离平均值），把差离值和差离平均值画在以时间为横轴，以 MACD 为纵轴的坐标上，通过观察差离值和差离平均值的方向、绝对位置和相对位置关系，把它们的同向、异向和交叉现象作为买卖信号的提示。为使买卖信号更直观，还可以从差离值减差离平均值之差向时间轴（0 轴）引垂直线，得到 MACD 柱状线。MACD 计算步骤及公式如下：

（1）计算 MACD 首先要选定移动平均线的初值，一般以起始日的收盘价作为指数平滑移动平均线（EMA）的初值。

（2）设 12 日指数平滑移动平均线为 EMA_{12}，26 日指数平滑移动平均线为 EMA_{26}，当日收盘价为 Ct，计算从起始日起的第 n 天 EMA_{12} 和 EMA_{26}。

n 日　$EMA_{12} = (n-1)EMA_{12} \times 11/13 + Ct \times 2/13$

n 日　$EMA_{26} = (n-1)\ EMA_{26} \times 25/27 + Ct \times 2/27$

（3）计算差离值 DIF。

$DIF = EMA_{12} - EMA_{26}$

（4）计算从起始日起第 n 天差离平均值 DEA（即差离值 DIF 的 9 日指数平滑移动平均线）。

$DEA = (n-1)\ DIF \times 8/10 + DIF \times 2/10$

其中可用第一个 DIF 作为 DEA 的初值。

（5）计算 MACD 柱状线。

MACD 柱状线＝DIF－DEA

二、MACD 特性

目前国内外通用 MACD 周期是 12 日移动平均线，在上海股市的实际应用中也功效不凡。此外也有人采用 6 日和 12 日移动平均线计算 MACD，还有以 25 日和 50 日作为周期进行计算者，不同周期的选择取决于不同市场和不同分析者。

在 MACD 图形上有三条线：DIF、DEA 线和 MACD 柱状线。买卖信号就是 DIF 和 DEA 的正负位置和交叉，同时观察 MACD 柱状线的正负和长短。当 DIF 和 DEA 为负值，表明市场目前处于空头市场，即熊市；当 DIF 和 DEA 为正值，表明市场目前处于多头市场，即牛市。

MACD 没有固定的数值界限，其数值围绕零值上下摆动，属摆动指标。一定时期的 MACD 值有一个常态分布范围，其常态数值区间随时期不同会有改变。

三、MACD 意义

MACD 是各种指标中较难理解的指标，主要原因是因为它使用了两次指数平滑移动平均的计算，正因为它的两次平滑计算法才更准确地反映了市场的中级趋势走向。在移动平均线理论中有两种重要位置关系：一种是股价与移动平均线的位置关系，乖离率理论已经把这种位置关系量化。另一种是短期移动平均线（快速线）与长期移动平均线（慢速线）的位置关系，MACD 理论把这种位置关系予以量化。指数平滑异同移动平均线中的"异同"就是指快速线与慢速线方向相同或相反之意。

MACD 中的差离值 DIF 是快速线与慢速线之差，表示快慢线之间距离远近。差离平均值 DEA 则表示一定时期内快慢线之间的平均距离。MACD 柱状线表示短期内快慢线距离与一定时期内平均距离的对比。MACD 的买卖信号正是由其代表的意义决定的。

四、MACD 的应用法则

指数平滑异同移动平均线是利用快速移动平均线和慢速移动平均线，在一段上涨或下跌行情中两线之间的差距拉大，而在涨势或跌势趋缓时两线又相互接近或交叉的特征，通过双重平滑运算后研判买卖时机的方法。

由 MACD 的计算公式得知，MACD 是由差离值（DIF）和差离平均值（DEA）两部分组成，DIF 是核心，DEA 是辅助。

DIF 是快速平滑移动平均线与慢速平滑移动平均线的差。在实际应用 MACD 时，常以 12 日 EMA 为快速移动平均线，26 日 EMA 为慢速移动平均线，计算出两条移动平均线数值间的离差值（DIF）作为研判行情的基础，然后再求 DIF 的 9 日平滑移动平均线，即 MACD 线，作为买卖时机的判断依据。

MACD 的具体应用法则如下：

（1）以 DIF 和 DEA 的取值和这两者之间的相对取值对行情进行预测。其应用法则如下：

1）DIF 和 DEA 均为正值时，属多头市场。DIF 向上突破，DEA 是买入信号；DIF 向下跌破，DEA 只能认为是回落，作获利了结。

2）DIF 和 DEA 均为负值时，属空头市场。DIF 向下突破，DEA 是卖出信号；DIF 向上穿破，DEA 只能认为是反弹，作暂时补空。

3）当 DIF 向下跌破 0 轴线时，此为卖出信号，即 12 日 EMA 与 26 日 EMA 发生死亡交叉；当 DIF 上穿 0 轴线时，为买入信号，即 12 日 EMA 与 26 日 EMA 发生黄金交叉。

（2）指标背离原则。如果 DIF 的走向与股价走向相背离，则此时是采取行动的信号。

1）当股价走势出现 2 个或 3 个近期低点时，而 DIF（DEA）并不配合出现新低点，可做买。

2）当股价走势出现 2 个或 3 个近期高点时，而 DIF（DEA）并不配合出现新高点，可做卖。

MACD 应用图如图 11-6 所示。MACD 的优点是除掉了移动平均线产生的频繁出现买入与卖出信号，避免一部分假信号的出现，用起来比移动平均线更有把握。

　　MACD 的缺点与移动平均线相同，在股市没有明显趋势而进入盘整时，失误的时候较多。另外，对未来股价的上升和下降的深度不能提供有帮助的建议。

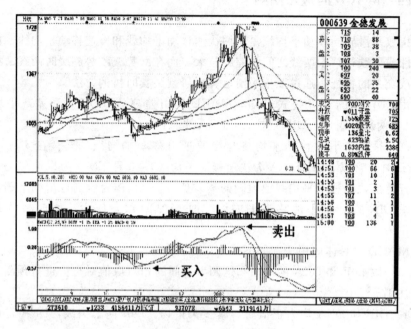

图 11—6　MACD 应用图

第六节　相对强弱指标（RSI）

一、相对强弱指标（RSI）原理与计算

　　RSI（Relative Strength Index）是与 KDJ 指标齐名的常用技术指标。RSI 以一特定时期内股价的变动情况推测价格未来的变动方向，并根据股价涨跌幅度显示市场的强弱。相对强弱指标 RSI 是分析师 J. Wells. Wilder，Jr 于 20 世纪 70 年代首先提出的技术分析理论。尽管其历史不长，但由于该指标客观实用的特点，是目前最流行、最广泛使用的技术分析指标。

技术分析原理之一是市场变化包含一切。相对强弱指标正是从这一点出发，从市场价格变化观察买卖双方的力量变化，其中以价格上涨幅度代表买方力量，以价格下跌幅度代表卖方力量，以涨跌幅度的对比代表买卖双方力量的对比，通过对比预测未来股价的运行方向，这种对比的比值就是 RSI 数值。

RSI 通常采用某一时期（n 天）内收盘指数的结果作为计算对象，来反映这一时期内多空力量的强弱对比。RSI 将 n 日内每日收盘价或收盘指数涨数（即当日收盘价或指数高于前日收盘价或指数）的总和作为买方总力量 A，而 n 日内每日收盘价或收盘指数跌数（即当日收盘价或指数低于前日收盘价或指数）的总和作为卖方总力量 B。

先找出包括当日在内的连续 n+1 日的收盘价，用每日的收盘价减去上一日的收盘价，可得到 n 个数字，这 n 个数字中有正有负。

A＝n 个数字中正数之和

B＝n 个数字中负数之和×（－1）

$$RSI（n）＝\frac{A}{A+B}×100$$

A 表示 n 日中股价向上波动的大小；B 表示 n 日中股价向下波动的大小；A＋B 表示股价总的波动大小。RSI 实际上是表示股价向上波动的幅度占总波动的百分比。如果比例大就是强市，否则就是弱市。

二、RSI 的周期

对于 RSI 的周期选择没有统一标准。不过因为 RSI 是根据股价涨跌幅度计算的，如果周期过短，则当股价变化较大时，RSI 数值也会随之剧烈振荡，过于敏感失去规律性；如果周期过长，则股价变化对 RSI 数值影响力减弱，导致 RSI 反应过于缓慢，信号不明显，两种情况说明周期过长或周期过短都不宜选为 RSI 周期。威尔德推荐使用 14 日 RSI，目前国内较多使用的周期有 5 日、6 日、9 日、10 日、12 日、14 日、15 日、20 日、25 日等周期。

三、RSI 的数值范围和作图

RSI 数值固定在 0～100 之间，属摆动指标。市场不同时期 RSI 数值有不同的常态分布区。

以时间为横轴，以 RSI 为纵轴的直角坐标中，标出每天的 RSI 数值后再连接起来即是 RSI 曲线图。

四、RSI 的应用法则

(1) 根据 RSI 取值的大小判断行情。将 100 分成四个区域，根据 RSI 的取值落入的区域进行操作。划分区域的方法见表 11—1。

表 11—1

RSI 值	市场特征	投资操作
80～100	极强	卖出
50～80	强	买入
20～50	弱	卖出
0～20	极弱	买入

"极强"与"强"的分界线和"极弱"与"弱"的分界线是不明确的，它们实际上是一个区域。例如也可以取 85、70 或者 15、30。应该说明的是，分界线位置的确定与 RSI 的参数和选择的股票有关。一般而言，参数越大，分界线离 50 越近；股票越活跃，RSI 所能达到的高度越高，分界线离 50 应该越远。

(2) 两条或多条 RSI 曲线的联合使用。我们称参数小的 RSI 为短期 RSI，参数大的 RSI 为长期 RSI。两条或多条 RSI 曲线的联合使用法则与两条移动平均线的使用法则相同。即：

短期 RSI＞长期 RSI，应属多头市场；短期 RSI＜长期 RSI，则属空头市场。

当然，这两条只是参考，不能完全照此操作。

(3) 从 RSI 的曲线形状判断行情。当 RSI 在较高或较低的位置形成头肩形和多重顶（底），是采取行动的信号。这些形态一定要出现在较高位置和较低位置，离 50 越远，结论越可靠。

另外，也可以利用 RSI 上升和下降的轨迹画趋势线，此时，起支撑线和压力线作用的切线理论同样适用。

(4) 从 RSI 与股价的背离方面判断行情。RSI 处于高位，并形成一峰比一峰低的两个峰，而此时，股价却对应的是一峰比一峰高，这叫顶背离，是比较强烈的卖出信号。与此相反的是底背离：RSI 在低位形成两个底部抬高的谷底，而股价还在下降，是可以买入的信号。

RSI 应用图如图 11—7 所示。

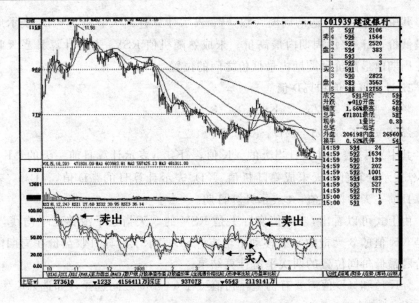

图 11-7　RSI 应用图

第七节　随机指标（KD）

一、随机指标（KD）原理与计算

随机指标（KD）是分析师乔治·兰德首先提出的技术分析理论，在股票、期货等证券市场中有很好的实战效果。

KD 的核心原理是平衡的观点，即股价的任何动荡都将向平衡位置回归。KD 把一定周期内最高股价和最低股价的中心点作为平衡位置，高于此位置过远将向下回归，低于此位置过远将向上回归。在分析中设置快速线 K 和慢速线 D 共同研判，另外还有考察 K、D 位置关系的 J 线。快速线 K 表示为％K，慢速线 D 表示为％D，J 表示为％J。

KD 计算过程是：

1. 计算未成熟随机值 RSV$_n$

$$RSV_n = 100 \times (C_n - L_n) / (H_n - L_n)$$

其中，n 表示所选的周期天数，C_n 表示计算日当天收盘价，L_n 表示周期内最低价，H_n 表示周期内最高价。未成熟随机值 RSV_n 表示计算日当天收盘价在周期内最高价到周期内最低价之间的位置。

2. 计算%K 值和%D 值

$$\%K_t = RSV_t \times 1/3 + \%K_{(t-1)} \times 2/3$$

$$\%D_t = \%K_t \times 1/3 + \%D_{(t-1)} \times 2/3$$

其中 $\%K_t$ 表示计算日当天的%K 值，$\%K_{(t-1)}$ 表示计算日前一天的%K 值，RSV_t 表示计算日当天未成熟随机值，$\%D_t$ 表示计算日的%D 值，$\%D_{(t-1)}$ 表示计算日前一天的%D 值，t 表示计算日期。

由上式可以看出，%K 值实际上是 RSV 的 3 天指数平滑移动平均线，%D 值是%K 值的 3 天指数平滑移动平均线。KD 表示了计算日收盘价在周期内最高价和最低价间位置的两次平滑计算结果。

%K 值和%D 值需要有初值，初值可在 0～100 之间选择，如选%K=%D $=RSV_1$ 或者%K=%D=50。

3. 计算%J 值

$$\%J = 3 \times \%K - 2 \times \%D \text{ 或} \%J = 3 \times \%D - 2 \times \%K$$

KD 还有一些不同的计算方法。例如把 RSV 值直接作为%K 值，把 RSV 的 3 天指数平滑移动平均线（上式中的%K 值）作为%D 值。但是这种计算的结果是%K 值和%D 值波动过大，减弱了趋势的观察效果。

二、KD 的周期

KD 的周期有两个概念：其一是 KD 的周期，即选择几天的样本，目前通用周期有 5 日、6 日、9 日、12 日等，也有分析者选用更长周期，如 20 日、5 周等。周期短 KD 反应灵敏，但不稳定，周期长 KD 反应滞后，大趋势明显。其二是进行平滑计算时选用几天周期，一般都选择 3 天为平滑移动平均线的周期，当然也可以有其他选择。

三、KD 的数值范围和作图

%K 值和%D 值均在 0～100 之间，属摆动指标。

把%K 值、%D 值、%J 值标在以时间为横轴、以 KD 为纵轴的直角坐标上，分别用曲线平滑连接每天的%K、%D 和%J 即得到 KD 的三条曲线。

四、KD 的买卖信号

(1) KD 位置信号：在 KD 指标中，当股价持续上涨时，股价会保持在周期内的较高位置，这样％K 线和％D 线会不断上升，维持在 50 以上，表明市场处于强势；当股价持续下跌时，股价会保持在周期内的较低位置，这样％K 线和％D 线不断下降，维持在 50 以下，表明市场处于弱势。

当强势持续，％K 线和％D 线进入过高位置时即是高价警戒信号，一般标准是％K 线在 80 以上、％D 线在 70 以上时是超买信号，股价即将回落。当弱势持续时，％K 线和％D 线进入较低位置时，即是低价警戒信号，一般标准是％K 线在 20 以下、％D 线在 30 以下时是超卖信号，股价即将上涨。％K 线和％D 线在 50 附近时信号不明。

具体到上海股市，以上标准会有一些变化，而且市场的不同时期情况也不同。一般说来，上海股市的超买标准是％K 线在 80 以上、％D 线在 65 以上，极端暴涨行情持续时％K 线达到 90 以上、％D 线达到 80 以上的情况也有发生。上海股市的超卖标准是％K 线在 15 以下、％D 线在 20 以下。有时％D 线降到 20~30 之间股价即回升则行情多数不会长久，也不会有较大行情。

(2) KD 方向信号：KD 的方向具有趋势特点，如果％K 线和％D 线在高位开始减慢上升速度、走平或调头向下是卖出信号。如果％K 线和％D 线在低位开始减慢下降速度、走平或调头向上是买进信号。

(3) KD 背离信号：如果股价呈一底比一底高走势，KD 也同样·底比一底高，则上升趋势仍将持续；如果股价是一顶比一顶低走势，KD 同样一顶比一顶低，则下降趋势仍将持续。

如果股价创新高后回档，KD 创新高后也随股价下跌，之后股价再创新高而 KD 却未创新高，说明 KD 不再支持股价上升，KD 与股价出现顶背离卖出信号。

如果股价创新低后反弹，KD 创新低后也随股价反弹，之后股价再创新低而 KD 却未创新低，说明 KD 不再支持股价下降，KD 与股价出现底背离买入信号。

(4) KD 交叉信号：当快速线％K 在低位自上而下与慢速线％D 出现黄金交叉时是买入信号；当快速线％K 在高位自上而下与慢速线％D 出现死亡交叉时是卖出信号。

背离信号和交叉信号应注意一点：买入信号发生位置越低越有效，卖出信号发生位置越高越有效。

KDJ 应用图如图 11—8 所示。

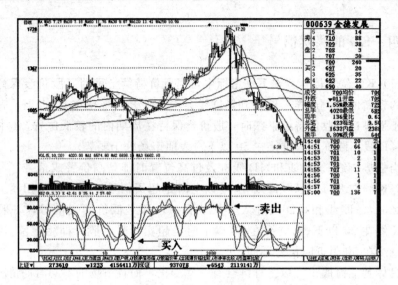

图 11—8　KDJ 应用图

案例分析

1. 用波浪理论来分析上证指数的月线图，如图 11—9 所示。

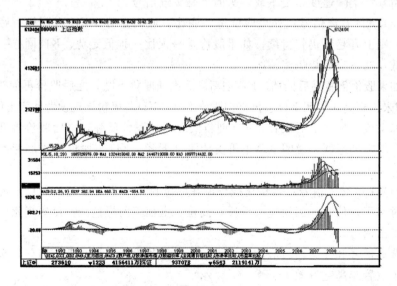

图 11—9

2. 图 11—10 是深证成份指数的周线图，从量价理论、移动平均线（MA）、随机指数（KDJ）、指数平滑异同移动平均线（MACD）、相对强弱指标（RSI）等方面来分析深证成份指数的未来走势。

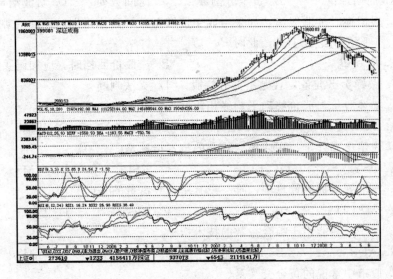

图 11—10

一、名词解释

道氏理论　量价理论　波浪理论　移动平均线　指数平滑异同移动平均线
相对强弱指标　随机指数

二、问答题

1. 道氏理论的基本原则是什么？

2. 波浪理论的基本原则是什么？

3. 移动平均线指标是如何使用的？

4. 指数平滑异同移动平均线是如何运用的？

5. 相对强弱指标是如何使用的？

6. 随机指数是如何运用的？

三、单项选择题

1. 波浪理论认为一个完整的上升价格循环周期由（　　）个上升波浪和

（　　　）个下降波浪组成。

  A. 4、4　　　　　　B. 3、5　　　　　C. 5、3　　　　D. 6、2

2. 艾略特波浪理论的数学基础来自（　　　）。

  A. 周期理论　　　　B. 黄金分割数　　C. 时间数列　　D. 费波纳奇数列

3. 根据逆时钟曲线法，如果当成交量增至某一高水准时，不再急剧增加，但股价仍继续上升，此时（　　　）。

  A. 应观望　　　　　　　　　　　　　B. 逢股价回档时，应加码买进

  C. 做好卖出准备，宜抛出部分持股　　D. 无法判断

4. 描述股价与股价移动平均线相距远近程度的指标是（　　　）。

  A. PSY　　　　　　B. BIAS　　　　　C. RSI　　　　D. WMS

5. 表示市场处于超买或超卖状态的技术指标是（　　　）。

  A. PSY　　　　　　B. BIAS　　　　　C. RSI　　　　D. WMS

6. 在下列指标的计算中，唯一没有用到收盘价的是（　　　）。

  A. MACD　　　　　B. RSI　　　　　C. BIAS　　　D. PSY

7. （　　　）只能用于综合指数的技术指标。

  A. ADR　　　　　　B. PSY　　　　　C. BIAS　　　D. WMS

8. 股市中常说的黄金交叉是（　　　）。

  A. 短期移动平均线向上突破长期移动平均线

  B. 长期移动平均线向上突破短期移动平均线

  C. 短期移动平均线向下突破长期移动平均线

  D. 长期移动平均线向下突破短期移动平均线

9. 关于 MACD 的应用不正确的是（　　　）。

  A. 以 DIF 和 DEA 的取值和这两者之间的相对取值对行情进行预测

  B. DIF 和 DEA 均为正值时，DIF 向上突破 DEA 是买入信号

  C. DIF 和 DEA 均为负值时，DIF 向下突破 DEA 是卖出信号

  D. 当 DIF 向上突破 0 曲线时，此时为卖出信号

10. 如果遇到由于突发的利多或利空消息而产生股价暴涨暴跌的情况，对数据分界线说法正确的是（　　　）。

  A. 对于综合指数，BIAS（10）>35％为抛出时机

  B. 对于综合指数，BIAS（10）<20％为抛出时机

  C. 对于个股，BIAS（10）>30％为抛出时机

  D. 对于个股，BIAS（10）<−15％为抛出时机

11. ADR 指标应用法则，说法正确的是（　　　）。

  A. ADR 在 0.5～1 之间是常态情况，此时多空双方处于均衡状态

B. 超过 ADR 常态状况的上下限，就是采取行动的信号

C. ADR 从低向高超过 0.75，并在此上下来回移动几次，是空头进入末期的信号

D. ADR 从高向低下降 0.5 以下，是短期反弹信号

12. 下列关于 OBOS 指标应用法则，错误的是（   ）。

A. 当 OBOS 的取值在 0 附近变化时，市场处于盘整时期

B. 当 OBOS 为正数时，市场处于下跌行情

C. 当 OBOS 达到一定正数时，大势处于超买阶段，可择机卖出

D. 当 OBOS 达到一定负数时，大势超卖，可伺机买入

13. 关于 OBOS 说法错误的是（   ）。

A. OBOS 指标是用一段时间内上涨和下跌股票家数的差距来反映当前股市多空双方力量对比和强弱

B. 当 OBOS 的走势与指数背离时，是采取行动的信号，大势可能反转

C. 形态理论和切线理论也可用于 OBOS 曲线

D. OBOS 比 ADR 计算复杂，通常是用 ADR 较多

14. 光头光脚的长阳线表示当日（   ）。

A. 空方占优   B. 多方占优   C. 多空平衡   D. 无法判断

15. 若普通缺口在短时间内未被回补，则说明（   ）。

A. 原趋势不变   B. 原趋势反转   C. 趋势盘整   D. 无法判断

16. 波浪理论认为一个完整的上升阶段的 8 个浪，分为（   ）。

A. 上升 5 浪，调整 3 浪   B. 上升 5 浪，调整 2 浪

C. 上升 3 浪，调整 3 浪   D. 上升 2 浪，调整 3 浪

17. KDJ 指标的计算公式考虑因素是（   ）。

A. 开盘价、收盘价   B. 最高价、最低价

C. 开盘价、最高价、最低价   D. 收盘价、最高价、最低价

18. 样本数的不同决定了移动平均线变化的急缓，下面说法正确的是（   ）。

A. 连续大量采集，变化较急，称为快速线

B. 间隔着采集，多作为中长线指标

C. 采集样本数少，称为快速线

D. 采集样本数少，称为慢速线

19. 下面不属于波浪理论主要考虑因素的是（   ）。

A. 成交量   B. 时间   C. 比例   D. 形态

20. 以一定时期内股价的变动情况推测价格未来变动方向，并根据股价涨

跌幅显示市场的强弱的指标是（　　　）。

A. MACD　　　　　B. RSI　　　　　C. KDJ　　　　　D. WRS

四、多项选择题

1.（　　）技术分析理论认为收盘价是最重要的价格。

A. 道氏理论　　　B. 波浪理论　　　C. 切线理论　　　D. 形态理论

2. 道氏理论的主要原理有（　　　）。

A. 市场价格平均指数可以解释和反映市场的大部分行为

B. 市场波动具有某种趋势

C. 趋势必须得到交易量的确认

D. 一个趋势形成后将持续，直到趋势出现明显的反转信号

3. 道氏理论认为，市场波动的趋势分为（　　　）。

A. 主要趋势　　　B. 次要趋势　　　C. 短暂趋势　　　D. 超级趋势

4. 波浪理论考虑的主要因素有（　　　）。

A. 股价走势所形成的形态

B. 股价走势图中各个高点和低点所处的相对位置

C. 波浪移动的级别

D. 完成某个形态所经历的时间长短

5. 随机漫步理论认为（　　　）。

A. 证券价格的波动是没有规律的

B. 证券价格的波动有一定的规律，但无法琢磨

C. 证券价格上下起伏的机会差不多是均等的

D. 证券价格的波动和外部因素无关

6. 按照相反理论，下列操作和说法正确的有（　　　）。

A. 在市场投资者爆满时应该出场

B. 证券市场本身并不创造新的价值，甚至可以说是减值

C. 不可能多数人获利

D. 要获得大的利益，一定要同大多数人的行动不一致

7. 移动平均线指标特点包括（　　　）。

A. 具有一定的滞后性　　　　　　B. 追踪趋势

C. 助涨助跌性　　　　　　　　　D. 稳定性

8. 利用 MACD 进行预测，主要是从（　　　）方面进行的。

A. 切线理论　　　　　　　　　　B. 指标背离原则

C. DIF 和 DEA 的值　　　　　　　D. DIF 和 DEA 的相对取值

9. 关于涨跌停板制度下的量价分析基本判断，正确的有（　　　）。

A. 涨停量小，将继续上扬

B. 涨停板被打开次数越多，反转下跌的可能性越大

C. 涨停板成交量越大，反转下跌的可能性越大

D. 封住涨停板的买盘数量越大，次日继续当前走势的概率越大

10. 下列属于趋势型指标的有（　　　）。

A. MA   B. MACD   C. WMS   D. RSI

11. 下列属于超买超卖型的是（　　　）。

A. BIAS   B. WMS   C. ADR   D. KDJ

12. 下列属于人气指标的是（　　　）。

A. BIAS   B. PSY   C. ADR   D. OBV

13. 下列哪些指标应用是正确的（　　　）。

A. 利用 MACD 预测，如果 DIF 和 DEA 均为正值，当 DEA 向上突破
    DIF 时，买入

B. 当 WMS 高于 80，即处于超买状态，行情即将见底，卖出

C. 当 KDJ 在较高位置形成了多重顶，则考虑卖出

D. 当短期 RSI＞长期 RSI 时，属于多头市场

14. 在应用 WMS 指数时，下列操作正确的是（　　　）。

A. 在 WMS 升至 80 以上，此时股价持续上扬，是卖出信号

B. 在 WMS 跌至 20 以下，此时股价持续下降，是买入信号

C. 在 WMS 低于 20，考虑加仓

D. 在 WMS 高于 80，考虑卖出

15. 关于 BIAS 指标运用，下列论述正确的有（　　　）。

A. 股价偏离 MA 到了一定程度，一般该回头了

B. 正的 BIAS 越大，表示短期多头的获利越大

C. BIAS 越大，表明多方越强，是买入信号

D. 当短期 BIAS 在高位下穿长期 BIAS 时，是卖出信号

第十二章　现代证券投资理论

学习目标：通过本章学习，了解证券组合理论和资本资产定价模型的原理，理解套利模型和有效市场的相关内容。

第一节　证券组合理论

证券投资理论可以分为早期证券投资理论与现在的证券投资理论两部分。早期的证券投资理论可分为以巴契里耶（Louis Bachelier）开始的对市场有效性的早期讨论为代表的理论和以道氏理论、格累厄姆与威廉姆斯的投资理论为代表的股价趋势预测与价值投资的理论。现代证券投资理论主要由证券组合理论、资本资产定价理论、套利定价理论和有效市场假说组成。1952 年，哈里·马柯维茨（Harry Markowitz）在《金融杂志》上发表了一篇具有里程碑意义的论文《投资组合选择》，这标志着现代投资组合理论（Portfolio Theory）的开端。该论文阐述了如何利用组合投资，创造更多的可供选择的投资机会，从而在一定风险水平下获得最大可能的预期收益率，或在获得一定的预期收益率时使得风险最小。1963 年马柯维茨的学生威廉·夏普（Willian F. Sharp）提出简化的市场模型以解决标准投资组合模型应用于大规模市场时面临的计算困难。在投资组合理论基础上，夏普（1964）、特雷诺（1965）和詹森（1966）三个人分别独立推导出资本资产定价模型，这一模型在西方金融、投资领域已广为流行并成为投资学教科书的基本内容。

一、证券组合的含义与类型

证券组合理论由哈里·马柯维茨于 1952 年系统提出。证券组合理论中的

"组合"一词一般是指个人或机构投资者所拥有的各种资产的总称，如股票、债券、存款单等。投资组合不是证券品种的简单随意组合，它体现了投资者的意愿和投资者所受到的约束，即受到投资者对投资收益的权衡、投资比例的分配、投资风险的偏好等的限制。

证券投资者构建投资组合的原因是为了降低风险。投资者通过组合投资可以在投资收益和投资风险中找到一个平衡点，即在风险一定的条件下实现收益的最大化，或在收益一定的条件下使风险最小。有一句俗语："把鸡蛋放在不同的篮子里"，就是对证券组合的一个通俗的描述。

证券组合按不同的投资目标可以分为避税型、收入型、增长型、收入和增长混合型、货币市场型、国际型及指数化型等。

避税型证券组合通常投资于市政债券，这种债券免交联邦税，也常常免交州税和地方税。

收入型证券组合追求基本收益即利息、股息收益的最大化。能够带来基本收益的证券有：附息债券、优先股及一些避税债券。

增长型证券组合以资本升值即未来价格上升带来的价差收益为目标。投资于此类证券组合的投资者往往愿意通过延迟获得基本收益来求得未来收益的增长。这类投资者很少会购买分红的股票，投资风险较大。

收入和增长混合型证券组合试图在基本收入与资本增长之间达到某种均衡，因此也称为均衡组合。二者的均衡可以通过两种组合方式获得：一种是使组合中的收入型证券和增长型证券达到均衡；另一种是选择那些能带来收益，又具有增长潜力的证券进行组合。

货币市场型证券组合是由各种货币市场工具构成的，如国库券、高信用等级的商业票据，安全性很强。

国际型证券组合投资于海外不同国家，是组合管理的时代潮流。实证研究结果表明，这种证券组合的业绩总体上强于只在本土投资的组合。

指数化型证券组合模拟某种市场指数。信奉有效市场理论的机构投资者通常会倾向于这种组合，以求获得市场平均的收益水平。根据模拟指数的不同，指数化型证券组合可以分为两类：一类是模拟内涵广大的市场指数；另一类是模拟某种专业化的指数，如道·琼斯公用事业指数。

证券组合理论由哈里·马柯维茨创立。该理论解释了投资者应当如何构建有效的证券组合并从中选出最优的证券组合。对证券进行分散化投资的目的是在不牺牲预期收益的前提条件下降低证券组合的风险。证券组合理论将单一证券和证券组合的预期收益和风险加以量化，并证明分散投资可以在保证一定预期收益的情况下尽可能地降低风险。

二、现代证券组合理论的产生与发展

哈里·马柯维茨是现代证券投资理论（Modern Portfolio Theory，MPT）的创始人，1952 年 3 月发表在《金融杂志》上的《投资组合选择》是一篇具有里程碑意义的论文，这标志着现代投资组合理论的开端。马柯维茨分别用期望收益率和收益率的方差来衡量投资的预期收益水平和不确定性（风险），建立均值方差模型来阐述如何全盘考虑上述两个目标，从而进行决策。推导出的结果是，投资者应该通过同时购买多种证券而不是一种证券进行分散化投资。1963 年，马柯维茨的学生威廉·夏普提出了一种简化的计算方法，这一方法通过建立"单因素模型"来实现。在此基础上，后来发展出"多因素模型"，以图对实际有更精确的近似。

早在证券组合理论广泛传播之前，夏普、特雷诺和詹森 3 人便几乎同时独立地提出了以下问题："假设每个投资者都使用证券投资组合理论来经营他们的投资，这将会对证券定价产生怎样的影响？"他们在回答这个问题时，分别于 1964 年、1965 年和 1966 年提出了著名的资本资产定价模型（CAPM）。这个模型在金融领域盛行了十多年。然而，理查德·罗尔对这一模型提出了批评，因为这一模型永远无法用事实来检验。与此同时，史蒂夫·罗斯突破性地发展了资本资产定价模型，提出套利定价理论（APT）。这一理论认为，只要任何投资者不能通过套利获得收益，那么期望收益率一定与风险相联系。这一理论值需要较少的假定。罗尔和罗斯在 1984 年认为这一理论至少在原则上是可以检验的。

三、资本配置决策

资本配置决策是指在整个资产组合中各项资产配置的比例选择。也就是说，把资本投资于风险和收益较高的证券的资产的比例与投资于风险和收益较低的证券资产的比例的选择。这是投资者面临的最基本的决策。

（一）风险资产与无风险资产的配置

根据历史数据，投资股票的风险比投资债券的风险大，另一方面，较高的风险的投资有较高的平均收益。理性的投资者不会把资金全部投资到高风险资产，也不会全部投资到无风险资产，他们会利用所有的资产类型构造资产组合，以控制资产组合的风险。

1. 无风险资产

在美国，短期国库券可以作为无风险资产。美国发行短期债券，期限通常为 30～90 天。国库券由政府发行，所以基本不存在违约风险，而且，短期国库券由于期限较短，短期内的通货膨胀的影响是可以忽略的。实际上，绝大多数投资者用更加广泛的货币市场工具作为无风险资产。货币市场中主要的无风险资产为短期国库券、商业票据和大额存单，这是货币市场基金的主要投资对象。因为货币市场工具的利率风险、违约风险都很小，因此货币市场基金成为更容易接受的无风险资产。

目前，我国发行的国库券一般为中期债券，常见的是 3 年期国库券。通常以中期国库券作为无风险资产，但是中期国库券期限较长，更容易受通货膨胀的影响。

2. 资产配置的选择

我们假定无风险资产是国库券，风险资产是上市公司的股票，投资者的整个资产组合由风险资产和无风险资产两部分组成。我们假定投资者在整个投资组合中风险资产部分由两只股票 A 与 B 组成，风险资产组合为 P，股票 A 在风险资产组合中的比例 W_1，股票 B 在风险投资组合中的比例为 W_2，无风险资产组合为 F，风险资产组合在整个资产组合中的权重为 y，无风险资产组合在整个资产组合中的权重为（1－y）。当把投资由风险资产组合转移到无风险资产组合上时，风险资产组合中的各种资产的比例没有发生变化时，则风险资产组合收益率的概率分布保持不变。也可以说，投资者降低了风险资产组合在整个资产组合中的权重，更偏好于无风险资产。

例如，投资者初始投资成本为 300000 元，其中的 180000 万元投资于风险资产组合，投资于股票 A 为 100000 元，投资于股票 B 为 80000 元，另外 120000 元投资于无风险资产即国库券。

风险资产组合占整个资产组合的权重 y＝180000/300000＝60%

无风险资产组合占整个资产组合的权重 1－y＝120000/300000＝40%

股票 A 在风险资产组合中的权重 W_1＝100000/180000＝56%

股票 B 在风险资产组合中的权重 W_2＝80000/180000＝44%

受次贷危机影响，投资者改变原来的投资计划，减少股票投资转而购买无风险资产。其中，减少对股票 A 投资 25000 元，减少对股票 B 投资 20000 元，并全部购买无风险资产。

风险资产组合占整个资产组合的权重 y＝135000/300000＝45%

无风险资产组合占整个资产组合的权重 1－y＝165000/300000＝55%

股票 A 在风险资产组合中的权重 W_1＝75000/135000＝56%

股票 B 在风险资产组合中的权重 $W_2 = 60000/135000 = 44\%$

在以上例题中，两次投资计划中风险资产组合中各个风险资产比例并没有变化，股票 A 的比例是 56%，股票 B 的比例是 44%，只是通过改变风险资产组合和无风险资产组合降低了风险。也就是说，通过降低在资产组合中风险投资的权重来降低风险。只要我们不改变每种证券在风险资产中的比重，通过这样的资产重置，使风险资产组合收益率的概率分布保持不变。改变的是整个资产组合收益率的概率分布。

（二）资本配置线

1. 资本组合的期望收益率与方差

假设投资者已经确定所有适用的风险资产的投资比例，即决定了最优风险资产组合中的构成。现在，我们要考虑如何确定整个资产组合 P 中风险资产组合权重 y 与无风险组合 F 权重 $1-y$。我们只需要确定 y 的值。

记风险资产组合 P 的风险收益率为 R_p，P 的期望收益率为 $E(R_p)$，标准差为 σ_p。无风险资产组合收益率为 r_f，由于不存在风险，无风险资产组合的收益率是个常数，所以其期望收益率仍为 r_f。整个资产组合的收益率为 R，标准差为 σ。则有

$$R = yR_p + (1-y)r_f \tag{12-1}$$

整个资产组合的期望收益率为

$$E(R) = yE(R_p) + (1-y)E(r_f) = r_f + y[E(R_p - r_f)] \tag{12-2}$$

整个资产组合的标准差为

$$\sigma_c = y\sigma_p \tag{12-3}$$

从组合的期望收益率公式中，我们可以看出，资产组合的无风险收益率是其基本收益率。资产组合的期望收益率取决于无风险资产组合的风险溢价 $[E(r_p) - r_f]$ 以及风险资产组合的权重 y。当风险溢价不变时，风险资产组合中的权重 y，即风险资产的风险暴露程度决定了风险溢价对整个资产组合的期望收益率的贡献值。

2. 资本配置线的几何表示

根据资本组合的期望收益率公式，如果假设 $E(R_p) = 15\%$，$\sigma_p = 20\%$，$r_f = 5\%$，$[E(R_p) - r_f] = 15\% - 5\% = 10\%$，则有

$$E(R) = 5\% + 10\% y = 0.1y + 0.05$$

$$\sigma = y\sigma_p = 0.2y \qquad y = 5\sigma$$

可得 $E(R) = 0.5\sigma + 0.05$

由该公式可知，$E(R)$ 与 σ 具有线性关系。用横轴表示 σ，用纵轴表示 $E(R)$。

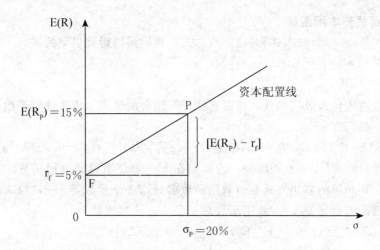

图 12—1　期望收益—标准差曲线

从图 12—1 中我们可以看出，无风险资产组合的标准差等于 0，它的期望收益—标准差曲线是 F 点。表示投资者将全部资本都投资到无风险资产，即 y=0 时。风险资产组合 P 的期望收益—标准差曲线为 P 点，即点 E（R_p）= 15%，σ_p=20%，表示投资者将全部资本投资到风险资产，即 y=1 时。

连接 P 和 F 两点组成的这条直线，叫做资本配置线（Capital Allocation Line，CAL）。资本配置线的斜率为 ［E（R_p）－r_f］/σ_p。在资本配置线上，随着风险资产组合的权重增加，整个资产组合的 σ 增加，期望收益也在增加。资本配置线的斜率为 0.5，表示每增加 1 单位的额外风险，可获得 0.5 单位的额外收益。换句话说，每增加 1 单位的额外收益，需要承担 2 单位的额外风险。

3. 资本配置线的代数表示

为了更确切地理解资本配置线中各个量之间的关系，我们给出资本配置线的一般代数公式：

$$E(R) = r_f + y[E(R_p) - r_f] = r_f + \frac{\sigma}{\sigma_p}[E(R_p) - r_f] \tag{12-4}$$

资产组合的斜率为

$$k = [E(R_p) - r_f]/\sigma_p \tag{12-5}$$

资本配置线是投资者所有可行的风险与收益的点的结合。资本组合的斜率等于每增加 1 单位额外风险标准差所增加的期望收益，因此也被称为报酬与波动性比率。一般来说，斜率越大越好，这时的资本配置线越陡，即每增加 1 单位风险可以增加更多的风险收益。

4. 最优资本配置线

根据前面（12-2）式和（12-3）式，我们可以得到以下两式：

$$E(R_c) = r_f + y[E(R_p) - r_f]$$

$$\sigma_c^2 = y^2\sigma_p^2$$

将这两式代入效用函数，通过选择资产组合的适当 y 值来使资产组合效用最大化，我们有

$$maxU = E(R_c) - 0.005A\sigma_c^2 = r_f + y[E(R_p) - r_f] - 0.005Ay^2\sigma_p^2$$

这里，$E(R_c) - 0.005A\sigma_c^2$ 为我们在上一章介绍过的效用函数。我们知道，最大化问题的解决方式是对效用函数求导，并令导数等于 0，以求出最优的风险资产组合比例 y^*。效用函数对 y 求一阶导的结果为：

$$(maxU)' = \{r_f + y[E(R_p) - r_f] - 0.005Ay^2\sigma_p^2\}'$$
$$= E(R_p) - r_f - 0.01Ay\sigma_p^2$$

令导数为 0，有 $y^* = [E(R_p) - r_f]/0.01A\sigma_p^2$

资产组合中最优风险资产组合比例 $y*$ 的数学表达显示，它与用方差测度的风险厌恶水平成反比，与风险资产提供的风险溢价成正比，如图 12-2 所示。

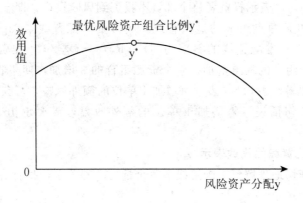

图 12-2　效用值作为风险资产分配 y 的函数

四、最优证券组合选择

（一）有效组合

面对市场上众多的证券，存在着无可计数的证券组合。按照马柯维茨的证

券组合选择模式，在分别计算出市场上众多证券的预期收益、方差或标准差、协方差和相关系数后，运用二维规划一套复杂的数学方法，可以从中结合若干种证券组成许多种可行的组合，再通过对这些组合收益和风险的相对关系的比较，选出一系列有效组合以供选择。

　　同时满足以下两个条件的一组证券组合，称为有效组合。第一，在各种风险条件下，提供最大的预期收益率；第二，在各种预期收益率的水平条件下，提供最小的风险。显然，这种有效证券组合正是投资者希望得到的最优组合。有效组合与可行组合如图 12-3 所示。纵轴度量每个组合的预期收益，横轴度量有关风险。图中阴影部分代表市场上交易的各种证券，每一个黑点代表结合若干种证券所组成的许多可能的组合，即可行组合，而有效组合就隐含在可行组合之中。总之，可行组合代表从 N 种证券中所能得到的所有证券组合形式的集合。这种集合一般呈伞状。除了一些特殊情况外，所有可行组合的形状都是相似的。我们可以运用有效组合的定理 G 从可行组合中找出有效组合。

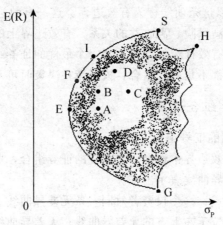

图 12-3　有效组合与可行组合

　　(1) 找出满足有效组合定理第一个条件的所有证券组合。在图 12-3 中找到 E 点并通过 E 点画一条与纵轴平行的垂线，在可行组合中找不到一点在这条垂线的左边，可见没有任何证券组合比位于 E 点的证券组合风险更小。同样，通过 H 点画出一条垂线，可行组合中没有任何一点位于这条垂线的右边，可见没有任何证券组合比位于 H 点的证券组合风险更大。因此，在各种风险水平条件下，能够提供最大收益的证券组合位于从 E 点到 H 点之间的可行组合左上角的边界上。

　　(2) 必须找出满足有效组合定理第二个条件的所有证券组合。在图 12-3

中通过S点画一条与横轴平行的水平线，可行组合中没有一点位于这条水平线之上，可知可行组合中没有一点比S点收益更大。同样，通过G点画一条水平线，可行组合中没有一点位于通过G点的水平线之下，可知可行组合中没有一点比G点收益更小。因此，在各种可能收益水平的条件下，能够提供最小风险的证券组合位于从G点到S点之间的可行组合左边的边界上。

从图12-3中可以看出，组合G风险较小，但收益最低；组合S收益最大，但风险较高；组合A的收益与组合E相同，但风险比组合E大；组合B的风险与组合A相同，收益也高得多，但又不及组合F，因为组合F的风险更小；同理组合D比组合C好，但又不及组合I。总之，通过比较，我们可以发现，位于EFIS这条左上边曲线上的各个证券组合比在这一曲线以外的任何组合都更优越。根据有效组合的定义，必须同时满足有效组合定理两个条件的证券组合才是有效组合。在图12-3中，同时满足有效组合定理两个条件的组合位于从E点到H点之间左上角边线和从G点到S点左边线的叠加边线上，即EFIS曲线上，所以这条曲线称为有效边界。这一有效边界是一条向右上方倾斜的曲线，反映了高风险、高收益的关系。有效边界上的所有组合都是有效组合，投资者可以从有效证券组合中选择一个最优的证券组合。在有效边界以下和右边的任何组合都不是有效组合，投资者在决策时可不予考虑。

（二）最优证券组合选择

1. 如何选择最优的证券组合

投资者如何在有效边界中选择一个最优的证券组合，取决于投资者对风险的态度，并可由无差异曲线表示出来。

无差异曲线的特点：一个投资者对同一条无差异曲线上的投资点有相同的偏好；投资者更偏好位于左上方的无差异曲线；无差异曲线的斜率为正，也就是向右上方倾斜；无差异曲线的形状因人而异，愿意冒风险的投资者的无差异曲线较为平坦，而不愿意冒风险的投资者无差异曲线较为陡峭。

图12-4画出了证券投资的可行组合、有效边界和某投资者的无差异曲线，图中的O点是无差异曲线I_2与有效边界的切点，也就是这位投资者应选择的最优证券组合。虽然投资者更偏好I_3，但它远离可行集，现实中不存在这样的投资机会。而I_1在I_2的右下方，投资者应更偏好位于左上方的I_2。因此O点是投资者能够选择的最优证券组合。图12-5是不愿冒险的投资者的选择，图12-6则是愿冒风险的投资者的选择。

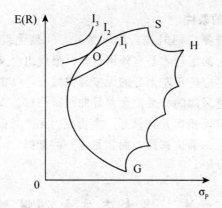

图 12—4　投资者应选择的最优证券组合

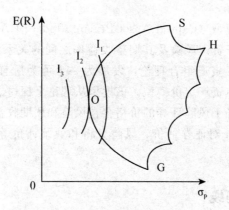

图 12—5　不愿冒风险的投资者的选择

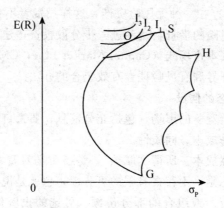

图 12—6　愿冒风险的投资者的选择

2. 最优证券组合的条件

最优证券组合的选择应同时符合以下条件：○ 最优组合应位于有效边界上，只有在有效边界上的组合才是有效组合，○ 最优组合又应同时位于投资者的无差异曲线上。而且应位于左上方的无差异曲线上，○ 由于无差异曲线斜率为正、非满足性和回避风险的特性使无差异曲线呈凸形，而有效集一般呈凹形（证明从略），两者有可能相切并且只有一个切点。无差异曲线与有效边界的切点是投资者对证券组合的最优选择，而且是唯一的选择。

第二节　资本资产定价模型

资本资产定价模型（Capital Asset Pricing Model，CAPM）是现代金融学的基石，该模型对于资产风险及其期望收益率之间的关系给出了精确的预测。资本市场理论扩展了资产组合理论，发展为一个可为所有风险资产定价的模型，最后产生了资本资产定价模型。该模型从理论上探讨了风险和收益之间的关系，说明资本市场上风险证券的价格会在风险和预期收益的联动关系中趋于均衡。因此，CAPM 对证券估价、风险分析和业绩评价等投资领域有广泛的影响。

一、资本市场线

在前面研究的证券组合中，投资者的投资对象是各种风险证券（主要是股票）。CAPM 假设还存在一种无风险资产，这样投资者不仅可以投资于风险证券，还可以加上无风险的借贷，达到进一步分散投资，建立个人对风险和收益不同偏好的组合。资本市场线（Capital Market Line，CML）就是让投资者得到一种确定无风险证券和有风险证券有效组合的办法。

1. 关于市场状态的假设

（1）市场是完全竞争的市场，包括充分信息、要素自由流动、众多的买者和卖者、不存在交易成本、同质性。

（2）不存在摩擦成本。所谓"摩擦"，是指市场对资本和信息自由流动的阻碍。该假设的意思是：不存在有限的可分性，也就是说投资者具有无限可分性，可以买卖任何资产或组合的部分份额，可选的投资作为连续的曲线来讨论，不存在税收和交易成本等投资障碍。

（3）风险利率和无风险资产的存在，并且投资者愿意购买部分无风险资产，或者愿意以无风险利率来购买风险资产。

2. 关于投资者行为的假设

（1）投资者基于风险、收益两个参数进行投资决策。

（2）投资者通过资产组合来降低投资风险。

（3）假设期初投资，期末收回。

（4）所有投资者对风险收益的评估模型一致，预期相同，又称为相同预期假设。

3. 引入无风险资产的投资组合

就是存在一种投资者可以投资的无风险资产，投资者不仅可以投资于这种资产，而且可以按照这种无风险资产提供的利率借入资金，在这种情况下，有效集是从 r_f 点向马柯维茨有效集引出的一条切线，切点为 M，如图 12－7 所示。

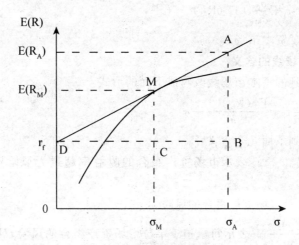

图 12－7　资本市场线

直线上的点对于投资者来说都是可行的，M 点以左的证券组合代表风险资产和无风险资产的组合，M 点以右的证券组合包括按无风险利率借入资金来购买的风险资产。

4. 资本市场线的推导

两种资产的资产组合相对比较容易分析，它们体现的原则与思想可以适用于多种资产的资产组合。现假设两种资产组合分别是一种无风险资产 f 和一种风险资产组合 M。投资于无风险资产 f 的比例为 W_f，投资于风险资产组合 M

为 W_M，且

$W_f + W_M = 1$

$$E(R_p) = W_f r_f + W_M E(R_M)$$
$$= (1 - W_M) r_f + W_M E(R_M)$$
$$= r_f + W_M [E(R_M) - r_f]$$

$$\sigma_P^2 = W_f^2 \sigma_f^2 + W_M^2 \sigma_M^2 + 2 M_f W_M COV(R_f, R_M)$$

其中 r_f 为常数，所以 $\sigma_f = 0$，$COV(R_f, R_M) = 0$

所以，上面的式子化简为

$$\sigma_P^2 = W_M^2 \sigma_M^2$$

两边开平方并整理有

$$W_M = \frac{\sigma_p}{\sigma_M}$$

代入公式得到

$$E(R_p) = r_f + \frac{\sigma_p}{\sigma_M} [E(R_M) - r_f]$$

同样得到了资本市场线。

5. 资本市场线的含义

将上面得到的资本市场线改写成下面的形式：

$$E(R_p) = r_f + \frac{E(R_M) - r_f}{\sigma_M} \sigma_p$$

则可以得到下面几个含义：

（1）$E(R_M) - r_f$ 表示市场资产组合的收益率超过无风险资产收益率的部分。

（2）σ_M 表示市场资产组合的风险。

（3）$\dfrac{E(R_M) - r_f}{\sigma_M}$ 表示每承担 1 单位市场资产组合的风险，所应该获得的超额收益率。这个称为风险的价格，又称为风险的补偿收益。

二、证券市场线

证券市场线如图 12-8 所示。

已知 $E(R_i) = r_f + \dfrac{COV(R_i, R_M)}{\sigma_M^2} [E(R_M) - r_f]$

将 $\dfrac{COV(R_i, R_M)}{\sigma_M^2}$ 定义成 β_i，称之为 β 系数。

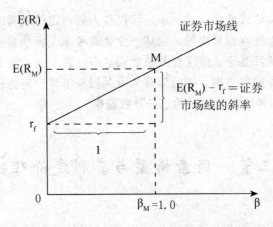

图 12－8 证券市场线

β系数的含义：单个证券的风险相对于市场组合风险的敏感程度，相当于弹性，若 β＞1，则表示该证券波动程度超过资产组合波动的程度，称之为进攻性股票；若 β＜1，则表示该证券波动程度小于资产组合波动的程度，称之为防御性股票。

因此，风险－收益线的方程为

$$E(R_i) = r_f + \beta_i [E(R_M) - r_f]$$

期望收益—β关系曲线就是证券市场线，如图 12－8 所示。由于市场的β值为 1，故斜率为市场资产组合风险溢价，横轴为 β 值，纵轴为期望收益，当横轴的 β＝1 时，这点是市场资产组合的 β 值，这时在对应的纵轴就可以找到市场资产组合的期望收益值。

资本市场线是有效率资产组合的风险溢价（效率资产组合是指由市场资产组合与无风险资产构成的资产组合）是资产组合标准差的函数。标准差可以用来测度有效分散化的资产组合（投资者总的资产组合）的风险。证券市场线是作为资产风险的函数的单项资产的风险溢价。测度单项资产风险的工具不再是资产的方差或标准差，而是资产对于资产组合方差的贡献度，用 β 值来测度这一贡献。显然，证券市场线对于有效率资产组合与单项资产均适用。

三、资本资产定价模型的应用

资本资产定价模型分析了风险资产的收益率与其对应的风险之间的关系，指出：所有有效的风险资产或投资组合必定位于资本市场线上。均衡条件下，所有证券或投资组合必定位于证券市场线上。利用这些结论我们可以判断一种证券的定价是否高估或低估，进一步还可以作为资产定价的基准。资本资产定价模型同样适用于资本预算决策。例如一个企业考虑上新项目，资本资产定价模型给出了这一项目基于 β 值应有的必要收益率，这一收益率是投资者考虑风险程度后可以接受的收益率。项目负责人可利用资本资产定价模型得到内部收益率（IRR）的临界值或此项目的"必要收益率"。

第三节　因素模型与套利定价理论

上一节我们介绍了资本资产定价模型（CAPM），它是建立在均值—方差分析的基础上的一种十分完美的模型。它在实际中有如下应用：①可以用来测量系统风险。②可用来作为证券估价的基准。③是绩效衡量的标准。但是，它存在很多局限性。首先，正如前面所指出的，导出这一模型是基于一系列假设而进行的，而且其中的一些假设过于理想化，这自然影响到该理论的实际应用性和有效性。其次，当市场上可供选择的证券足够多时（N＞100），又使得计算十分繁杂。为了解决这些矛盾，人们从另一个角度对定价问题进行研究，并相应地提出了一些更为简单的实用模型。作为 CAPM 的两个重要结论之一的证券市场线指出，任何一个证券的收益率受单一因素——全市场组合的影响。因此人们提出了市场模型，进而到单因素模型。显然，因为经济系统的复杂性，更多的时候对证券的收益率产生影响的因素不是单一的，而是多方面的。因此，较为合理的模型是多因素模型。罗斯（Ross，1976）则在多因素模型的基础上提出了套利定价理论（Arbitrage Pricing Theory，APT），该理论是建立在比 CAPM 更少且更合理的假设之上的一种模型，它导出的均衡模型与CAPM 有很多相似之处。

一、单因素模型

市场模型认为股票的收益率由市场指数这一因素决定。因素模型实质是关于证券收益率生成过程的模型，而单因素模型则认为收益形成过程是由宏观经济因素和公司特有因素来决定的。一般来说，宏观经济因素的有效代表由一个具有代表性的股票市场指数来代替。因此，可以用下列方程来表达单一因素模型。

$$R_i = E(R_i) + \beta_i F + e_i$$

其中，E（R_i）表示证券 i 的收益率，F 表示市场因素期望值的偏差，β_i 表示公司 i 对该因素的敏感性，e_i 表示公司特有的扰动。

根据单因素模型，证券 R_i 的预期收益率可以写成：

$$R_i = E（R_i）+ \beta_i R_M + e_i$$

由上式可以看出，每种证券有两种风险来源：市场风险或系统风险，源于它们对宏观经济因素的敏感度，反映在 R_m 上；公司特有风险，反映在 e 上。如果我们记超额收益 R_m 的方差为 σ_M^2，则我们可以把每只股票收益率的方差拆分成两部分：

（1）源于一般宏观经济因素不确定性的方差 $\beta_i^2 \sigma_M^2$

（2）源于公司特有不确定性的方差 $\sigma^2（e_i）$

R_m 和 e_i 的协方差为零，因为 e_i 定义为公司特有的，即独立于市场的运动。因此证券 i 的收益率的方差等于源于共同部分和公司特有部分的方差之和，即

$$\sigma_i^2 = \beta_i^2 \sigma_M^2 + \sigma^2（e_i）$$

那么两种股票收益率的相关系数是什么呢？我们可以写成

$$COV（R_i，R_j）= COV（\alpha_i + \beta_i R_M + e_i，\alpha_j + \beta_j R_M + e_j）$$

由于 α_i 和 α_j 是常数，则它们与任何变量的相关系数均为零。而且公司特有项（e_i，e_j）通常被视为与市场无关，且相互之间无关。因此，两种股票收益率之间相关系数的唯一来源是来自它们共同依赖的共同因素 R_M。换句话说，股票之间的相关系数源于每只股票都部分依赖于经济形势这个事实。因此

$$COV（R_i，R_j）= COV（\beta_i R_M，\beta_j R_M）= \beta_i \beta_j \sigma_M^2$$

二、多因素模型

我们将单因素模型推广到多因素模型，实际上有多种共同的因素，如对国民生产总值的预期，对利率的预期，对通货膨胀的预期等，都同时影响着大多数证券的收益，因此用多因素模型取代单因素模型来研究证券收益将更有现实意义。我们可以从单因素模型中推出多因素模型，用公式表示如下：

$$R_i = E（R_i）+ \beta_{i1} F_1 + \beta_{i2} F_2 + \cdots + \beta_{iN} F_N + e_i$$

其中，F_1、$F_2 \cdots F_n$ 是影响证券收益的各种共同因素，β_{i1}、$\beta_{i2} \cdots \beta_{iN}$ 是证券 i 对这些因素的灵敏系数。

三、套利定价理论（APT）

套利定价理论是由罗斯于 1976 年提出来的一个替代 CAPM 的理论。APT 是

以多因素模型为基础，建立在一个重要的假设基础上的理论。这一重要假设是：当市场达到均衡时，不存在套利机会。这一假设的一个等价的规则是"一价法则"（Law of One Price）：两种具有相同风险和收益的证券，其价格必定相同。

套利定价理论是建立在一个很重要的概念——套利（Arbitrage）之上的。那么什么叫套利呢？套利通常用套利机会来描述，套利机会是指一种能毫无风险地赚取收益的条件。理论上将它分为第一类套利机会和第二类套利机会。

第一类套利机会是指这样的一种投资机会，投资者能够在期初投资为零，即投资时没有付出任何费用，通常是仅仅通过卖空一些资产并同时购买另一些资产，而期末收益大于零，即期末得到一些正的收益。

第二类套利机会则是指另一种投资机会，投资者能够在期初投资为负，即上述的投资中没有将卖空的收益全部用于购买另一些资产，而期末收益非负，即期末平仓无需任何支出。

单因素 APT 定价公式为：

$$\overline{R}=R_f+\beta_p\lambda$$

多因素 APT 定价公式为：

$$\overline{R}=R_f+\beta_{i1}\lambda_1+\beta_{i2}\lambda_2+\cdots+\beta_{iN}\lambda_N$$

其中，λ 代表每单位因素灵敏度的预期收益升水，即因素风险报酬。

第四节　有效市场

一、股票价格的随机漫步与效率市场

股票价格（或其他证券价格）的涨跌是否有规律可循始终是投资者最为关心的事情之一。1953 年，莫里斯·肯德尔（Maurice Kendall）对股票价格的历史变化进行了研究。他惊奇地发现：股票价格的变化完全无规律可循，他无法找到某种可以进行事前预测的股票价格变化模式。股票价格的变化完全是随机的，在任何一天它们都有可能上升或下跌，无论过去的业绩如何，那些过去的数据提供不了任何方法来预测股价的变化。

股票价格的随机漫步意味着价格变化是相互独立的，每次价格的上升或下跌与前一次的价格变化毫无联系，对下一次价格变化也毫无影响。股票价格的变化，就像人们抛掷硬币一样，哪面朝上（升），哪面朝下（降），完全是随机

的。肯德尔的这一发现乍看起来似乎令人惊奇，但仔细推敲一下却是证券市场的必然选择。假设投资者确实找到了某种可预测股票价格未来变化的规律，这对投资者来说无疑是发现了一个金矿，他只要按照这一规律的指引去买进卖出股票，就会在短时间内成为世界上最富有的人之一。只需稍加考虑，就可以确信这种状况不会持久。例如，某一规律表明目前价格为 10 元/股的 X 公司股票将在未来两天内上升至 15 元/股，而所有投资者在了解这一情况后，都希望用 10 元或稍高一点的价格买入 X 公司股票。然而，所有持有 X 公司股票的人显然不会同意以如此低廉的价格售出自己手中的股票，其最终结果将是 X 公司股票在很短的时间内就上涨到 15 元/股。也就是说，由规律带来的"好消息"将立即反映在股票价格上，而不是在一段时间之后才反映出来。

这个简单的例子解释了为什么肯德尔想找出股价变化运动形式的企图注定要失败。对好的未来表现的预测将导致好的表现提前到当前，以至于所有的市场参与者都来不及在股价上升前行动。也就是说，当有消息表明某股票价格将要上涨时，人们会蜂拥而至购买该股票，从而促使股票价格迅速跃升至相应的价位。因此，投资者能够得到的只是与股票风险相对应的合理的回报率。

如果股票价格已经完全反映了所有已有的信息，则股票价格的进一步变化只能依赖于新的信息的披露。而所谓的新的信息，显然是指人们事先无法预测的信息（因为如果可以预测，则这些预测就成为已知信息的一部分，而不是新信息）。因此，股票价格随新信息的出现而变化就是无法预测的，股票价格的变化也就应该表现为"随机漫步"。股票价格的这种特性，就是股票市场的效率。所谓市场效率假说（Efficient Market Hypothesis，EMH），就是说股票价格已经完全反映了所有的相关信息，人们无法通过某种既定的分析模式或操作始终如一地获取超额利润。

二、三种效率市场

哈里·罗伯茨（Harry Roberts）根据股票价格对相关信息反映的范围不同，将市场效率分为三类：弱有效率（Weak Form）市场、次强有效率（Semi-strong Form）市场和强有效率（Strong Form）市场。后来尤金·法马（Eugene Fama）又对这三种效率市场做了阐述。

（一）弱有效率市场

弱有效率市场假说是说证券价格已经反映了所有历史信息，如市场价格的变化状况、交易量的变化状况、短期利率的变化状况等。弱有效率市场假说意味着趋势分析等技术分析手段对于了解证券价格的未来变化、谋取利润是没有帮助的。由于股票价格变化等历史数据是公开的，也是绝大多数投资者可以免费得到的信息，因此广大投资者会充分利用这些信息并使之迅速、完全地反映到证券市场价格上去。最终，这些信息由于广为人知而失去了价值。因为如果购买信息需要付费的话，那么这些成本将立刻反映在证券价格上。

（二）次强有效率市场

这一效率市场是指证券价格反映了所有公开发布的信息。这些信息不但包含证券交易的历史数据，而且包含诸如公司的财务报告、管理水平、产品特点、盈利预测、国家经济政策等各种用于基本分析的信息。同样，如果人们可以公开地得到这些信息，则这些信息也就不具有什么价值了。

证券价格对各种最新消息的反应速度是衡量市场效率的关键。证券价格的基本分析，就是通过公开发布的各种消息对有关企业的经营现金流的影响进行分析，并据此确定该公司股票的价值及未来的变化趋势，指导证券投资，以期获得高于一般投资者的超额利润。但在次强有效率的证券市场上，基本分析并不能为投资者带来超额利润。

（三）强有效率市场

强有效率市场假说是说证券价格反映了所有有关信息，不仅包括历史信息和所有公开发布的信息，而且包括仅为公司内部人掌握的内幕信息。显然，强有效率市场是一个极端的假设，如果某些投资者拥有某种内幕消息，他是有可能利用这一消息获取超额利润的。强有效率市场只是强调这种消息不会对证券价格产生较大的影响，这些消息尽管在一开始是秘密的，但很快就会透露出来并迅速反映在证券价格的变化上。同时，各国证券管理机构的主要任务之一就是防范、打击利用内幕信息进行交易，以保护证券市场的健康发展和广大投资者的利益，保证公开、公正、公平原则的实现。

三、竞争是市场效率的根源

当投资者花费时间和金钱去收集、分析各类信息时，能得到一些已被其他投资者所忽略的东西，从而能够提高投资者的期望收益，否则将得不偿失。格罗斯曼（Grossman）和斯蒂格里茨（Stiglitz）提出：只要这样的行为能产生更多的投资收益，投资者就会有动机花时间和资源去发现和分析新信息。因此，在市场均衡中，有效的信息收集行为应是有成果的。另外，发现不同市场有效性的程度不同。例如，一个分析密度低于美国市场的市场，在那里账户披露的要求比美国市场的要求既松又缺乏效率。小公司股票得不到华尔街多少关注，它的价格与大股东相比也要离有效价格远一些。所以说，考虑与重视市场的竞争是有意义的。

证券价格对各种最新信息的反应速度和准确性是衡量市场效率的关键。如果价格以迅速的方式对全部有关新信息做出准确的反应，我们就说这个市场是有效的。如果相反，信息在市场上传播相当慢，投资者把时间耗费在分析信息和做出反应上，并且对信息可能做出不完全的或过度的反应，价格便会背离建立在认真分析所有适用信息基础上的价值，具有这种特征的市场就是低效的，没有达到有效市场要求。如图 12—9 所示，在 t＝0 之前证券价格的运动是随机漫步，t＝0 时发布了有关该证券的利好消息，从而导致证券价格的上升。如果从消息发布到价格上升到一个新的均衡点要经过时间期间 n，如图 12—9a) 所示，则这一市场的效率相对较低，没有达到有效市场要求。如果消息一公布证券价格立刻上升到新的均衡点，如图 12—9b) 所示，则该市场就是有效市场。

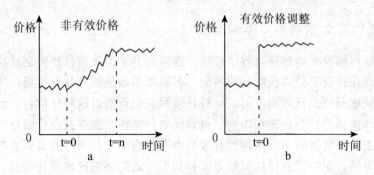

图 12—9　价格对新信息的反应速度

四、有效市场假说对证券投资分析的意义

（一）有效市场和技术分析

如果市场没有达到弱式下的有效，则当前的价格未完全反映历史价格信息，那么未来的价格变化将进一步对过去的价格信息作出反应。在这种情况下，人们可以利用技术分析和图表从过去的价格信息中分析出未来价格的某种

变化趋势，从而在交易中获利。如果市场是弱式有效的，则过去的历史价格信息已完全反映在当前的价格中，未来的价格变化将与当前及历史价格无关，这时使用技术分析和图表分析当前及历史价格对未来作出预测将是徒劳的。如果不运用进一步的价格序列以外的信息，明天价格最好的预测值将是今天的价格。因此在弱有效率市场中，技术分析将失效。

（二）有效市场和基本分析

如果市场没有达到次强有效率，公开信息未被当前价格完全反映，分析公开资料寻找误定价格将能增加收益。但如果市场次强有效率，那么仅仅以公开资料为基础的分析将不能提供任何帮助，因为针对当前已公开的资料信息，目前的价格是合适的，未来的价格变化与当前已知的公开信息毫无关系，其变化纯粹依赖于明天新的公开信息。对于那些只依赖于已公开信息的人来说，明天才公开的信息，他今天是一无所知的，所以不用未公开的资料，对于明天的价格，他的最好预测值也就是今天的价格。所以在这样的一个市场中，已公布的基本信息无助于分析家挑选价格被高估或低估的证券，基于公开资料的基本分析毫无用处。

（三）有效市场和证券组合管理

如果市场没有达到强有效率市场，内幕信息未被当前价格完全反映，由内幕信息寻找错误定价来获取超额利润。但如果市场是强有效率市场，所有的人都能够获取任何公开的和内部的资料并按照它们行动，这时任何新信息（包括公开的和内部的）将迅速在市场中得到反映，那种企图寻找内幕信息来战胜市场的做法是不明智的。在这种强有效率市场假设下，任何专业投资者的边际市场价值为零，因为没有任何资料来源和加工方式能够稳定地增加收益。

对于证券组合理论来说，其组合构建的条件之一即是假设证券市场是充分有效的，所有市场参与者都能同等地得到充分的投资信息，如各种证券收益和风险的变动及其影响因素，同时不考虑交易费用。在有效率证券市场条件下，证券的价格无疑是一个可以信赖的正确的投资信号，这些价格全面和迅速地反映了所有可以获知的有关收益和风险变动的信息，投资者可以按照这些价格信号的指导，进行投资组合选择以便在给定风险下获取最高收益。

对于证券组合的管理来说，如果市场是强式有效的，组合管理者会选择消极保守型的态度，只求获得市场平均的收益率水平，因为区别将来某段时期的有利和无利的投资不可能以现阶段已知的这些投资的任何特征为依据，进而进行组合调整。因此，在这样一个市场中，管理者一般模拟某一种主要的市场指数进行投资。而在市场仅达到弱式有效状态时，组合管理者则是积极进取的，会通过搜寻各种公开的和内部的信息，努力选择价格偏离价值的资产进行投资并确定恰当的买卖时机。

案例分析

行为金融学的介绍

传统金融理论是建立在市场参与者是理性人的假定的基础上的。在传统金融理论中理性人假设通常包括两方面：一是以效用最大化作为目标，二是能够对一切信息进行正确的加工和处理。在此基础上，传统金融学的核心内容是"有效市场假说"。这里的假设主要有两个方面的含义：一是市场的各参与主体在进行决策时都以实现期望效用最大为准则；二是市场的各参与主体都能够根据他们得到的信息，对市场的未来做出无偏差估计。在该假设前提下，一个必然的推论便是证券的价格反映了一切可以得到的公开信息：投资者无论多么明智，都不能够获得与其所承担风险不对称的额外收益。

但是投资者在事实上并不都是像理论上的那样理性，而是具有某种情绪，许多投资者在决定自己对资产的需求时受到无关信息的影响。与理性假设不同，现实世界的人其实是有限理性的。在股票市场上，有许多不能用传统的金融理论来解释的现象，本文即从行为金融学的角度来分析我国股票市场上投资者的行为。

一、行为金融学及其创新意义

所谓行为金融学，从字面上理解，是将人的行为融入金融学研究范畴的一门学科。但更确切地讲，行为金融学是以心理学上的发现为基础，辅以社会学等其他社会科学的观点，研究投资者如何在决策时产生系统性偏差，并尝试解释金融市场中实际观察到的或是金融文献中论述的，与传统金融理论相悖的异常现象的一种理论。行为金融学的兴起和发展，被许多经济学家称之为经济学和金融学的"非理性革命"，充分地说明了其理论创新意义，具体说来：

（1）描述和解释了行为与金融行为的科学内涵，创新性地提出了行为金融学的范式这一科学范畴，强调行为金融学是人们感知金融市场的理论和方法。其基本的逻辑是，由于金融活动主体是具有理智和情感等完整心智结构的现实"行为人"，每个人既是利己的，又是利他的，因而就可能不一定追求自身利益的最大化；个体在市场活动中会产生各种心理和行为偏差，人们的行为不一定符合市场规律的要求，使得"看不见的手"的作用不能有效发挥，即所谓的市场失灵。

（2）无效市场理论。论述金融市场的不完全有效性，在一个充满不确定的经济现实中，信息是复杂的，收集信息是有成本的，交易者占有的信息是不完全、不对称的，即他们是噪声交易者，金融市场不是有效率的市场。

（3）投资者心态模型。分析和研究了投资者由于受到心理因素的影响，出现各种决策行为偏差，如过度自信和反应偏差、处置效应、从众行为等，强调人的行为的非理性对于金融市场的运行和效率具有重大影响。

（4）行为金融学的扩展。将行为金融学的理念和方法扩展到实际交易活动领域，提出了证券交易的行为投资分析方法，并且将发端于微观金融主体心理和行为的行为分析范式扩展到总量的和总和的变量分析，形成了所谓的宏观金融行为理论。

二、行为金融学中有关"心理账户"的思想

"心理账户"是指在进行决策的时候，每个人并不是权衡了全局而进行考虑的，而是在心里无意识地把一项决策分成几个部分来看，也就是说，分成了几个"心理账户"，对于每个心理账户人们会有不同的决策。在投资股票市场时，投资者会将自己的投资组合分成两部分：一部分是风险低的安全投资，另一部分是风险较高但可能使自己更富有的投资。这是由于人们都有既想避免损失又想变得富有的心态，因此，他们会把两个"心理账户"分别开来，一个用来规避贫穷，一个用来一朝致富。而且，在考虑问题的时候，投资者往往每次只考虑一个心理账户，把目前要决策的问题和其他的决策分离看待。也就是说，投资者可能将投资组合放在若干个"心理账户"中，不太在意它们之间的共同变异数，这也就从另一个角度解释了人们在有些情况下的非理性行为。

（1）应用行为金融学思考我国股票市场投机行为的宏观表象。

（2）应用行为金融学思考我国股票市场投机行为的微观表象。

作业题

一、名词解释

证券组合理论　有效组合　资本市场线　证券市场线　单因素模型　多因素模型　套利定价理论　弱有效率市场　次强有效率市场　强有效率市场

二、问答题

1. 证券组合的种类主要有哪些？

2. 什么是有效组合？如何从可行组合中找出有效组合？投资者又如何在有效组合中选择最优组合？

3. 资本市场线与证券市场线有何异同?

4. 资本资产定价模型（CAPM）有哪些基本假设?

5. 阐述套利定价理论（APT）的基本内容。

6. 什么是有效市场? 有效市场分哪几类?

三、单项选择题

1. 证券投资组合管理理论最早由美国著名经济学家（　　）在 1957 年系统提出。

A. 詹森　　　　　 B. 特雷诺　　　　 C. 夏普　　　　 D. 马柯维茨

2. 避税型证券组合通常投资于（　　），这种债券免交联邦税，也常免交州税和地方税。

A. 市政债券　　　 B. 对冲基金　　　 C. 共同基金　　 D. 股票

3. 适合入选收入型组合的债券（　　）。

A. 高收益的普通股　　　　　　 B. 优先股

C. 高派息风险普通股　　　　　 D. 低派息、股价涨幅较大的普通股

4. 以未来价格上升带来的差价收益为投资目标的证券组合属于（　　）证券组合。

A. 收入型　　　　 B. 平衡型　　　　 C. 避税型　　　 D. 增长型

5. 在证券组合管理的基本步骤中，注意投资时机的选择（　　）阶段的主要工作。

A. 确定证券投资政策　　　　　 B. 进行证券投资分析

C. 组建证券投资组合　　　　　 D. 投资组合修正

6. 夏普、特雷诺和詹森分别于 1964 年、1965 年和 1966 年提出了著名的（　　）。

A. 资本资产定价模型　　　　　 B. 套利定价模型

C. 期权定价模型　　　　　　　 D. 有效市场理论

7. 史迪夫·罗斯突破性发展了资本资产定价模型，提出了（　　）。

A. 资本资产定价模型　　　　　 B. 套利定价模型

C. 期权定价模型　　　　　　　 D. 有效市场理论

8. 某投资者对期望收益率毫不在意，只关心风险，那么该投资者无差异曲线为（　　）。

A. 一根竖线　　　　　　　　　 B. 一根横线

C. 一根向右上倾斜的曲线　　　 D. 一根向左上方倾斜的曲线

9. 最优证券组合为（　　）。

A. 所有有效组合中预期收益最高的组合

B. 最小方差组合

C. 无差异曲线与有效边界的相交点所在的组合

D. 所有有效组合中获得最大满意程度的组合

10. 反映有效组合的收益和风险水平之间的平衡关系的方程式是(　　)。

A. 证券市场线方程 　　　　　　　B. 证券特征线方程

C. 资本市场线方程 　　　　　　　D. 套利定价方程

11. (　　)是指证券组合所获得的高于市场的那部分风险溢价。

A. 詹森指数　　　B. 贝塔指数　　　C. 夏普指数　　　D. 特雷诺指数

12. 衡量证券组合每单位系统风险所获得风险溢价的指标是(　　)。

A. 贝塔系数　　　B. 詹森系数　　　C. 夏普系数　　　D. 特雷诺系数

13. (　　)的出现,标志着现代证券组合理论的开端。

A. 证券投资组合原理 　　　　　　B. 资本资产定价模型

C. 单一指数模型 　　　　　　　　D. 证券组合选择

14. 一般认为证券市场是有效市场的机构投资者倾向于选择(　　)证券组合。

A. 收入型　　　B. 平衡型　　　C. 市场指数型　　D. 有效型

15. 某一证券组合的目标是追求基本收益最大化,这种组合属于(　　)证券组合。

A. 收入型　　　B. 平衡型　　　C. 市场指数型　　D. 有效型

16. 构建证券组合的原因是(　　)。

A. 降低系统风险 　　　　　　　　B. 降低非系统风险

C. 增加系统性收益 　　　　　　　D. 增加非系统性收益

17. 确定证券投资政策是证券组合管理的第一步,反映了证券组合管理者的(　　)。

A. 投资原则　　　B. 投资目标　　　C. 投资偏好　　　D. 投资风格

18. 完全正相关的证券 A 和 B,其中 A 的期望收益率为 16%,标准差为 6%,B 的期望收益率为 20%,标准差为 8%。如果投资证券 A、B 的比例分别为 30% 和 70%,则证券组合的期望收益为(　　)。

A. 16.8% 　　　B. 17.5% 　　　C. 18.8% 　　　D. 19%

19. 18 题条件不变,证券组合的标准差为(　　)。

A. 3.8% 　　　B. 7.4% 　　　C. 5.9% 　　　D. 6.2%

20. 关于最优证券组合,说法正确的是(　　)。

A. 最优证券组合是风险最小的组合

B. 最优证券组合是收益最大的组合

C. 最优证券组合无差异曲线位置最高

D. 最优证券组合是无差异曲线簇与有效边界的交点所表示的组合

四、多项选择题

1. 证券组合按不同的投资目标可以分为（　　）。

A. 避税型　　　　　B. 收入型　　　　　C. 增长型　　　　　D. 货币市场型

2. 追求市场平均收益水平的投资者会选择（　　）。

A. 市场指数基金　　　　　　　　　B. 市场指数型证券组合

C. 平衡性证券组合　　　　　　　　D. 增长型证券组合

3. 证券投资政策是投资者为实现投资目标应遵循的基本方针，包括（　　）。

A. 确定投资目标　　　　　　　　　B. 确定投资规模

C. 确定投资对象　　　　　　　　　D. 应采取的投资策略和措施等

4. 投资目标的确定应包括（　　）。

A. 风险　　　　　　　　　　　　　B. 收益

C. 证券投资的资金数量　　　　　　D. 投资的证券品种

5. 在构建证券投资组合时，投资者需要注意（　　）问题。

A. 个别证券选择　　　　　　　　　B. 证券投资分析

C. 投资时机选择　　　　　　　　　D. 多元化

6. 证券组合管理的基本步骤是（　　）。

A. 确定证券投资政策　　　　　　　B. 进行证券投资分析

C. 组建证券投资组合　　　　　　　D. 投资组合修正

7. 反映证券组合期望收益水平和风险水平之间均衡关系的模型包括（　　）。

A. 证券市场线方程　　　　　　　　B. 证券特征线方程

C. 资本市场线方程　　　　　　　　D. 套利定价方程

8. 下列结论正确的有（　　）。

A. 同一投资者的偏好无差异曲线不可能相交

B. 特征线模型是均衡模型

C. 由于不同投资者偏好态度的具体差异，他们会选择有效边界上不同的组合

D. 因素模型是均衡模型

9. 下述关于可行域的描述正确的是（　　）。

A. 可行域可能是平面上的一条线

B. 可行域可能是平面上的一个区域

C. 可行域就是有效边界

D. 可行域是由有效组合构成的

10. 假设证券 A 年收益率为 50% 的概率为 20%，年收益率为 30% 的概率为 45%，年收益率为 10% 的概率为 35%，那么 A（　　）。

A. 期望收益率为 27%　　　　　　　　B. 期望收益率为 30%

C. 估计期望方差为 2.11%　　　　　　D. 估计期望方差为 3%

11. 资本资产定价模型的有效性问题是指（　　）。

A. 理论上风险与收益是否具有正相关关系

B. 是否还有更合理的度量工具用以解释不同证券的收益差别

C. 现实市场中的风险与收益是否具有正相关关系

D. 在理想市场中的风险与收益是否具有负相关关系

12. 在资本资产定价模型中，资本市场没有摩擦的假设是指（　　）。

A. 交易没有成本

B. 不考虑对红利、股息及资本利得的征税

C. 信息向市场中的每个人自由流动

D. 市场只有一个无风险借贷利率，在借贷和卖空上没有限制

13. 套利定价理论的几个基本假设包括（　　）。

A. 投资者是追求收益的，同时也是厌恶风险的

B. 资本市场没有摩擦

C. 所有证券市场的收益受到一个共同因素的影响

D. 投资者能够发现市场上是否存在套利机会，并利用该机会进行套利

14. 关于单个证券的风险度量，说法正确的是（　　）。

A. 单个证券的风险大小由未来可能收益率与期望收益率的偏离程度来反映

B. 单个证券可能的收益率越分散，投资者承担的风险也就越大

C. 实际中我们也可以使用历史数据来估计方差

D. 单个证券的风险大小在数学上由收益率的方差来度量

15. 评价组合业绩的基本原则是（　　）。

A. 要考虑组合投资中单个证券的风险大小

B. 要考虑组合收益的高低

C. 要考虑组合单个证券收益的高低

D. 要考虑组合所承担的风险的大小

第十三章　证券市场监管

学习目标: 通过本章学习,了解证券市场监管的意义、原则和监管模式,掌握证券市场监管内容,了解证券市场自律的基本内容。

证券市场是高风险和高投机的市场,影响的范围非常广泛。保持证券市场的稳定,对国家的金融安全至关重要。为了有效防范和化解证券市场风险,促进证券市场健康发展,保护投资者的利益,保证证券市场公开、公平、公正和高效地运行,对证券市场加以监管是十分必要的。

证券市场监管的理论基础是证券市场各功能的发挥依赖于一个完善而有效的市场环境,但现实中的市场却存在着大量的市场失灵问题,这给证券市场监管提供了理论基础。"政府监管"在经济学文献中可以用来特指市场经济国家的政府为克服"市场失灵"而采取的种种有法律依据的管理或制约经济活动的行为。从理论上看,经济学中关于政府监管的理由有公共利益论和集团利益论的解释。证券市场作为市场体系的重要组成部分,同样适用这一理论。

第一节　证券市场监管概述

一、证券市场监管的意义

证券市场监管(Securities Market Regulation)是指证券管理机关运用法律的、经济的以及必要的行政手段,对证券的募集、发行、交易等行为以及证券投资中介机构的行为进行监督与管理。证券市场的监督管理是一国宏观经济监督管理体系中不可缺少的组成部分,对证券市场的健康发展意义重大。

证券市场监管的总体目标是建立一个高效率的证券市场,即一个既能充分发挥市场机制资金配置作用，同时又运行有序、合理竞争、信息透明度高、交易成本低，真正贯彻"公正、公开、公平"原则的市场。具体来说，就是运用、发挥证券市场机制的积极作用，限制其消极影响；保护投资者利益，保障合法的证券交易活动，监督证券中介机构依法经营；防止人为操纵、欺诈等不法行为，维持证券市场的正常秩序；根据国家宏观经济管理的需要，运用灵活多样的方式，调控证券发行与交易规模，引导投资方向，使之与经济发展相适应。

证券市场监管是证券市场自身健康发展的需要。证券市场所交易的是一种特殊的商品——证券产品，证券产品除了具有普通商品的一般性质之外，还具有其特殊性：证券市场的交易往往采取集中交易的方式，而且在交易中大量使用信用交易手段。这样一来，证券市场也无法避免市场失灵的影响，也存在垄断、经济外部性、信息不对称、过度竞争等造成市场失灵，导致价格扭曲的共同因素。另外，证券市场风险如果突然爆发，还有可能出现市场崩溃，使投资者蒙受巨大损失，给国民经济造成巨大创伤。由此看来，证券市场的特殊性决定了必须加强对证券市场的严格管理，以保障证券市场的健康发展。

(1) 加强证券市场管理是保障广大投资者权益的需要。投资者是证券市场的重要参与者，投资者涉足证券市场是以取得某项权益和收益为前提的。为了保护投资者的利益，必须坚持"公开、公平、公正"的原则，加强证券市场的监管。只有这样，才有利于投资者充分了解证券发行者的资信、证券价值和风险状况，从而使投资者比较正确地选择投资对象。

(2) 加强证券市场管理是有效控制风险，维护市场良好秩序的需要。证券市场参与者多、投机性强、敏感度高，是一个高风险的市场，而证券市场的风险又具有突发性强、影响面广、传播速度快的特点。同时在现有的经济基础和市场条件下，难免存在蓄意欺诈、垄断行市、内幕交易、操纵股价的不法行为。为了保证证券发行和交易的顺利进行，必须对证券市场活动进行监督检查，以便及时发现和处理各种异常情况，有效防范和化解市场风险，并对非法的证券交易活动进行严厉查处，以保护正当交易，维护证券市场的正常秩序。

(3) 加强证券市场管理是发展和完善证券市场体系的需要。完善的市场体系，能够促进证券市场筹资和融资功能的发挥，有利于证券行市的稳定，增强社会投资信心，促进资本的合理流动，从而推动社会经济的发展。

(4) 加强证券市场管理是提高证券市场效率的需要。及时、准确和全面的信息是证券市场参与者进行证券发行和交易决策的重要依据。一个发达高效的证券市场必定是一个信息灵敏的市场，它既要有现代化的信息通信设备系统，又必须有组织严密的信息网络机构；既要有收集、分析、预测和交换信息的制度与技术，又要有与之相适应的、高质量的众多信息人才。这些只有通过国家统一组织管理才能实现。我国新《证券法》实施，标志着我国证券市场的发展进入了一个新阶段，对我国的证券市场监管也提出了更高的要求。

二、证券市场监管原则

我国证券市场在政府及其监管机构的推动下，在发展中规范，在规范中发展，取得了显著的成绩。但作为新兴的证券市场，在其发展过程中，也暴露出一些问题。这些问题有的涉及体制，有的涉及理念，有的涉及具体规则的缺陷，归纳起来可以认为是证券监管制度的不完善，导致监管制度效率的低下。为了提高监管效率，纠正市场失灵，防止市场出现危机，促进证券市场资源配置功能的充分发挥，必须坚持依法监管、保护投资者的利益和"三公"原则。依法监管要求有法可依、有法必依，加强对证券市场违法违规行为的查处力度，维护证券市场的正常秩序。保护投资者的利益关键是要建立起公平合理的市场环境，为投资者提供平等的交易机会，使投资者能在理性的基础上，自主地决定交易行为。因此，建立和维护证券市场的公开、公平、公正原则，是保护投资者合法利益不受侵犯的基础，是证券市场监管的基本原则，也是证券市场规范化的基本要求。

1. 公开原则

公开原则又称信息公开原则，这一原则就是要求证券市场具有充分的透明度，实现市场信息的公开化。证券市场的信息是投资者做出合理预期的基础，对证券投资活动有决定性的影响。证券市场的各类参与主体在取得和占有信息的地位上往往是不对称的，证券发行人对自身经营信息的了解具有天然的优势，而投资者尤其是中小投资者则处于不利地位。要保护投资者的利益，必须真正实现公开原则。要保障市场的透明度，监管者应当公开有关监管程序、监管身份、对证券市场违规处罚等。

2. 公平原则

这一原则要求证券市场不存在歧视，参与市场的主体具有完全平等的法律地位，各自的合法权益能够得到公平的保护。公平原则的核心目的是创造一个所有市场参与者进行公平竞争的环境。按照公平原则，证券市场的所有参与者，不论其身份、地位、经济实力、市场职能有何差异，都应按照公平统一的市场规则进行筹资、投资或中介服务活动，不应受到任何不公平的待遇。

3. 公正原则

这一原则要求证券监管部门在公开、公平原则的基础上，对一切被监管对象予以公正的待遇。根据公正原则，证券立法机构应当制定体现公平精神的法律、法规和政策，证券监管部门应当根据法律授予的权限公正履行监管职责，要在法律的基础上对一切证券市场参与者给予公正的待遇。

三、证券市场监管的目标与手段

（一）证券市场监管的目标

国际证监会公布了证券监管的三个目标：一是保护投资者；二是透明和信息公开；三是降低系统风险。

（二）证券市场监管的方式与手段

1. 证券市场监管的方式

（1）官方监管方式。指设立专门的监管机构或部门，代表国家或政府，对证券市场进行监督管理。

（2）内部监管即自律方式。指证券交易所、证券业协会及证券经营机构通过建立自律性的规章制度，对其会员或职员的行为进行监督管理。

（3）公众监督方式。指通过资产评估与信用评级机构的评估，注册会计师对公司财务报告的审核，新闻媒介的舆论，公众对企业信息文件的索取、阅读以及由此的证券选择而对证券市场的监督作用。

2. 证券市场的监管手段

（1）法律手段。指通过制定一系列的证券法规来管理证券市场。这是证券市场监管的主要手段，约束力强。

（2）经济手段。指通过运用利率政策、公开市场业务、税收政策、保证金比例等经济手段对证券市场进行干预。这种手段相对比较灵活，但调节过程可能较慢，存在时滞。

（3）行政手段。指通过制定计划、政策等对证券市场进行行政性的干预。这种手段比较直接，但运用不当可能违背市场规律，无法发挥作用，甚至遭到惩罚。一般多在证券市场发展初期，法制尚不健全，市场机制尚未理顺，或遇突发性事件时使用。

四、证券市场的监管模式

发达国家的证券市场已经经历了一个长时期的形成和发展过程，其监管体系比较完善和健全。由于各国证券市场的发育程度不同，政府宏观调控手段不同，监管模式也不尽相同。综观当今世界，有三种不同的监管体系或模式，即以美国为代表的集中型证券监管模式、以英国为代表的自律型证券监管模式和以德国为代表的中间型证券监管模式。

（一）集中型证券监管模式

该模式有两个主要特征：
（1）设有专门的全国性证券监管机构。
（2）制定有专门的证券基本法。

这种模式以美国为典型代表。美国有一套完整的证券法律体系，其证券管理法规主要有1933年的《证券法》、1934年的《证券交易法》、1940年的《投资公司法》、1970年的《证券投资保护法》等。在管理体制上，实行以"证券交易管理委员会"（SEC）为全国统一管理证券经营活动的最高监管机构，它直接隶属于国会，独立于政府，对证券发行、证券交易等活动及证券商、投资公司等依法实施全面监管。同时设立证券交易所和全国证券交易商协会，分别对证券场内交易和场外证券市场进行管理，形成了以集中统一管理为主、市场自律为辅的较为完整的证券监管体系。

（二）自律型证券监管模式

该模式的主要特征是：
（1）没有统一的全国性证券监管机构。
（2）没有专门的证券基本法，政府立法管制体现在分散的法律法规中。
（3）证券业理事会、证券交易所协会等自律机构的自我监管、自我约束在证券监管中起着主导作用。英国是采用这一证券监管模式的典型代表。

英国是老牌资本主义国家，市场经济在英国最先发育完成。亚当·斯密的市场经济理论认为，人人都有追求利益最大化的本能，每个交易主体都比立法者或政治家懂得何种经济行为更为有利，他们在实现个人利益的同时增加了社会福利，政府只需充当裁判员的角色而不必干预经济。这一理论使放任自由的市场理念和减少干预、自律自治的管理理念在英国深入人心。同时，由于英国的判例法传统，证券监管中很难形成统一的成文法。基于以上原因，行业自律成为英国证券监管的主导形式。

英国没有证券法或证券交易法，只有一些间接、分散的法规，主要有1958年的《反欺诈（投资）法》、1948年和1967年的《公司法》、1973年的《公平交易法》和1988年的《财务法案》等，这种法规法案是证券市场自我管制的指导和补充。英国虽然设立了专门的证券监管机构，称为证券投资委员会（SIB），依据法律享有极大的监管权力，但它既不隶属于立法机关，也不隶属于政府内阁，它主要的职能是负责注册、管理证券公司。英国证券市场的实际监管工作主要通过以英国证券业理事会和证券交易所协会为核心的非政府机构进行自我监管，其中，证券交易所协会是英国证券市场自律管理系统的最高管理机构。近年来，英国正在改革这种监管模式，以加强政府的监管力量。

（三）中间型证券监管模式

该模式的主要特征是：

（1）既有集中统一的机构负责全国证券监管，又注重自律约束。

（2）集中监管和行业自律不分主次。德国是采用该模式的典型代表。

德国的资本主义商品经济发展初期，国内产业资本积累率低，政府积极推动股份制公司发展，力促产业资本积聚。与其他国家不同的是，德国股份公司的集资通过银行认购股票来进行，而非直接吸收社会闲散资金，由此形成了德国证券市场与银行业的特殊关系，以及不同于传统证券市场的特殊证券市场。由于银行在证券业中处于重要地位，德国证券业便通过中央银行来管理。同时，德国没有统一的证券法，关于证券市场的保护、控制和协调方面的很多规定采用自我管理而非强制原则。

世界各国的证券市场监管体系，虽然各有特色，但有一点是共同的，即都是进行集中统一监管与自我管理相结合的管理，而且都有加强集中统一监管力度的趋势。这样一种证券监管体系，有主有辅，有分工有协作，各有自己确定的任务和职责，又有共同的目标，统筹协调，有机地形成一个有效的证券市场监管体系。

五、我国的证券监管体制

我国现行证券监管体制属于集中型监管体制模式即证券市场实行以政府监管为主、自律为补充的监管体系。这一监管体制随着证券市场的发展，经历了从地方监管到中央监管、从分散监管到集中监管的过程，大致可分为两个阶段。

第一阶段从 20 世纪 80 年代初期到 90 年代中期，证券市场处于区域性试点阶段。这一时期证券市场的监管主要由地方政府负责，上海、深圳分别颁布了有关股份公司和证券交易的地方性法规，建立了地方证券市场监管机构，中央政府只是进行宏观指导和协调。

　　第二阶段从 1992 年开始，这一年开始在全国范围内进行股票发行和上市试点，证券市场开始成为全国性市场。与此相适应，证券市场的监管也由地方管理为主改为中央集中监管。这一年成立了国务院证券委员会和中国证券监督管理委员会，负责对全国证券市场进行统一监管。1998 年国务院决定撤销国务院证券委员会，其工作改由中国证券监督管理委员会承担，并决定由中国证券监督管理委员会对地方证管部门实行垂直领导，从而形成了集中统一的监管体系。

　　1999 年 7 月 1 日，《证券法》开始实施。与此同时，中国证券监督管理委员会（简称中国证监会）派出机构正式挂牌。这标志着我国集中统一的证券、期货监管体制正式形成。目前我国证券市场已经形成了三级监管体制：中国证监会是全国证券、期货市场的主管部门，按照国务院授权履行行政管理职能，依照法律、法规对全国证券、期货业进行集中统一监管。区域内上市公司和证券经营服务机构由证监会派出机构——地方证管办和特派员办事处、证监会专员办事处根据授权和职责分别监管。地方证管办还负责涉及跨省区的重大案件联合稽查的组织和重大事项的协调工作，从而逐步形成具有我国特色的集中型证券监管体制。

　　随着合格的境外机构投资者（QFII）的全面开放和新《证券法》于 2006 年 1 月 1 日实施。证券市场在"十一五"规划中有重要的战略作用，同时证券市场要在"十一五"规划实施的未来五年中完成现代金融市场的建设，所有证券市场的参与主体要准备迎接历史性的挑战，我国证券市场的监管同样也面临历史性的挑战。中国证监会有关人员表示，"十一五"期间，证监会有望建立监管质量控制体系，对监管质量实现回顾、评估和问责。

第二节　证券市场监管的主要内容

一、证券发行市场的监管

　　证券发行市场的监管是指证券监管部门对新证券发行的审查、控制和监督。证券发行的监管是整个证券市场监管的第一道闸门，对证券市场的稳定、健康发展具有十分重要的意义。

　　对证券发行的监管，首要的是对证券发行资格的审核。只有具备了证券发行条件，才能进入市场发行证券。审核制度分为两种：一种是以美国联邦证券法为代表的注册制度；一种是美国部分州的证券法及欧洲大陆各国的《公司法》为代表的核准制度。

1. 注册制（Registering system）

证券发行注册制，即"公开监管原则"，是指证券发行者在公开募集和发行证券前，需要向证券监管部门按照法定程序申请注册登记，同时依法提供与发行证券有关的一切资料，并对所提供资料的真实性、可靠性承担法律责任。注册制下发行人只需充分披露信息，在注册申报后的规定时间内，未被证管部门拒绝注册，即可进行证券发行，无须政府批准。证券发行注册的目的是向投资者提供证券投资的有关资料，并不保证发行的证券资质优良、价格适当等。

2. 核准制（Authorizing system）

证券发行核准制，即"实质监管原则"，是指证券发行者不仅必须公开有关所发行证券的真实情况，而且必须符合公司法和证券法中规定的若干实质条件。只有符合条件的发行公司，经证券管理机关批准方可在证券市场上发行证券，取得发行资格。实行核准制目的在于，尽管理部门所能保证发行的证券符合公共利益和社会安定的需要。2001 年 3 月 17 日，我国股票发行核准制正式启动。2005 年 10 月 27 日，十届全国人大常委会第十八次会议通过了修订后的证券法和公司法。两法的修订为进一步完善证券发行监管体制，强化市场主体对证券发行行为的约束，提高市场融资效率指明了方向。

证监会的发行审核制度从最早的额度制转变为审批制，后由审批制再转变为核准制，今后在发行机制上的重大突破将由核准制向注册制转变，而股权分置改革的意义则为实现发行机制市场化破除了制度障碍。

二、对证券交易的监管

1. 信息持续披露制度

信息持续披露制度是指公司公开发行证券后，在经营期间内，依照法律规定或证券主管机关和证券交易所的指令，将其与证券有关的一切真实信息，以一定的方式向社会公众予以公开，以供广大投资者查阅的一项法律制度。该制度既可以使投资者及时了解发行公司的经营状况，判断投资的风险和收益，又有利于强化证券主管机关和社会公众对公司行为的监督，稳定证券市场秩序。

新《证券法》第六十三条规定：发行人、上市公司依法披露的信息，必须真实、准确、完整，不得有虚假记载、误导性陈述或者重大遗漏。第六十四条规定：经国务院证券监督管理机构核准依法公开发行股票，或者经国务院授权的部门核准依法公开发行公司债券，应当公告招股说明书、公司债券募集办法。依法公开发行新股或者公司债券的，还应当公告财务会计报告。第六十五条规定：上市公司和公司债券上市交易的公司，应当在每一会计年度的上半年结束之日起两个月内，向国务院证券监督管理机构和证券交易所报送记载以下内容的中期报告，并予公告。

（一）公司财务会计报告和经营情况。

（二）涉及公司的重大诉讼事项。

（三）已发行的股票、公司债券变动情况。

（四）提交股东大会审议的重要事项。

（五）国务院证券监督管理机构规定的其他事项。

第六十六条规定：上市公司和公司债券上市交易的公司，应当在每一会计年度结束之日起四个月内，向国务院证券监督管理机构和证券交易所报送记载以下内容的年度报告，并予公告。

（一）公司概况。

（二）公司财务会计报告和经营情况。

（三）董事、监事、高级管理人员简介及其持股情况。

（四）已发行的股票、公司债券情况，包括持有公司股份最多的前十名股东的名单和持股数额。

（五）公司的实际控制人。

（六）国务院证券监督管理机构规定的其他事项。

第六十九条规定：发行人、上市公司公告的招股说明书、公司债券募集办法、财务会计报告、上市报告文件、年度报告、中期报告、临时报告以及其他信息披露资料，有虚假记载、误导性陈述或者重大遗漏，致使投资者在证券交易中遭受损失的，发行人、上市公司应当承担赔偿责任；发行人、上市公司的董事、监事、高级管理人员和其他直接责任人员以及保荐人、承销的证券公司，应当与发行人、上市公司承担连带赔偿责任，但是能够证明自己没有过错的除外；发行人、上市公司的控股股东、实际控制人有过错的，应当与发行人、上市公司承担连带赔偿责任。

第七十一条规定：国务院证券监督管理机构对上市公司年度报告、中期报告、临时报告以及公告的情况进行监督，对上市公司分派或者配售新股的情况进行监督，对上市公司控股股东和信息披露义务人的行为进行监督。证券监督管理机构、证券交易所、保荐人、承销的证券公司及有关人员，对公司依照法律、行政法规规定必须作出的公告，在公告前不得泄露其内容。

从 2002 年起，所有上市公司必须编制季度报告。季度报告是中期报告的一种，应按照《公开发行证券的公司信息披露编报规则第 13 号——季度报告内容与格式特别规定》的要求编制与披露。

2. 证券交易行为的监管

证券交易行为的监管重点内容是监管证券交易活动中的内幕交易、操纵市场、欺诈等行为，以规范证券交易行为，维护证券市场秩序，保护投资者的合法权益和社会公共利益。新《证券法》第七十五条规定：证券交易活动中，涉及公司的经营、财务或者对该公司证券的市场价格有重大影响的尚未公开的信息为内幕信息。下列信息皆属内幕信息：

（一）本法第六十七条第二款所列重大事件（公司的重大投资行为和重大的购置财产的决定）。

（二）公司分配股利或者增资的计划。

（三）公司股权结构的重大变化。

（四）公司债务担保的重大变更。

（五）公司营业用主要资产的抵押、出售或者报废一次超过该资产的百分之三十。

（六）公司的董事、监事、高级管理人员的行为可能依法承担重大损害赔偿责任。

（七）上市公司收购的有关方案。

（八）国务院证券监督管理机构认定的对证券交易价格有显著影响的其他重要信息。

第七十六条规定：证券交易内幕信息的知情人和非法获取内幕信息的人，在内幕信息公开前，不得买卖该公司的证券，或者泄露该信息，或者建议他人买卖该证券。持有或者通过协议、其他安排与他人共同持有公司百分之五以上股份的自然人、法人、其他组织收购上市公司的股份，本法另有规定的，适用其规定。内幕交易行为给投资者造成损失的，行为人应当依法承担赔偿责任。

第七十七条规定：禁止任何人以下列手段操纵证券市场。

（一）单独或者通过合谋，集中资金优势、持股优势或者利用信息优势联合或者连续买卖，操纵证券交易价格或者证券交易量。

（二）与他人串通，以事先约定的时间、价格和方式相互进行证券交易，影响证券交易价格或者证券交易量。

（三）在自己实际控制的账户之间进行证券交易，影响证券交易价格或者证券交易量。

（四）以其他手段操纵证券市场。

操纵证券市场行为给投资者造成损失的，行为人应当依法承担赔偿责任。

三、对证券交易市场的监管

1. 证券交易所的监管

证券交易所设立的管理一般采用三种不同的管理方式：一是特许制，即证券交易所的设立须经主管机构的特许方可设立。世界上大部分国家采取特许制。二是登记制，即只要交易所的规章符合有关法规，即可登记成立，美国主要采用登记制。三是承认制，即政府没有专门的审批交易所的机构，只要得到证券交易所协会的承认即可，但必须提供遵守证券交易规章制度的保证及交易所本身的规则。英国采用的是承认制。新《证券法》第一百零二条规定：证券交易所是为证券集中交易提供场所和设施，组织和监督证券交易，实行自律管理的法人。证券交易所的设立和解散，由国务院决定。由此可见，我国采用的是特许制。

各国证券交易法均明确规定，证券交易主管机关对证券交易所的场内交易具有检查监督管理权，其措施主要有：审查交易所的章程、细则和决议的内容；对交易所进行定期的检查或要求其提交规定的营业与财务报告；交易所如有违法行为，损害公共利益，主管当局可给予警告、令其停业，甚至解散的处分。

2. 证券上市制度的监管

对证券交易市场的监管主要通过证券上市制度来实施。证券上市制度是证券交易所和证券主管部门制定的有关证券上市规则的总称。政府债券一般可以不经过有关机构审核而直接上市。公司债券和股票上市必须由发行人提出申请，并满足证券交易所规定的条件，经批准后方可在证券交易所公开买卖。新《证券法》第四十八条规定：申请证券上市交易，应当向证券交易所提出申请，由证券交易所依法审核同意，并由双方签订上市协议。第四十九条规定：申请股票、可转换为股票的公司债券或者法律、行政法规规定实行保荐制度的其他证券上市交易，应当聘请具有保荐资格的机构担任保荐人。

上市的证券若不再满足上市条件或遇有特殊情况将暂停上市或终止上市。暂停上市又称"停牌"，有法定暂停上市、申请暂定上市和自动暂停上市。终止上市又称"摘牌"，有法定终止上市、自动终止上市和申请终止上市。新《证券法》第五十六条规定：上市公司有下列情形之一的，由证券交易所决定终止其股票上市交易。

（一）公司股本总额、股权分布等发生变化不再具备上市条件，在证券交易所规定的期限内仍不能达到上市条件。

（二）公司不按照规定公开其财务状况，或者对财务会计报告作虚假记载，且拒绝纠正。

（三）公司最近三年连续亏损，在其后一个年度内未能恢复盈利。

（四）公司解散或者被宣告破产。

（五）证券交易所上市规则规定的其他情形。

四、对证券中介机构的监管

1. 对证券经营机构的设立监管

对证券经营机构的设立监管主要有特许制和注册制。

（1）以美国为代表的注册制。美国的证券交易法规定，所有经营全国性证券业务的投资银行（包括证券承销商、经纪商、自营商等）都必须向证券交易委员会登记注册，取得注册批准后，还得向证券交易所申请会员注册，只有同时取得证券交易委员会的注册批准和证券交易所的会员资格的投资银行才能经营证券业务。我国对证券经营机构的管理实行审批制。设立证券公司必须经国务院证券监督管理机构审查批准。国家对证券公司实行分类管理，分为综合类证券公司和经纪类证券公司。

（2）以日本为代表的特许制或许可制。日本的证券经营机构在经营业务前必须先向大藏省提出申请。大藏省根据不同的经营业务种类授予不同的特许证券商申请特许。必须具备一定的条件，如拥有足够的资本，具有相当的经营证券业务的知识和经验，信誉良好等条件。大藏省根据实际情况，确定发给证券商带附加条件的特许。

新《证券法》第一百二十二条规定：设立证券公司，必须经国务院证券监督管理机构审查批准。未经国务院证券监督管理机构批准，任何单位和个人不得经营证券业务。

2. 对证券经营机构的行为监管

对证券经营机构的行为监管包括对证券承销商、经纪商、自营商的资格确认和监督检查制度；对承销商、经纪商和自营商的行为规范与行为禁止制度；证券经营机构的定期报告制度和财务保证制度等。

3. 对证券服务机构的监管

主要包括对从事证券业务的律师事务所、资产评估机构、证券市场信息传播机构的资格管理和日常业务监督。我国对从事证券相关业务的会计师事务所和注册会计师实行许可证管理制度，对从事资产评估的机构也实行许可证制度，对律师及律师事务所从事证券法律业务实行资格确认制度，并由国务院证券监督管理机构和有关部门对他们的日常业务加以监督管理。新《证券法》第一百六十九条规定：投资咨询机构、财务顾问机构、资信评级机构、资产评估机构、会计师事务所从事证券服务业务，必须经国务院证券监督管理机构和有关主管部门批准。投资咨询机构、财务顾问机构、资信评级机构、资产评估机构、会计师事务所从事证券服务业务的审批管理办法，由国务院证券监督管理机构和有关主管部门制定。

五、对证券从业人员的监管

证券从业人员是指证券中介机构（包括证券公司、证券清算登记机构、证券投资咨询机构以及其他可经营证券相关业务的机构）中一些特定岗位的人员，可分为管理人员和专业人员两类。对证券从业人员的监管主要有证券从业人员资格考试和注册认证制度，并对他们的日常业务行为规定有行为规范和禁止行为的范围。

新《证券法》第四十三条规定：证券交易所、证券公司和证券登记结算机构的从业人员、证券监督管理机构的工作人员以及法律、行政法规禁止参与股票交易的其他人员，在任期或者法定限期内，不得直接或者以化名、借他人名义持有、买卖股票，也不得收受他人赠送的股票。任何人在成为前款所列人员时，其原已持有的股票，必须依法转让。

六、对投资者的监管

对投资者的监管主要是监督证券市场的投资者依照法规和市场规则公平进行投资活动，禁止内幕交易、操纵市场等证券欺诈活动，维护市场的正常交易秩序，保护全体投资者的利益。

第三节　证券市场自律

一、证券监管与自律

自律（Self Regulation）是指证券市场参与者组成自律组织，在国家有关证券市场的法律、法规和政策指导下，依据证券行业的自律规范和职业道德，实行自我管理、自我约束的行为。

证券市场的监管主要有政府的集中监管、自律组织对证券业的自我监管以及证券经营机构内部监管三个层次。政府监管是政府监管机构根据国家的有关法律、法规、规章和政策对全国范围的证券业务活动进行监管，有行政管理的性质，在证券市场监管中发挥主要作用。但政府监管有一定的局限性，可能深入市场运行的每一个环节，会有许多监管盲区，而且可能使政府监管机构承担本来应当由市场承担的风险。加强自律，可以通过市场主体之间的相互监督和共同减轻市场监管机构的负担，提高市场监管效率，有利于更好地监管证券市场。

自律组织与政府监管应该互为依存，相互补充。一般说来，自律性监管之所以行之有效，主要表现在以下四个方面：①自律管理与行政监管具有互补性。②自律管理具有灵活性。③自律管理具有专业性。自律组织来自市场、接近市场、了解市场，拥有直接的市场经验，并储备了大量的专业人士，在自律管理中能够发挥专业优势。④实行自律管理满足了证券市场监管的多层次性需要。

二、自律性管理机构

1. 证券交易所

证券交易所是证券市场的组织者，为证券发行人提供筹集资金的场所，为投资者提供证券交易的场所，直接面对上市公司、投资者、证券商和广大中介机构，能够对证券交易进行实时监控，这种特殊的角色、职能和优势，客观上要求证券交易所承担起对会员公司、上市公司、证券交易的一线监管责任。

证券交易所的自律主要是通过其市场组织者的有利地位，依照法规和内部规则对会员和上市公司进行监管，对证券买卖行为的合法性进行监管。证券交易所的具体监管内容包括：对证券交易活动的监管、对会员的监管和对上市公司的监管三个方面。新《证券法》第一百一十五条规定：证券交易所对证券交易实行实时监控，并按照国务院证券监督管理机构的要求，对异常的交易情况提出报告。证券交易所应当对上市公司及相关信息披露义务人披露信息进行监督，督促其依法及时、准确地披露信息。证券交易所根据需要，可以对出现重大异常交易情况的证券账户限制交易，并报国务院证券监督管理机构备案。

2. 证券业协会

证券业协会是证券行业的自律组织，是社会法人团体。证券业协会的权力机构为全体会员组成的会员大会。新《证券法》第一百七十六条规定，证券业协会履行下列职责：

（一）教育和组织会员遵守证券法律、行政法规。

（二）依法维护会员的合法权益，向证券监督管理机构反映会员的建议和要求。

（三）收集整理证券信息，为会员提供服务。

（四）制定会员应遵守的规则，组织会员单位的从业人员的业务培训，开展会员间的业务交流。

（五）对会员之间、会员与客户之间发生的证券业务纠纷进行调解。

（六）组织会员就证券业的发展、运作及有关内容进行研究。

（七）监督、检查会员行为，对违反法律、行政法规或者协会章程的，按照规定给予纪律处分。

（八）证券业协会章程规定的其他职责。

案例分析

1. 2005 年 2 月 6 日，中国证券监督管理委员会广东监管局对新太科技（600728）立案调查。2005 年 3 月 31 日，上证所对新太科技及其原董事长邓龙龙公开谴责。新太科技和下属子公司累计担保总额为 6.12 亿元，其中对外担保总额为 4.4 亿元，对外担保中违规担保共计 4.1 亿元。公司第一大股东广州新太新技术研究设计有限公司及其下属子公司在 2004 年发生大量占用上市公司资金的情况，2004 年 1 月至 2005 年 1 月共计发生 46 笔，余额总计 1.47 亿元。上述资金往来均未履行董事会或股东大会审议程序，也未及时进行信息披露。

资料来源：上海证券报网络版

2. 2005 年 4 月 28 日，因涉嫌信息披露违规案，＊ST 美雅（000529）被证监会立案调查。曾经作为行业龙头，广东美雅生产出国内第一条拉舍尔毛毯，上市募集资金累计 11 亿元，到 2005 年第 1 季度，美雅的净资产却为 －6345 万元，上市 12 年来，美雅将募集资金损失殆尽。

资料来源：上海证券报网络版

3. 某证券公司证券营业部挪用客户保证金应如何处理？

作业题

一、名词解释

证券市场监管 注册制 核准制 信息持续披露制度 内幕交易 操纵市场 自律 证券交易所 证券业协会

二、问答题

1. 阐述证券市场监管对发展证券市场具有哪些重要意义？

2. 证券市场监管的原则是什么？

3. 证券市场监管的模式有哪几种？

4. 证券市场监管的目标和手段有哪些？

5. 证券市场监管的主要内容有哪些？

6. 证券市场自律性管理机构的职责有哪些？

三、单项选择题

1. 《证券法》于（　　）起正式施行。

A. 1999 年 1 月 1 日　　　　　　　B. 1999 年 7 月 1 日

C. 1999 年 12 月 1 日　　　　　　 D. 2000 年 1 月 1 日

2. 金融资产管理公司不可以从事的业务活动是（　　）。

A. 追偿债务　　B. 不良资产重组　　C. 债权转股权　　D. 向企业贷款

3. 上市公司应在每一会计年度结束之日起（　　）个月内向证监会和证券
交易所报送年度报告。

A. 1　　　　　　　B. 2　　　　　　　C. 3　　　　　　　D. 4

4. 从业人员资格管理机构是（　　）。

A. 中国证监会　　　　　　　　　　B. 证监会派出机构

C. 中国证券业协会　　　　　　　　D. 全国各地证券协会

5. 擅自发行股票，数额巨大，后果严重，处（　　）年以下有期徒刑或
拘役。

A. 3　　　　　　　B. 2　　　　　　　C. 1　　　　　　　D. 4

6. 《公司法》于（　　）开始正式实施。

A. 1993 年 12 月 29 日　　　　　　B. 1994 年 1 月 1 日

C. 1994 年 7 月 1 日　　　　　　　D. 1999 年 12 月 25 日

7. 下列（　　）情形是操纵证券市场罪。

A. 非法获取证券内幕消息

B. 编造重大虚假内容

C. 操纵证券交易价格，获取不正当利益

D. 隐瞒重要事实的财务报告

8. 提供虚假财务会计报告，对公司直接负责的主管人员和其他直接责任
人员，处（　　）年以下有期徒刑或拘役。

A. 1　　　　　　　B. 3　　　　　　　C. 2　　　　　　　D. 5

9. 在招股说明书、认股书、公司企业债券筹集办法中隐瞒重要事实或编

造重大虚假内容的，发行股票或者债券的行为属于（　　）。

A. 擅自发行股票债券罪　　　　　B. 内幕交易罪

C. 欺诈发行股票、债券罪　　　　D. 诱骗他人买卖证券罪

10. 为适应社会主义市场经济的需要，建立和发展全国统一、高效的股票市场，保护投资者的合法权益，1993 年 4 月 22 日，国务院发布了（　　）。

A. 《中国证监会股票发行核准程序》　B. 《禁止证券欺诈行为暂行办法》

C. 《股票发行与交易管理暂行条例》　D. 《禁止证券欺诈暂行办法》

11. 为禁止证券欺诈行为，维护证券市场秩序，保护投资者的合法权益，1993 年 8 月 15 日，国务院证券委员会公布了（　　）。

A. 《证券期货投资咨询管理暂行办法》

B. 《禁止证券欺诈行为暂行办法》

C. 《股票发行与交易管理暂行条例》

D. 《中国证监会股票发行核准程序》

12. 中国证监会自受理公开发行股票申请到做出核准或不予核准的决定期限为（　　）个月。

A. 3　　　　　　　B. 4　　　　　　　C. 6　　　　　　　D. 9

13. 1997 年 11 月 14 日，（　　）发布了《证券投资基金管理暂行办法》。

A. 国务院　　　　　　　　　　　B. 国务院证券委员会

C. 证监会　　　　　　　　　　　D. 证券业协会

14. 为了提高证券从业人员的素质，2002 年 12 月 25 日，中国证监会发布了（　　）。

A. 《关于规范面向社会公众开展证券投资咨询业务行为若干问题通知》

B. 《证券期货投资咨询管理暂行办法》

C. 《证券市场禁入暂行规定》

D. 《证券业从业人员资格管理办法》

15. 2002 年 11 月，中国证监会与人民银行发布了（　　）。

A. 《关于规范面向社会公众开展证券投资咨询业务行为若干问题通知》

B. 《证券期货投资咨询管理暂行办法》

C. 《证券市场禁入暂行规定》

D. 《证券业从业人员资格管理办法》

16. 指导证券市场健康发展的八字方针是（　　）。

A. 监管、自律、规范、公平　　　B. 法制、自律、规范、公平

C. 监管、法制、规范、公平　　　D. 监管、自律、法制、公平

17. 中国证监会成立于（　　）年。

A. 1992 年 2 月   B. 1992 年 10 月

C. 1993 年 2 月   D. 1993 年 10 月

18. 证券业从业人员是指（　　）。

A. 证监会中一些特定岗位的人员

B. 证券业协会中一些特定岗位的人员

C. 证券公司中从事自管、经纪、承销等业务的专业人员

D. 会计师、律师事务所中一些特定岗位的人员

19. 获得证券职业资格（　　）年而未在证券业岗位上就职，资格证书自动失效。

A. 6   B. 12   C. 3   D. 23

20.（　　），《中华人民共和国证券法》正式实施，这是我国证券发展史上一个重要的里程碑。

A. 1994 年 7 月 1 日   B. 1998 年 7 月 1 日

C. 1999 年 1 月 1 日   D. 1999 年 7 月 1 日

四、多项选择题

1.《证券法》调整对象涵盖了（　　）。

A. 证券发行   B. 证券交易   C. 代客理财   D. 监管

2. 在中国境内，（　　）的发行和交易适用《证券法》。

A. 股票   B. 公司债券

C. 国务院依法认定的其他证券   D. 国债

3. 证券发行、交易活动，必须遵守法律和行政法规，禁止（　　）行为。

A. 欺诈   B. 内幕交易   C. 场外交易   D. 操纵证券市场

4. 国家审计机关对（　　）依法进行审计监督。

A. 证券交易所   B. 证券公司

C. 证券登记结算机构   D. 证券监督管理机构

5. 证券公司承销证券，若发现（　　）的，不得进行销售活动，已经销售的必须立即停止，并采取纠正措施。

A. 虚假记载   B. 关联交易   C. 误导性陈述   D. 重大遗漏

6. 下列人员不得直接或者间接买卖股票的是（　　）。

A. 证券公司从业人员   B. 证券交易所从业人员

C. 证券登记结算机构从业人员   D. 证券监督管理机构工作人员

7. 发行股票或者公司债券的公司（　　）属于证券交易内幕信息知情人员。

A. 控股公司的高级管理人员   B. 董事

C. 监事　　　　　　　　　　　　　　D. 经理

8. 在证券交易活动中，下列信息为内幕消息的是（　　）。

A. 公司发生重大债务或未能清偿到期重大债务

B. 公司发生重大亏损或遭到超过净资产 10% 以上的损失

C. 公司董事会 1/3 以上的董事或者经理发生变动

D. 公司股权结构发生重大变化

9. 操纵市场的行为方式有（　　）。

A. 连续交易操纵　　B. 虚买虚卖　　　　C. 内幕交易　　　　D. 合谋

10. 上市公司的年报包括以下内容（　　）。

A. 公司概况

B. 公司财务会计报告和经营情况

C. 董事、监事、经理及有关高级管理人员简介及持股情况

D. 已发行股票、公司债券情况，包括持有公司股份最多的前 10 名股东名
单和持股数额

11. 以下人员不得兼任监事的是（　　）。

A. 董事　　　　　　B. 股东代表　　　　C. 财务负责人　　　　D. 经理

12. 加强证券市场监管的重要意义在于（　　）。

A. 保障广大投资者权益　　　　　　　B. 提高证券市场效率

C. 维护市场良好秩序　　　　　　　　D. 发展和完善证券市场体系

13. 证券市场的监管原则是（　　）。

A. 依法管理原则　　　　　　　　　　B. 保护投资者利益原则

C. 监督与自律相结合原则　　　　　　D. "三公"原则

14. 证券市场监管的目标是（　　）。

A. 运用和发挥证券市场的积极作用，限制其消极作用

B. 保护投资者的利益，保障合法的证券交易活动，监督中介机构依法
经营

C. 防止市场操纵、欺诈等不法行为，维护证券市场的正常秩序

D. 调控证券市场与证券交易规模，引导投资方向

15. 证券市场监管的手段主要有（　　）。

A. 法律　　　　　　B. 经济　　　　　　C. 政治　　　　　　D. 行政

部分作业题答案

第一章

三、单项选择题

1. A　2. B　3. C　4. B

四、多项选择题

1. ABCD　2. ABC　3. ABCD　4. ABC

第二章

三、单项选择题

1. D　2. A　3. C　4. D　5. C　6. D　7. C　8. A　9. D　10. A　11. A
12. B　13. C　14. D　15. C　16. D　17. A　18. D　19. D　20. D

四、多项选择题

1. ABC　2. CD　3. ACD　4. AD　5. ABCD　6. ABCD　7. ABC
8. ABCD　9. BCD　10. ABCD　11. ABCD　12. ABCD　13. BCD　14. ABCD
15. BCD

第三章

三、单项选择题

1. C　2. B　3. C　4. D　5. A　6. D　7. A　8. B　9. B　10. C　11. C
12. B　13. A　14. C　15. B　16. A　17. D　18. D　19. D　20. D

四、多项选择题

1. ACD　2. BD　3. ABCD　4. ABD　5. BCD　6. ABCD　7. ABCD
8. ABCD　9. ACD　10. ABCD　11. ABC　12. ABCD　13. ABC　14. ABD
15. ABCD

第四章

三、单项选择题

1. C　2. D　3. C　4. A　5. B　6. C　7. D　8. B　9. B　10. C　11. D

12. D　13. B　14. A　15. B　16. B　17. C　18. A　19. A　20. A

四、多项选择题

1. BCD　2. ABC　3. AC　4. ABD　5. AC　6. ABCD　7. AB　8. BC
9. ABD　10. ACD　11. ABC　12. ABCD

第五章

三、单项选择题

1. A　2. D　3. A　4. D　5. D　6. C　7. C　8. A　9. B　10. B　11. B
12. A　13. C　14. A　15. D　16. D　17. B　18. B　19. C　20. D

四、多项选择题

1. ACD　2. ACD　3. BCD　4. ABC　5. ABC　6. ABC　7. AB　8. ABCD
9. ABC　10. ABC　11. ABD　12. ACD　13. ACD　14. ABCD　15. ABC

第六章

三、单项选择题

1. C　2. C　3. A　4. D　5. C　6. A　7. A　8. D　9. A　10. C　11. B
12. A　13. B　14. B　15. A　16. A　17. A　18. D　19. D　20. A

四、多项选择题

1. ABD　2. ABCD　3. ABCD　4. ABCD　5. BCD　6. ABCD　7. ABCD
8. ABCD　9. ABC　10. BC　11. BD　12. ABCD　13. ABCD　14. AB　15. AB

第七章

三、单项选择题

1. C　2. D　3. A　4. C　5. C　6. B　7. A　8. A　9. D　10. C　11. A
12. C　13. D　14. A　15. A　16. A　17. D　18. A　19. A　20. C

四、多项选择题

1. ABCD　2. ABD　3. BCD　4. ACD　5. ABC　6. AB　7. ABCD
8. ABCD　9. ABD　10. ABCD　11. AB　12. AB　13. ABCD　14. ABCD
15. BCD

第八章

三、单项选择题

1. C　2. B　3. A　4. D　5. D　6. A　7. B　8. C　9. D　10. A　11. B
12. D　13. C　14. D　15. A　16. C　17. B　18. A　19. C　20. A

四、多项选择题

1. ABCD   2. ABCD   3. ACD   4. AD   5. ABCD   6. BCD   7. ABCD
8. ABCD   9. ACD   10. BCD   11. AD   12. ABC   13. ABCD   14. BCD
15. ACD

第九章

三、单项选择题

1. C   2. A   3. A   4. D   5. B   6. A   7. A   8. B   9. D   10. D   11. A
12. B   13. B   14. A   15. C   16. D   17. A   18. B   19. C   20. A

四、多项选择题

1. ABC   2. BC   3. ABCD   4. BCD   5. ABD   6. ABCD   7. ABD   8. ABD
9. ABD   10. ABCD   11. AC   12. ABCD   13. ABD   14. ABD   15. ABCD

第十章

三、单项选择题

1. C   2. B   3. B   4. B   5. C   6. A   7. A   8. C   9. B   10. B   11. D
12. C   13. A   14. C   15. C   16. C   17. B   18. C   19. B   20. A

四、多项选择题

1. ABC   2. ABCD   3. AB   4. ABCD   5. AC   6. AC   7. ABCD   8. ABC
9. ABCD   10. BCD   11. ACD   12. ABC   13. ABCD   14. BCD   15. BC

第十一章

三、单项选择题

1. C   2. D   3. B   4. B   5. D   6. D   7. A   8. A   9. B   10. D   11. B
12. B   13. D   14. B   15. A   16. A   17. D   18. C   19. A   20. B

四、多项选择题

1. A   2. ABCD   3. ABC   4. ACD   5. AC   6. ABCD   7. AB   8. BCD
9. ABCD   10. AB   11. ABD   12. BD   13. BCD   14. ABCD   15. ABD

第十二章

三、单项选择题

1. D   2. A   3. B   4. D   5. C   6. A   7. B   8. A   9. D   10. C   11. A
12. D   13. D   14. C   15. A   16. B   17. D   18. C   19. B   20. C

四、多项选择题

1. ABCD 2. AB 3. ABCD 4. AB 5. ACD 6. ABCD 7. ACD 8. AC
9. AB 10. AC 11. BC 12. ABCD 13. ACD 14. ABCD 15. BD

第十三章

三、单项选择题

1. B 2. D 3. D 4. A 5. A 6. C 7. C 8. B 9. C 10. C 11. B
12. A 13. B 14. D 15. C 16. C 17. B 18. C 19. C 20. D

四、多项选择题

1. ABC 2. ABC 3. ABD 4. ABCD 5. ACD 6. ABCD 7. ABCD
8. ABCD 9. ABD 10. ABCD 11. ABD 12. ABCD 13. ABCD 14. ABCD
15. ABD

附录：股市术语

差价：股票在买进和卖出的两种价格之间所获得的利润或亏损，前者称差价利得，后者称差价损失。

开平盘：指今日的开盘价与前一营业日的收盘价相同。

趋势：指股价在一段期间内的变动方向。

整理：是指股价经过一段急剧上涨或下跌后，开始小幅度波动，进入稳定变动阶段，这种现象称为整理，整理是下一次大变动的准备阶段。

盘坚：股价缓慢上涨，称为盘坚。

盘软：股价缓慢下跌，称为盘软。

盘整：指股市上经常会出现股价徘徊缓滞的局面，在一定时期内既上不去，也下不来，上海投资者们称此为僵牢。

震盘：指股价一天之内呈现忽高忽低的大幅度变化。

跳空：指受强烈利多或利空消息刺激，股价开始大幅度跳动。跳空通常在股价大变动的开始或结束前出现。

回档：是指股价上升过程中，因上涨过速而暂时回跌的现象。

反弹：是指在下跌的行情中，股价有时由于下跌速度太快，受到买方支撑而暂时回升的现象。反弹幅度较下跌幅度小，反弹后恢复下跌趋势。

打底：股价由最低点回升，随后遭到空头压卖而再度跌落，但在最低点附近又获得多头支撑，如此来回多次后，便迅速脱离最低点而一路上涨。

做头：过程与"打底"一样，只是形状恰好相反，在高价位处有两个以上的峰顶并排，形成上涨压力。

打开：股价由涨跌停板滑落或翻升。

天价：个别股票由多头市场转为空头市场时的最高价。

突破：指股价经过一段盘档时间后，产生的一种价格波动。

探底：股价持续跌挫至某价位时便止跌回升，如此一次或数次。

头部：股价上涨至某价位时便遇阻力而下滑。

关卡：指股价上升至某一价位时，由于供求关系转变，导致股价停滞不前，此一敏感价位区即谓"关卡"。

挂进：买进股票的意思。

挂出：卖出股票的意思。

多头：对股票后市看好，先行买进股票，等股价涨至某个价位，卖出股票赚取差价的人。

空头：是指股价已上涨到了最高点，很快便会下跌，或当股票已开始下跌时，还会继续下跌，趁高价时卖出的投资者。

牛市：也称多头市场，就是市场中股票价格普遍上涨。

熊市：亦称空头市场，市场中股票价格呈长期下降趋势的，空头市场中，股价的变动情况是大跌小涨。

牛皮市：走势波动小，陷入盘整，成交极低。

多翻空：原本看好行情的多头，看法改变，不但卖出手中的股票，还借股票卖出，这种行为称为翻空或多翻空。

空翻多：原本做空头者，改变看法，不但把卖出的股票买回，还买进更多的股票，这种行为称为空翻多。

买空：预计股价将上涨，因而买入股票，在实际交割前，再将买入的股票卖掉，实际交割时收取差价或补足差价的一种投机行为。

卖空：预计股价将下跌，因而卖出股票，在发生实际交割前，将卖出股票如数补进，交割时，只结清差价的投机行为。

利空：促使股价下跌，对空头有利的因素和消息。

利多：刺激股价上涨，对多头有利的因素和消息。

多杀多：普遍认为当天股价将上涨，于是市场上抢多头帽子的特别多，然而股价却没有大幅度上涨，等交易快结束时，竞相卖出，造成收盘价大幅度下跌的情况。

轧空：普遍认为当天股价将下跌，于是都抢空头帽子，然而股价并未大幅度下跌，无法低价买进，收盘前只好竞相补进，反而使收盘价大幅度升高的情况。

新多：指新进场的多头投资人。

长多：长线投资人，买进股票持有较长的时间。

短多：善作短线，通常三两天有赚就卖。

死多：看好股市前景，买进股票后，如果股价下跌，宁愿放上几年，不赚钱决不脱手。

套牢：是指预期股价上涨，不料买进后，股价一路下跌；或是预期股价下跌，卖出股票后，股价却一路上涨，前者称多头套牢，后者是空头套牢。

抢短线：预期股价上涨，先低价买进后再在短期内以高价卖出。预期股价下跌，先高价卖出再伺机在短期内以低价再回购。

拔档：持有股票的多头遇到股价下跌，并预期可能还要下跌，于是卖出股票，等待股价跌落一段差距以后，再补回，期望少赔一段差距。

抢搭车：指投资人于股价稍微上涨时立即买进的行为。

长空：指对股市远景看坏，借来股票卖出，待股票跌落一段相当长时期以后才买回。

短空：指对股市前途看跌，借来股票卖出，但于短时间内即买回。

补空：指空头买回以前借来卖出的股票。

空手：指手中无股票，既不是空头，也不是多头，观望股势，等待股价低时买进，高时借股放空的人。

抢帽子：指当天先低价买进股票，然后高价再卖出相同种类、相同数量的股票，或当天先卖出股票，然后以低价买进相同种类、相同数量的股票，以求赚取差价利益。

断头：指抢多头帽子，买进股票，股票当天未上涨，反而下跌，只好低价赔钱卖出。

吊空：指抢空头帽子，卖出股票，股价当天未下跌，反而上涨，只好高价赔钱买回。

实多：指在自有资金能力范围之内，买进股票，即使被套牢，亦不必赶忙杀出的人。

实空：指以自己手中持有的股票放空，股价反弹时并不需要着急补回的人。

浮多：看好股市前景，认为将会上涨，想大捞一笔，而自己财力有限，于是向别人借来资金，买进股票，放款人若要收回，买股票的多头，即需卖出股票，归还借款，此时，即使股价上涨，亦不敢长期持有，一旦获得相当利润即卖出，一旦股价下跌，更心慌意乱，赶紧赔钱了结，以防套牢。

浮空：其情形与浮多相同，只是认为股价将下跌，借股放空，因所放空的股票，时有被收回的顾虑，所以称为浮空。

换手率：指成交股数与流通股数之比。换手率高，反映主力大量吸货，今后拉高可能性大。另外，将换手率与股价走势相结合，可以对未来的股价做出一定的预测和判断。某只股票的换手率突然上升，成交量放大，可能意味着有投资者在大量买进，股价可能会随之上扬。如果某只股票持续上涨了一个时期后，换手率又迅速上升，则可能意味着一些获利者要套现，股价可能会下跌。然而值得注意的是，换手率较高的股票，往往也是短线资金追逐的对象，投机性较强，股价起伏较大，风险也相对较大。

票面价值：指公司最初所定股票票面值。

成长股：是指发行股票时规模并不大，但公司的业务蒸蒸日上，管理良好，利润丰厚，产品在市场上有竞争力的公司的股票。优秀的成长型企业一般具有如下特征：成长股公司的利润应在每个经济周期的高涨期间都达到新的高峰，而且一次比一次高；产品开发与市场开发的能力强；行业内的竞争不激烈；拥有优秀的管理班子，成长型的公司的资金，多用于建造厂房、添置设备、增加雇员、加强科研、将经营利润投资于公司的未来发展，但往往派发很少的股息或根本不派息。成长股的投资者应将目光放得长远一些，尽可能长时间的持有，以期从股价的上升获得丰厚的利润。

热门股：是指交易量大、交易周转率高、股价涨跌幅度也较大的股票。热门股的形成往往有其特定的经济、政治、社会上原因。如 20 世纪 60 年代，电子工业股的上升与当时美苏进行太空竞赛有关；70 年代的石油股与中东战争、石油输出国组织大幅度提高油价有关。没有永远热门的行业或企业，不是所有快速成长的公司都能生存下来，许多红极一时的热门股后来都销声匿迹。一般来讲，对于最热门的行业的最热门股票应该敬而远之，如果手头有这种炙手可热的股票应趁机卖掉。

绩优股：是指那些业绩优良，但增长速度较慢的公司的股票。这类公司有实力抵抗经济衰退，但这类公司并不能带来振奋人心的利润。因为这类公司业务较为成熟，不需要花很多钱来扩展业务，所以投资这类公司的目的主要在于拿股息。另外，投资这类股票时，市盈率不要太高，同时要注意股价在历史上经济不景气时波动的记录。

防守性股：这些普通股股票同股价循环股正好相反，它们在面临不确定性和商业衰退时收益和红利却要比社会平均的高，具有相对的稳定性。公用事业公司发行的普通股是防守性股的典型代表，因为即使在商业条件普遍恶化与经济萧条时期，人们对公用也还有稳定的要求。

表现股（亦称概念股）：是指能迎合某一时代潮流但未必能适应另一时代潮流的公司所发行的，股价呈巨幅起伏的股票。

投机性股：是指那些价格很不稳定或公司前景很不确定的普通股。这主要是那些雄心很大，开发性或冒险性的公司的股票，热门的新发行股以及一些面值较低的石油与矿业公司发行的普通股票。这些普通股的价格，有时会在几天或几周内上涨 2～3 倍，也可能在几天或几周内下跌巨幅下跌，故其收益与风险均超过一般的普通股。

黑马：是指股价在一定时间内，上涨一倍或数倍的股票。

白马：是指股价已形成慢慢涨的长升通道，还有一定的上涨空间。

含权：凡是有股票有权未送配的均称含权。

填权：除权后股价上升，将除权差价补回，称为填权。

增资：上市公司为业务需求经常会办理增资（有偿配股）或资本公积新增资（无偿配股）。

大户：手中持有大股票或资本，做大额交易的客户，一般是资金雄厚的人，他们吞吐量大，能影响市场股价。

中户：指投资额较大的投资人。

散户：进行零星小额买卖的投资者，一般指小额投资者，或个人投资者。

抬拉：抬拉是用非常方法，将股价大幅度抬起。通常大户在抬拉之后便大量抛出以牟取暴利。

打压：打压是用非常方法，将股价大幅度压低。通常大户在打压之后便大量买进以牟取暴利。

骗线：大户利用股民们迷信技术分析数据、图表的心理，故意抬拉、打压股指，致使技术图表形成一定线型，引诱股民大买进或卖出，从而达到他们大发其财的目的。这种欺骗性造成的技术图表线型称为骗线。

做手：指以炒作股票为业的大、中户。

洗盘：做手为达炒作目的，必须于途中让低价买进，意志不坚的轿客下轿，以减轻上档压力，同时让持股者的平均价位升高，以利于施行养、套、杀的手段。

坐轿子：预测股价将涨，抢在众人前以低价先行买进，待众多散户跟进，股价节节升高后，卖出获利。

抬轿子：在别人早已买进后才醒悟，也跟着买进，结果是把股价抬高让他人获利，而自己买进的股价已非低价，无利可图。

下轿子：坐轿客逢高获利了结算为下轿子。

经纪人：执行客户命令，买卖证券、商品或其他财产，并为此收取佣金者。

委托书：股东委托他人（其他股东）代表自己在股东大会上行使投票权的书面证明。

线仙：指精于以路线图分析和研判大势的老手。

主要参考文献

[1] R. A. Haugen. Modern Investment Theory. Prentice Hall，Inc.，2001.

[2] W. F. Sharpe, G. J. Alexander and J. V. Bailey. Investments. Prentice Hall，Inc.，Fifth Edition 2000.

[3] 滋维·博迪等．投资学．6 版［M］．朱宝宪等译．北京：机械工业出版社，2005.

[4] 弗兰克·K. 赖利等．投资学［M］．李月平等译．北京：机械工业出版社，2005.

[5] 约翰·赫尔．期货、期权和衍生证券［M］．张陶伟译．北京：华夏出版社，1997.

[6] 吴晓求．证券投资学．2 版［M］．北京：中国人民大学出版社，2005.

[7] 霍文文．证券投资学．2 版［M］．北京：高等教育出版社，2005.

[8] 曹凤歧等．证券投资学．2 版［M］．北京：北京大学出版社，2004.

[9] 胡昌生等．证券投资学［M］．武汉：武汉大学出版社，2002.

[10] 周正庆．证券市场导论［M］．北京：中国金融出版社，1998.

[11] 周正庆．证券知识读本（修订本）［M］．北京：中国金融出版社，2006.

[12] 张龄松，罗俊．股票操作学［M］．北京：中国大百科全书出版社，1994.

[13] 侯本慧，郭小洲．艾略特波动原理三十讲［M］．杭州：浙江大学出版社，1993.

[14] 马波．证券投资实践指南［M］．北京：中信出版社，1997.

[15] 中国证券业协会．证券市场基础知识［M］．北京：中国财政经济出版社，2007.

[16] 中国证券业协会．证券投资分析［M］．北京：中国财政经济出版社，2007.

［17］2007 年证券业从业资格考试辅导丛书编写组．证券市场基础知识［M］．北京：中国财政经济出版社，2007．

［18］2007 年证券业从业资格考试辅导丛书编写组．证券投资分析［M］．北京：中国财政经济出版社，2007．

［19］徐国祥．证券投资分析［M］．上海：上海三联书店，1997．

［20］中国证券监督管理委员会．中国资本市场发展报告［M］．北京：中国金融出版社，2008．